EINE KURZE GESCHICHTE DER FARBE

Laurence King Verlag GmbH
Jablonskistraße 27, 10405 Berlin
www.laurencekingverlag.de

Laurence King Publishing ist ein Imprint von
The Orion Publishing Group Ltd
Carmelite House, 50 Victoria Embankment
London EC4Y 0DZ
Ein Unternehmen von Hachette UK

Dieses Buch ist erstmals erschienen bei Flammarion, Paris 2023
unter dem Titel *Petite histoire des couleurs*

Redaktionsleitung: Julie Rouart
Redaktion: Delphine Montagne
Lektorat: Mélanie Puchault, unterstützt von Louise Pachurka
Bildredaktion: Claire Francillon
Korrektorat: Clémentine Bougrat
Layout und Satz: Louise Gardebois, Pierre-Yann Lallaizon | Studio Recto Verso

Für die deutsche Ausgabe
Übersetzung aus dem Französischen: Gisa Roudil d'Ajoux-Hillebrand
Lektorat und Satz: Lesezeichen Verlagsdienste, Köln
Projektleitung: hauffe publishing, Dortmund

ISBN: 978-3-96244-373-3

1. Auflage 2023
Gedruckt in China

www.laurenceking.com
www.orionbooks.co.uk

FSC www.fsc.org MIX Papier | Fördert gute Waldnutzung FSC® C008047

S. 10 Paul Signac, *Portrait de Félix Fénéon* (Ausschnitt)
S. 42 Regenbogenflagge
S. 60 Sonia Terk-Delaunay, *Elektrische Prismen* (Ausschnitt)
S. 188 Fenster der Kathedrale Notre-Dame de Paris (Ausschnitt)
S. 214 Piet Mondrian, *Komposition mit Rot, Gelb, Blau und Schwarz* (Ausschnitt)

EINE KURZE GESCHICHTE DER FARBE

Ein Überblick über Geschichte, Kunstwerke, Symbolik und Techniken

Camille Viéville

Aus dem Französischen von
Gisa Roudil d'Ajoux-Hillebrand

Laurence King Verlag

Inhalt

MATERIALIEN UND TECHNIKEN

Einleitung

BRIDGET RILEY: „DIE WAHRE BASIS DER FARBE IST INSTABILITÄT. WENN SIE DIESEN GEDANKEN ERST EINMAL AKZEPTIERT HABEN […] BEGINNEN SIE, SICH DAMIT AUSEINANDERZUSETZEN."

Die Etymologie von *Farbe* (engl. *colour*, frz. *couleur)* führt zum lateinischen Verb *celare* und bedeutet „verstecken, verbergen". Der Begriff weist also auf die Möglichkeit hin, etwas mit Farbe abzudecken oder zu verstecken. Das Thema Farbe ist zunächst schwer zu fassen, und doch fasziniert es uns. Die Geschichte der Farbe niederzuschreiben, war ein komplexes Unterfangen. Erst in den 1980er Jahren war das Interesse der Historiker an dieser Fragestellung durch die Arbeiten des Mediävisten Michel Pastoureau geweckt worden. Schon die Eingrenzung des Sujets Farbe ist schwierig, denn es berührt zahlreiche andere wissenschaftliche Disziplinen: Optik, Chemie, Philosophie, Religions- und Politikwissenschaft, Linguistik, Literatur und Kunst. Daher ist es laut Pastoureau notwendig, an die tiefgründige gesellschaftliche Bedeutung dieser Geschichte zu erinnern: „Die Gesellschaft »macht« die Farbe, sie definiert sie und gibt ihr Sinn, stellt ihre Bedeutungen und Wertigkeit her, wendet sie praktisch an und klärt zentrale Fragen rund um die Farbe. Nicht allein Künstler oder Wissenschaftler sind maßgeblich, auch nicht nur die Biologie oder das Naturschauspiel." Außerdem muss die Farbwahrnehmung innerhalb der geschichtlichen Entwicklung gesehen werden.

Diese *Kurze Geschichte der Farbe* möchte den Leserinnen und Lesern nahebringen, wie Maler, Bildhauer, Graveure oder Videokünstler über Zeiten und Länder hinweg Farbe verwendet haben. Welche Farben wurden in der Frühgeschichte genutzt? Wie ordneten die alten Griechen Farben ein? Warum verbinden wir Farben mit Musik? Was ist ägyptische Fayence? Wie kam es zur Erfindung der Ölmalerei? Was ist IKB? Wie wurde Blattgold eingesetzt? Dies sind nur einige Fragestellungen, die dieses Buch anhand einer Auswahl an wichtigen, mitunter von der Kunstgeschichte vernachlässigten Werken beleuchtet.

Geschichte

HENRI MICHAUX: „MAN KANN MIT ZWEI FARBEN MALEN. HÖCHSTENS DREI, VIER HABEN DER MENSCHHEIT JAHRHUNDERTELANG GENÜGT, UM WICHTIGES, WESENTLICHES, EINZIGARTIGES WIEDERZUGEBEN."

Die Geschichte der Farben ist ein weites Feld. Jede Epoche, jede Kultur, jede Sprache, jede Kunstrichtung unterscheidet sich in Konzeption und Wahrnehmung von Farbe. Wie jede Facette der Menschheitsgeschichte vermischt sie ganz unterschiedliche Elemente miteinander und nimmt unter den verschiedensten Gegebenheiten materieller, wissenschaftlicher, gesellschaftlicher, wirtschaftlicher, sprachlicher, philosophischer, theologischer, literarischer und natürlich künstlerischer Natur Gestalt an. Daher wurde das, was wir heute Blau nennen, im Ägypten der Pharaonen, im antiken Griechenland, im Reich der Franken oder 1901 bei Picasso weder genauso bezeichnet noch auf dieselbe Art und Weise gesehen.

Dieses Kapitel soll die Leserinnen und Leser auf eine Reise durch 32 für die Farbe in der Kunst wichtige Perioden mitnehmen, von der Frühgeschichte bis in unsere Zeit hinein, schwerpunktmäßig in der westlichen Welt, aber auch in Japan und Indien. Es bietet die Möglichkeit, historische Fragestellungen rund um die Farbe und wie Künstler sie in den verschiedenen Epochen und Weltregionen einsetzten, kennenzulernen und genauer zu betrachten. Für jede Periode wird ein typisches Werk vorgestellt und stellvertretend beschrieben. Dieser Abschnitt zeichnet außerdem die Entwicklung der Farbregelwerke (Grund-, Komplementärfarben, Kontraste usw.) nach und zeigt auf, welchen Einfluss die Industrialisierung auf die Normung von Farbe hatte.

Symbolik

GEORGIA O'KEEFFE: „FARBEN UND FORMEN SAGEN MEHR AUS ALS WORTE."

Alle Farbhistoriker wiederholen es immer wieder: In der Farbsymbolik gilt nichts ein für alle Mal. Sie entwickelt sich, wandelt sich, sodass in derselben Gesellschaft oder derselben Epoche eine Farbe mit unterschiedlicher oder sogar gegensätzlicher Bedeutung behaftet sein kann. Dieses Kapitel möchte diesem Ansatz nachgehen, erhebt jedoch keinen Anspruch auf Vollständigkeit.

Wir folgen der Arbeit des Mittelalterforschers und Farbspezialisten Michel Pastoureau und halten für den europäischen Kulturraum sechs Hauptfarben (Schwarz, Weiß, Rot, Gelb, Grün, Blau) fest sowie fünf gebrochene Farben (Braun, Orange, Rosa, Violett, Grau), die die Besonderheit aufweisen, dass ihre Namen in manchen Sprachen der Natur entlehnt sind. Diese elf Farbtöne sind symbolisch aufgeladen, was sich jedoch mit ideologischen, wirtschaftlichen und politischen Umwälzungen in der Gesellschaft jederzeit ändern kann. Zu diesen Farben und Halbfarben kommen unzählige Nuancen mit oft recht poetischen Bezeichnungen hinzu, die jedoch frei von jeglicher moralischen oder spirituellen Wertung sind. In diesem Kapitel wird auch auf die ganz besonderen Farbtöne von Edelmetallen eingegangen: Gold und Silber. Außerdem werden Streifen und Regenbogen vorgestellt.

Werke

FRIDA KAHLO: „DIE GRÖSSTE KUNST IM LEBEN IST, AUS SCHMERZ EINEN HEILENDEN TALISMAN ZU MACHEN, EINEN SCHMETTERLING […] IN EINEM FARBENMEER."

In diesem Kapitel werden 58 Kunstwerke vorgestellt. Sie wurden ausgewählt, weil die jeweiligen Künstler Farbe auf spezielle Weise eingesetzt haben. Jedes dieser Werke leistet aus vielerlei Gründen einen Beitrag zur Kunstgeschichte, einer davon ist die Farbgebung, und zwar sowohl unter technischen als auch unter symbolischen Aspekten. Außerdem verdeutlichen sie, wie eng die Verbindung zwischen Kunst und Farbe ist. Beides unterliegt dem Zeitgeschmack und der jeweiligen Ausprägung in der Gesellschaft. Auch politische Umwälzungen spiegeln sich in der Kunst durchaus wider. So erfahren wir etwa, dass die „farbliche Sparsamkeit" während der Reformation im 16. Jh. zur Prämisse der bürgerlichen Porträtmalerei wurde und die überbordende Farbgebung des Ancien Régime zu Beginn des 20. Jh. in der Malerei der Avantgarde in anarchistische Provokation umschlug. Auch wenn seit der Renaissance die Malerei das bestimmende Medium für Farbe ist, begegnen uns in der Kunst auch Skulpturen, Tapisserien, Glasmalereien sowie Performances, Installationen und Videokunstwerke aus ganz unterschiedlichen kulturellen Räumen, die allesamt Farbe gezielt in Szene setzen.

Materialien und Techniken

CENNINO CENNINI: „UM DER KUNST STRAHLKRAFT ZU VERLEIHEN […], ZERKLEINERN WIR FARBEN […]. GENAUSO VIELFÄLTIG WIE DIE FARBEN SELBST SIND DIE BINDEMITTEL UND DIE UNTERSCHIEDLICHEN ZERKLEINERUNGSMETHODEN."

Dieses Kapitel behandelt die verschiedenen Rohstoffe, Materialien und Techniken, die Künstlern zur Farbherstellung zur Verfügung standen. Viele Jahrhunderte haben sie nämlich ihre Farben selbst angerührt. Bis zum 19. Jh. war es Aufgabe des Künstlers, natürliche Pigmente zu zerkleinern und zu binden. Weitere Techniken betreffen die Farbwirkung – mittels Grundierung und Firnis –, auch das mussten die Künstler selbst herstellen. Alle diese Praktiken wurden von Generation zu Generation in den Ateliers gelehrt und tradiert. Jede künstlerische Praktik erforderte eine ganz spezifische Verarbeitung der Rohstoffe. Manche Bestandteile waren gesundheitsschädlich und verlangten Vorsichtsmaßnahmen im Umgang. Die chemische Zusammensetzung einer Farbe schlug sich mitunter auch in ihrer Symbolik nieder.

Im 19. Jh. entstanden immer mehr synthetisch hergestellte Pigmente und damit auch zahlreiche neue Farbnuancen mit größerer Strahlkraft. In den 1840er Jahren wurde eine Tube für Farben erfunden, sodass gebrauchsfertige Farben in den Handel kommen konnten. Im 20. Jh. bevorzugten die Künstler industriell hergestellte Farben, weil sie unterschiedliche Vorteile hatten.

Über dieses Buch

Dieses Buch ist in vier Kapitel unterteilt. Jedes kann für sich oder in Verknüpfung mit einem anderen gelesen werden. Unten auf jeder Seite befinden sich Querverweise, die den Leser einladen, zwischen den einzelnen Abschnitten hin- und herzuwechseln. In den fett gedruckten Absätzen werden wichtige Entwicklungen, wesentliche Merkmale sowie der Werdegang einzelner Künstler vorgestellt.

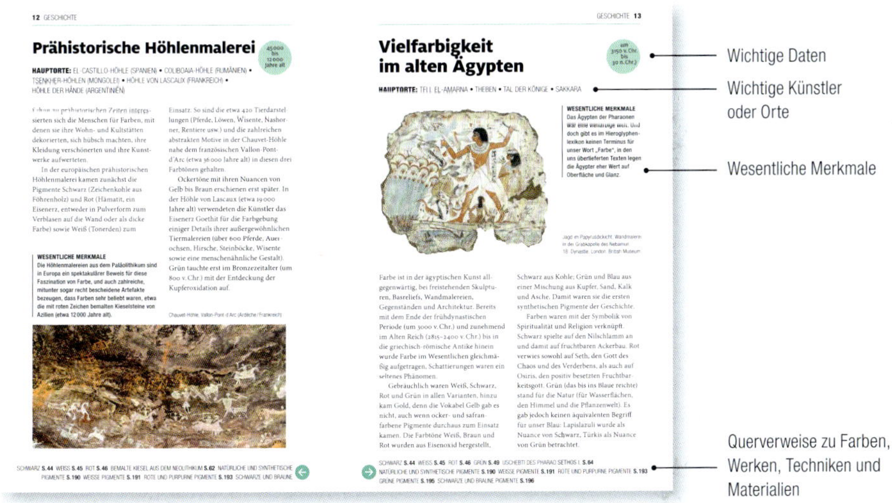

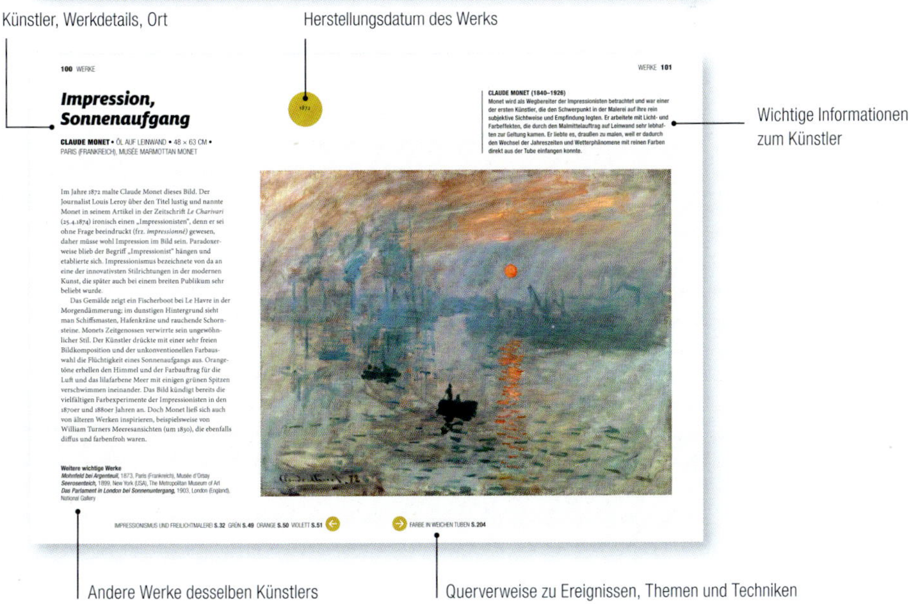

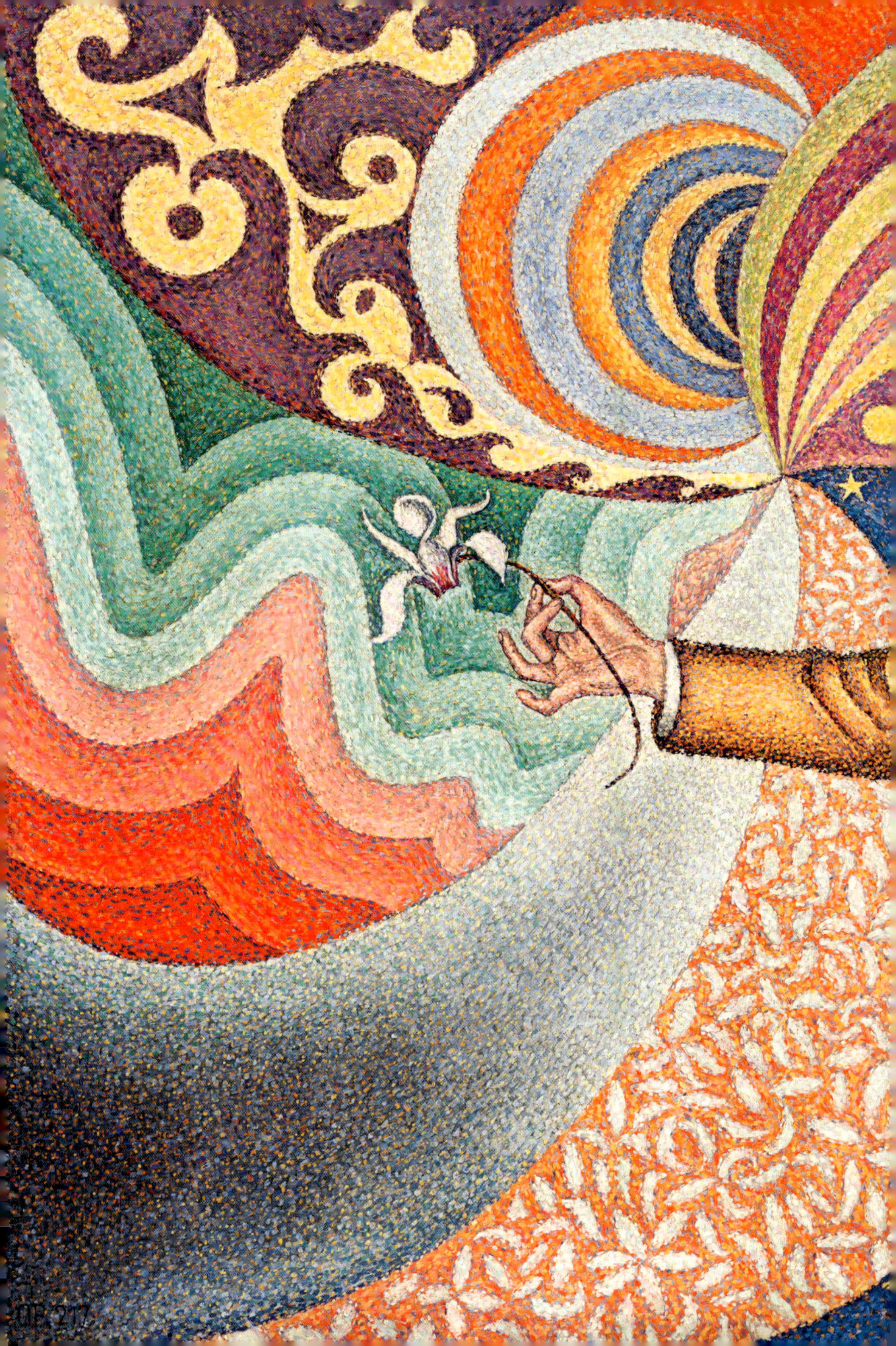

Geschichte

Prähistorische Höhlenmalerei

45 000 bis 12 000 Jahre alt

HAUPTORTE: EL-CASTILLO-HÖHLE (SPANIEN) • COLIBOAIA-HÖHLE (RUMÄNIEN) • TSENKHER-HÖHLEN (MONGOLEI) • HÖHLE VON LASCAUX (FRANKREICH) • HÖHLE DER HÄNDE (ARGENTINIEN)

Schon zu prähistorischen Zeiten interessierten sich die Menschen für Farben, mit denen sie ihre Wohn- und Kultstätten dekorierten, sich hübsch machten, ihre Kleidung verschönerten und ihre Kunstwerke aufwerteten.

In der europäischen prähistorischen Höhlenmalerei kamen zunächst die Pigmente Schwarz (Zeichenkohle aus Föhrenholz) und Rot (Hämatit, ein Eisenerz, entweder in Pulverform zum Verblasen auf die Wand oder als dicke Farbe) sowie Weiß (Tonerden) zum Einsatz. So sind die etwa 420 Tierdarstellungen (Pferde, Löwen, Wisente, Nashörner, Rentiere usw.) und die zahlreichen abstrakten Motive in der Chauvet-Höhle nahe dem französischen Vallon-Pont-d'Arc (etwa 36 000 Jahre alt) in diesen drei Farbtönen gehalten.

Ockertöne mit ihren Nuancen von Gelb bis Braun erschienen erst später. In der Höhle von Lascaux (etwa 19 000 Jahre alt) verwendeten die Künstler das Eisenerz Goethit für die Farbgebung einiger Details ihrer außergewöhnlichen Tiermalereien (über 600 Pferde, Auerochsen, Hirsche, Steinböcke, Wisente sowie eine menschenähnliche Gestalt). Grün tauchte erst im Bronzezeitalter (um 800 v. Chr.) mit der Entdeckung der Kupferoxidation auf.

WESENTLICHE MERKMALE

Die Höhlenmalereien aus dem Paläolithikum sind in Europa ein spektakulärer Beweis für diese Faszination von Farbe, und auch zahlreiche, mitunter sogar recht bescheidene Artefakte bezeugen, dass Farben sehr beliebt waren, etwa die mit roten Zeichen bemalten Kieselsteine von Azilien (etwa 12 000 Jahre alt).

Chauvet-Höhle, Vallon-Pont-d'Arc (Ardèche / Frankreich)

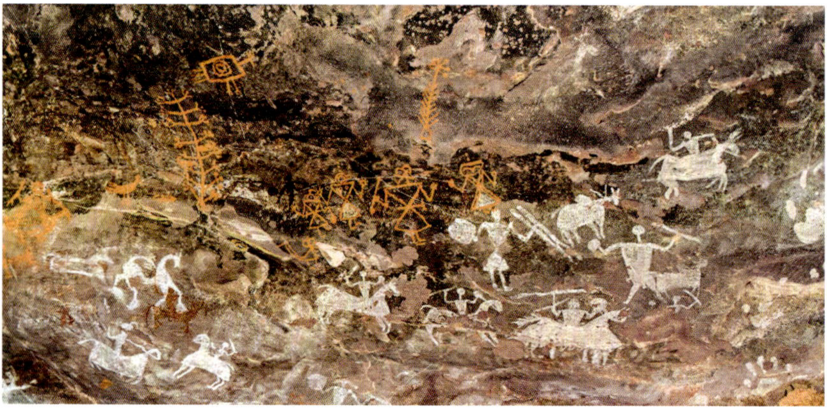

SCHWARZ **S. 44** WEISS **S. 45** ROT **S. 46** BEMALTE KIESEL AUS DEM NEOLITHIKUM **S. 62**
NATÜRLICHE UND SYNTHETISCHE PIGMENTE **S. 190** WEISSE PIGMENTE **S. 191** ROTE UND PURPURNE PIGMENTE **S. 193**
SCHWARZE UND BRAUNE PIGMENTE **S. 196**

Vielfarbigkeit im alten Ägypten

um 3150 v. Chr. bis 30 n. Chr.

HAUPTORTE: TELL EL-AMARNA • THEBEN • TAL DER KÖNIGE • SAKKARA

WESENTLICHE MERKMALE
Das Ägypten der Pharaonen war eine vielfarbige Welt. Und doch gibt es im Hieroglyphenlexikon keinen Terminus für unser Wort „Farbe", in den uns überlieferten Texten legen die Ägypter eher Wert auf Oberfläche und Glanz.

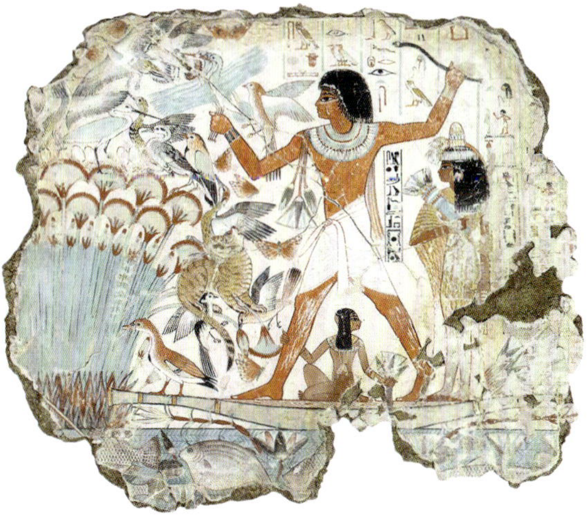

Jagd im Papyrusdickicht, Wandmalerei in der Grabkapelle des Nebamun, 18. Dynastie, London, British Museum

Farbe ist in der ägyptischen Kunst allgegenwärtig, bei freistehenden Skulpturen, Basreliefs, Wandmalereien, Gegenständen und Architektur. Bereits mit dem Ende der frühdynastischen Periode (um 3000 v. Chr.) und zunehmend im Alten Reich (2815–2400 v. Chr.) bis in die griechisch-römische Antike hinein wurde Farbe im Wesentlichen gleichmäßig aufgetragen, Schattierungen waren ein seltenes Phänomen.

Gebräuchlich waren Weiß, Schwarz, Rot und Grün in allen Varianten, hinzu kam Gold, denn die Vokabel Gelb gab es nicht, auch wenn ocker- und safranfarbene Pigmente durchaus zum Einsatz kamen. Die Farbtöne Weiß, Braun und Rot wurden aus Eisenoxid hergestellt, Schwarz aus Kohle; Grün und Blau aus einer Mischung aus Kupfer, Sand, Kalk und Asche. Damit waren sie die ersten synthetischen Pigmente der Geschichte.

Farben waren mit der Symbolik von Spiritualität und Religion verknüpft. Schwarz spielte auf den Nilschlamm an und damit auf fruchtbaren Ackerbau. Rot verwies sowohl auf Seth, den Gott des Chaos und des Verderbens, als auch auf Osiris, den positiv besetzten Fruchtbarkeitsgott. Grün (das bis ins Blaue reichte) stand für die Natur (für Wasserflächen, den Himmel und die Pflanzenwelt). Es gab jedoch keinen äquivalenten Begriff für unser Blau: Lapislazuli wurde als Nuance von Schwarz, Türkis als Nuance von Grün betrachtet.

SCHWARZ **S. 44** WEISS **S. 45** ROT **S. 46** GRÜN **S. 49** USCHEBTI DES PHARAO SETHOS I. **S. 64**
NATÜRLICHE UND SYNTHETISCHE PIGMENTE **S. 190** WEISSE PIGMENTE **S. 191** ROTE UND PURPURNE PIGMENTE **S. 193**
GRÜNE PIGMENTE **S. 195** SCHWARZE UND BRAUNE PIGMENTE **S. 196**

Farben nach Aristoteles

um 800 bis 31 v. Chr.

HAUPTORTE: ATHEN • OLYMPIA • EPHESOS

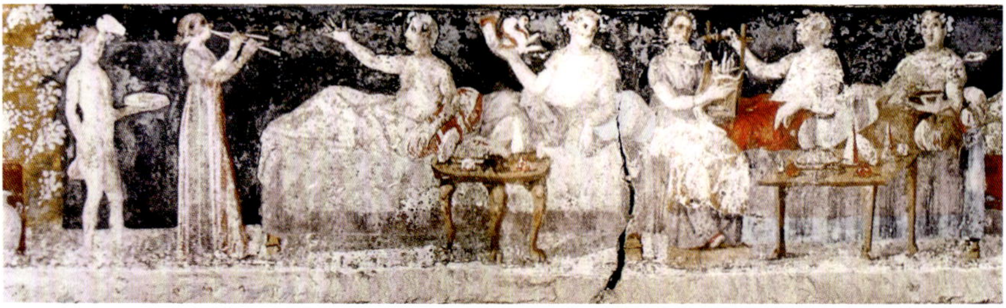

Wandmalerei, das Grabmal des Agios Athanasios, 325–300 v. Chr., bei Thessaloniki

Im Laufe der griechischen Antike waren die Theorien zur Farbe und ihrer Symbolik lange so widersprüchlich, dass moderne Leser und Leserinnen mitunter Mühe haben, sie zu begreifen. Mit seinem Traktat *De sensu et sensibilibus* trug Aristoteles (384–322 v. Chr.) jedoch zu Klarheit und Struktur des Farbensystems bei, indem er die reinen (nicht gemischten) Farben – Rot, Violett, Grün, Blau und Grau oder Gelb – auf einer Skala vom Schatten zum Licht hin, von Schwarz zu Weiß, anordnete, insgesamt sieben Farbtöne, möglicherweise in Anlehnung an die Tonleiter in der Musik.

In der griechischen Kunst war Farbe weitverbreitet: gemalte Wanddekore, Marmor- und Holzstatuen, Mosaike und natürlich die Keramik (hier dominierten häufig Schwarz und Rot). Die Farbe war integrativer Bestandteil des kreativen Prozesses und nicht etwa eine Randerscheinung. Im privaten Bereich konnte sie einen Einblick in die jeweilige gesellschaftliche Rolle geben (Geschlecht oder soziale Stellung beispielsweise); im religiösen Bereich unterstrich sie die Frömmigkeit des Auftraggebers einer Gottesstatue beziehungsweise des Erbauers eines Tempels; im politischen Rahmen war sie Ausdruck von Macht (Ausschmückung von Palästen). Im antiken Rom wurde die Tradition der Vielfarbigkeit fortgeführt und noch erweitert, vor allem, weil neue Farbpigmente aus eroberten Gebieten hinzukamen.

WESENTLICHE MERKMALE

Für die Griechen bedeutete der Begriff „Farbe" vor allem eine farbige Fläche. Das Farbensystem des Aristoteles, der die Reinfarben von der dunkelsten bis zur hellsten ordnete, war in Europa vorherrschend, bis Isaac Newton im 17. Jahrhundert seine Entdeckungen machte.

ROT **S. 46** GELB **S. 47** BLAU **S. 48** GRÜN **S. 49** VIOLETT **S. 51** GRAU **S. 54**
NATÜRLICHE UND SYNTHETISCHE PIGMENTE **S. 190** MEHRFARBIGE SKULPTUR IM OKZIDENT **S. 198**

Das indische Holi-Fest

4. Jh. bis heute

WICHTIGSTE STÄDTE: BARSANA • MATHURA • NANDGAON • VRINDAVAN

Jedes Jahr wird in Indien mit dem Holi-Fest (frühe Erwähnung bereits in Texten aus dem 4. Jh.) die Ankunft des Frühlings und der Fruchtbarkeit gefeiert. Am Abend des ersten Tages wird ein Feuer entzündet, das an die Verbrennung der Dämonin Holika durch Vishnu und somit an den Sieg des Guten über das Böse erinnert. Am nächsten Tag bewerfen weiß gekleidete Männer und Frauen jeglichen Alters und jeglicher Kaste jeden, dem sie begegnen, mit Farbpigmenten und gefärbtem Wasser.

Traditionell verwendete man getrocknete, zerkleinerte Blüten vom Malabar-Lackbaum *(Butea monosperma)*, auch „Flamme des Waldes" genannt, die Wasser gelb färben, außerdem Kurkuma und rotes Sandelholzpulver. Gelb steht für den Glauben, Orange für Optimismus und Rot für Freude und Liebe. Heute ist die Farbskala weiter gefasst und umfasst auch Blau (Vitalität) und Grün (Harmonie). In Nordindien ist das Holi-Fest mit dem göttlichen Paar Radha-Krishna verbunden. Der Sage nach fürchtete Krishna, dass Radha ihn wegen seiner dunklen Hautfarbe zurückweisen würde. Daher verlangte er von ihr, dass sie ihm ein farbiges Pulver ins Gesicht blasen solle. So verliebten sie sich ineinander.

HAUPTWERK
Auf diesem Aquarell aus dem 18. Jh. verpusten Krishna und Radha, umgeben von Gopis, den Kuhhirtinnen, mit denen Krishna aufwuchs, mit Bambusstangen farbiges Pulver.

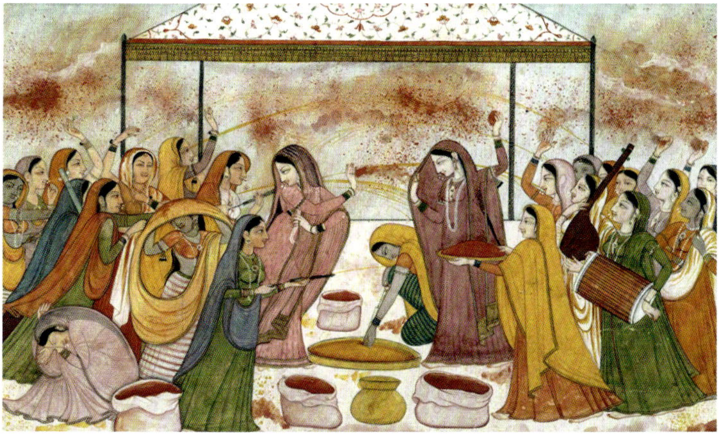

Anonym, *Radha und Krishna beim Holi-Fest,* 1775–1780, Aquarell, London, Victoria and Albert Museum

ROT **S. 46** GELB **S. 47** BLAU **S. 48** GRÜN **S. 49** ORANGE **S. 50** NATÜRLICHE UND SYNTHETISCHE PIGMENTE **S. 190**
GELBE PIGMENTE **S. 192** ROTE UND PURPURNE PIGMENTE **S. 193**

Farben in der Heraldik

12. Jh. bis heute

WICHTIGSTE HANDSCHRIFTEN: WAPPENBUCH DER RITTER VOM GOLDENEN VLIES (FRANKREICH) • WAPPENBUCH CONRADS VON GRÜNENBERG (DEUTSCHLAND) • DERING-ROLLE (ENGLAND) • ARMORIAL GELRE (BELGIEN)

WESENTLICHE MERKMALE

Wappenbücher oder -rollen waren bereits im 12. Jh. in Europa verbreitet. Sie stammten aus dem Rittertum und wurden von Familien, Institutionen und Gemeinschaften genutzt, um sich von anderen abzusetzen. Um in Schlachten und bei Turnieren schnell und zweifelsfrei erkannt zu werden, versahen Ritter als Erste ihre Schilde, später auch ihre Kettenhemden sowie ihren Pferdeharnisch mit einem Wappen.

Farbenprächtiges Wappenbuch von verschiedenen Prinzen und Herren Frankreichs, Deutschlands, Flanderns, Englands, Spaniens, Italiens usw., 15. Jh., Paris, Bibliothèque Nationale de France

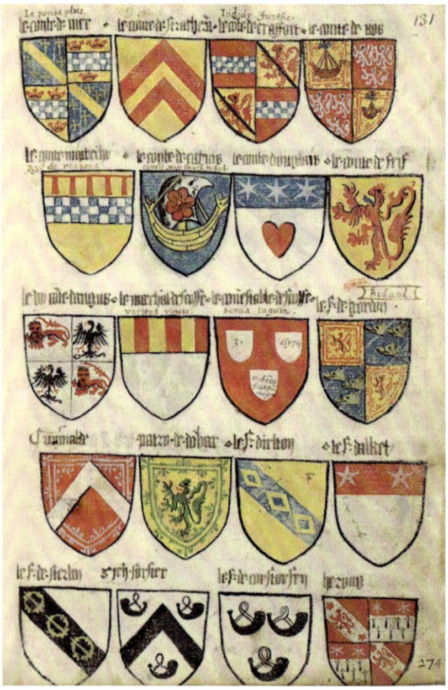

Die Heraldik und ihre Farben spielten in der Gesellschaft des Mittelalters eine wichtige Rolle. Und dabei nutzte nicht nur der Adel Wappen, sondern auch Prälaten, Bürger, Handwerker und sogar Bauern.

Ein Wappen setzte sich aus Zeichen, Figuren und Farben zusammen, denen festgelegte Regeln für eine gute Lesbarkeit zugrundelagen. Die Darstellungen bestanden aus Tier-, Pflanzen- und geometrischen Motiven. Die Farben, ursprünglich ohne symbolische Bedeutung, hatten in der Heraldik eigene Bezeichnungen: Gold (gelb), Silber (weiß), Mäuler (rot), Sand (schwarz), Azur (blau), Sinopel (grün) und Purpur (violett). Sie werden in zwei Gruppen unterteilt: Gold und Silber auf der einen und die fünf anderen Farbtöne auf der anderen Seite. Die Verbindung zweier Farben aus derselben Gruppe war untersagt.

Nach und nach wurden die Wappen vererbt. Aufgrund ihrer allgemeinen Verbreitung gingen Herolde dazu über, sie in Schmuckhandschriften, den Wappenbüchern, zu erfassen. Diese Herolde waren Beamte und damit betraut, den Zuschauern bei Schaukämpfen die Heldentaten und Embleme der Ritter vorzustellen. Sie spezialisierten sich im Laufe des 14. und 15. Jh. auf die Kodifizierung von Wappen.

SCHWARZ **S. 44** WEISS **S. 45** ROT **S. 46** GELB **S. 47** BLAU **S. 48** GRÜN **S. 49** VIOLETT **S. 51**

Göttliche Farbe

12. bis 15. Jh.

WICHTIGSTE KÜNSTLER: CIMABUE • GIOTTO • FRA ANGELICO

Im 12. und 13. Jh. wurde der Christengott in der Theologie zum Gott des Lichts, ein Bollwerk gegen die Dunkelheit zur Stärkung der Seelen. Bei der Restaurierung der Abtei Saint-Denis im Norden von Paris entwarf der Abt Suger (1081–1151) um 1130 einen durch zahlreiche Fenster farblich regelrecht flirrenden heiligen Raum. Blau dominiert hier und symbolisiert seitdem das göttliche Licht. Jedoch konkurrierte auch weiterhin das aus der byzantinischen Kunst überlieferte Gold mit dem Blau.

So arbeitete der florentinische Maler Giotto (ca. 1266–1337) zu Beginn des 14. Jh. in seinen Werken noch mit Goldgrundierung, etwa auf seinem Retabel *Der heilige Franziskus empfängt die Stigmata* (um 1300–1325). Und doch legte er die Grundlagen für die Malerei der Renaissance durch mehr Realismus in seinen Bildern.

Ein Jahrhundert später verbannte der Theoretiker und Schriftgelehrte Leon Battista Alberti (1404–1472) in seinem Werk *De pictura (Über die Malkunst*, 1435–1436) als Humanist und Verfechter der Malerei als freier Kunst den exzessiven Gebrauch von Gold, weil er ihn als Effekthascherei und als zu wenig naturalistisch ansah.

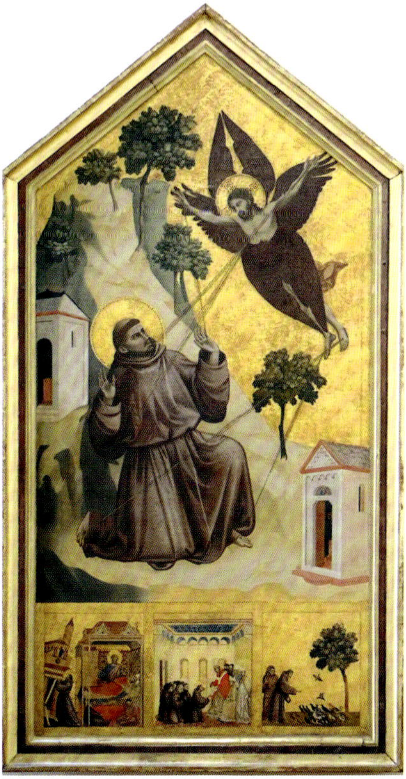

Giotto, *Der heilige Franziskus empfängt die Stigmata* (etwa 1300–1325), Temperafarbe und Goldgrundierung auf Holz, Paris, Musée du Louvre

HERAUSRAGENDER KÜNSTLER

Auf diesem Gemälde von Giotto empfängt der heilige Franziskus die Stigmata von Christus, der hier als Seraph dargestellt ist. Hintergrund und Heiligenscheine der beiden Figuren sind mit Gold gemalt, das strahlender, heller und leuchtender als Blau ist. Der Künstler schafft Bildtiefe mit den Bergen, die sich hinter Franziskus erheben, sowie mit vereinzelten Architekturelementen.

BLAU **S. 48** GOLD **S. 56** FENSTER DER KATHEDRALE VON SAINT-DENIS **S. 68**
GOLD IN DER KUNST **S. 199** BUNTGLAS **S. 207**

Erfindung der Ölmalerei

15. Jh.

WICHTIGSTE KÜNSTLER: JAN VAN EYCK • ROGIER VAN DER WEYDEN • ANTONELLO DA MESSINA

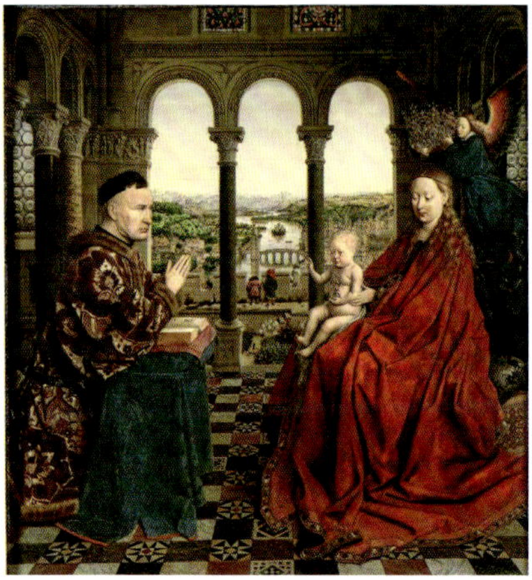

Jan van Eyck, *Die Madonna des Kanzlers Rolin,* um 1434–1435, Öl auf Holz, Paris, Musée du Louvre

Vor Beginn des 15. Jh. verwendeten die Maler hauptsächlich Tempera (eine Mischung aus Pigmenten, Wasser und Bindemittel oder Eigelb) oder sie gestalteten Fresken (Pigmentauftrag auf frischem oder trockenem Kalkputz); das Ergebnis beider Techniken war eher opak. Im 15. Jh. ermöglichte der innovative Einsatz von Öl in der Malerei, das bis dahin nur als Firnis zur Anwendung gekommen war, den Künstlern eine neue, viel zartere, tiefgründigere Farbgebung mit höherer Leuchtkraft. Sie mischten Pigmente mit gekochtem Öl und Lösungsmittel (Wasser und Ei, später eine flüchtige Essenz).

Im 16. Jh. verbreitete der italienische Kunsthistoriker Giorgio Vasari (1511–1574) die Legende, dass Jan van Eyck (um 1390–1441) diese Technik erfunden habe. Tatsächlich hat er immerhin zu ihrer Perfektionierung beigetragen.

Im Laufe des 16. Jh. kamen zu den Neuerungen der Ölmalerei weitere hinzu, wie beispielsweise der Illusionismus mit der Einführung der optischen Perspektive, die Entwicklung der Hell-Dunkel-Malerei (Chiaroscuro) oder der Einsatz der im Gegensatz zur Holzplatte in Rollenform leicht zu transportierenden Leinwand, vor allen Dingen bedeutsam für Großformate.

HERAUSRAGENDER KÜNSTLER

Jan van Eyck trug zur Perfektionierung der Ölmalerei bei, indem er sukzessiv eine dünne Farbschicht nach der nächsten auftrug und so eine Art Glasurfarbe erhielt: Das Licht schien mit der Öltransparenz zu spielen. Von nun an drückte sich ein großes Bestreben nach Natürlichkeit in Texturen, Schatten oder Reflexionen sowie räumlicher Wirkung aus. Das Farbspektrum erweiterte sich um zahllose Nuancen.

DIE MADONNA DES KANZLERS ROLIN **S. 70** TEMPERA **S. 200** FRESKOMALEREI **S. 201** ÖLMALEREI **S. 203**

Farbe in der Renaissance

15. bis 16. Jh.

WICHTIGSTE KÜNSTLER: LORENZO LOTTO • TIZIAN • VERONESE • TINTORETTO

Während der Renaissance erlebten Philosophie und Kunst große Umwälzungen. Im Gegensatz zum Mittelalter wurde nun – in Anlehnung an das antike Weltbild – in humanistischer Sichtweise der Mensch in den Mittelpunkt gestellt. In diesem Zusammenhang schrieb der florentinische Theoretiker und Schriftgelehrte Leon Battista Alberti 1435–1436 ein Traktat für Maler. Darin erklärte er, dass ein Gemälde aus drei Elementen bestehe: Komposition, Kontur (Zeichnung) und Licht (Farbe). Weiß und Schwarz dienten als Regulativ für die Abstufung der Farb- sowie der Hell-Dunkel-Werte. Jedem der vier Elemente wird eine „reine" Farbe zugeordnet: Rot dem Feuer, Blau der Luft, Grün dem Wasser und Grau (eine Mischung aus Weiß und Schwarz, wie Alberti klarstellte) der Erde. Hier ist anzumerken, dass Gelb, das bisher als eine Unterart von Grün betrachtet wurde, nicht auftauchte.

Alberti empfahl im Gegensatz zu mittelalterlichen Gebräuchen ein breites Farbspektrum. Diese Hinwendung zur Vielfarbigkeit hatte ihren Hohepunkt im Venedig des 16. Jh., denn es galt als Drehscheibe für Luxusgüter aus dem gesamten Mittelmeerraum. Die Venezianer hatten aufgrund der hohen Feuchtigkeit in der Dogenstadt Schwierigkeiten mit der Freskomalerei und stürzten sich daher begierig auf die neue Technik der Ölmalerei. Auf Pigmente spezialisierte Händler boten Farben von hoher Qualität an – im übrigen Italien belieferten Apotheker die Künstler mit Pigmenten.

HERAUSRAGENDE KÜNSTLER
Venezianische Maler wie Tizian (um 1488–1576) und Veronese (1528–1588) waren Meister in der Kunst der Farbe, vernachlässigten jedoch dabei die Zeichnung, bedauerte beispielsweise der Kunsthistoriker Giorgio Vasari.

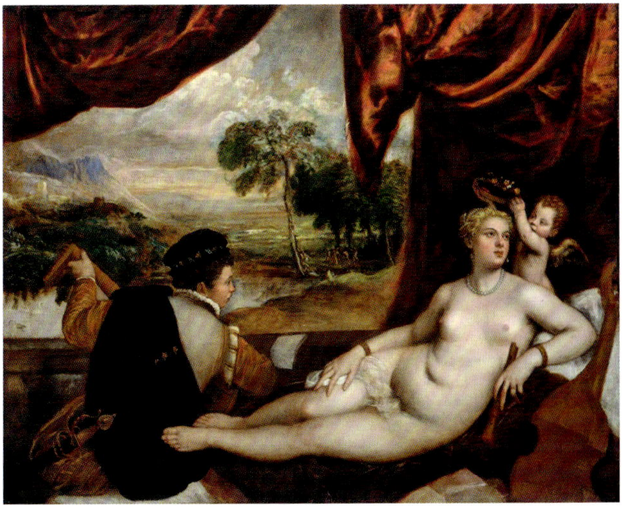

Tizian, *Venus und der Lautenspieler*, um 1565–1570, Öl auf Leinwand, New York, The Metropolitan Museum of Art

WEISS **S. 45** ROT **S. 46** BLAU **S. 48** GRÜN **S. 49** GRAU **S. 54** *LUCRETIA* **S. 76**
NATÜRLICHE UND SYNTHETISCHE PIGMENTE **S. 190** FRESKOMALEREI **S. 201** ÖLMALEREI **S. 203**

Widerstreit von Zeichnung und Farbe

16. bis 19. Jh.

WICHTIGSTE KÜNSTLER: LEONARDO DA VINCI • MICHELANGELO • TIZIAN • NICOLAS POUSSIN • PETER PAUL RUBENS

HERAUSRAGENDER KÜNSTLER
Um 1508 empfahl Leonardo da Vinci in einer Note zu seinem *Traktat über die Malerei* eine reduzierte und gebrochene Farbpalette (in durch eine Mischung aus Weiß und Schwarz gedämpften Tönen) für den Aufbau eines Werkes, hauptsächlich durch Anwendung des Schattens.

Der Kunsthistoriker Giorgio Vasari erwähnte in der zweiten Ausgabe seiner *Lebensläufe der berühmtesten Maler, Bildhauer und Architekten* (1568) zwei Traditionen in der Malerei des 16. Jh.: Die eine, toskanischen Ursprungs, stelle die Zeichnung in den Vordergrund, ihr wichtigster Vertreter sei Michelangelo (1475–1564), und die andere, venezianischen Ursprungs, die Farbe, hier sei Tizian (um 1488–1576) wegweisend.

Auch wenn dieser Widerstreit von Zeichnung und Farbe mitunter karikaturistische Züge annahm, so kam er im 17. Jh. doch auch nach Frankreich, wo sich fortan in der königlichen Akademie für Malerei zwei Lager gegenüberstanden: Die einen scharten sich hinter Nicolas Poussin (1594–1665), gerühmt für seinen meisterlichen Zeichenstrich, die anderen hinter Peter Paul Rubens (1577–1640), gefeiert für seinen virtuosen Farbeinsatz. Charles Le Brun (1619–1690) war als Hofmaler unter König Ludwig XIV. (1638–1715) der Meinung, dass die Zeichnung den Geist befriedige, wo die Farbe doch nur dem Auge schmeichele.

Im folgenden Jahrhundert schienen die Farbanhänger zu obsiegen: Antoine Watteau (1684–1721) wurde 1717 an der Akademie aufgenommen und Jean-Honoré Fragonard (1732–1806) dann 1765. Beide waren bekannt für ihre intensive und breite Farbpalette. Die künstlerische Debatte flammte immer wieder auf. So standen sich Jean-Auguste-Dominique Ingres (1780–1867) mit seinem zarten Strich und Eugène Delacroix (1798–1863) mit sinnlicher Farbgebung gegenüber.

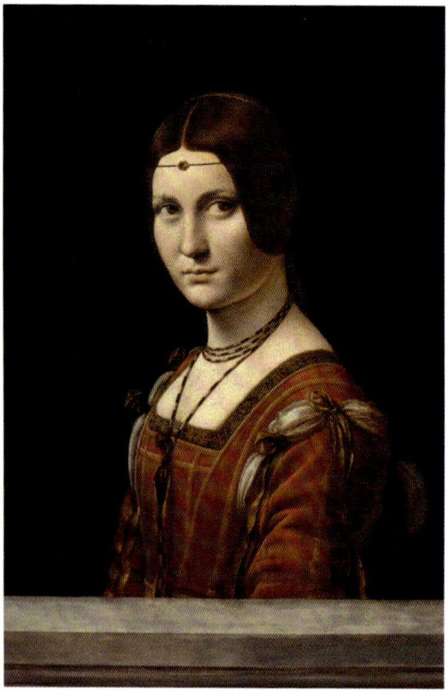

Leonardo da Vinci, *Porträt einer Dame vom Mailänder Hof,* fälschlicherweise *Die schöne Ferronnière* genannt, um 1490–1497, Öl auf Holz, Paris, Musée du Louvre

SCHWARZ **S. 44** WEISS **S. 45** *PORTRÄT EINER DAME VOM MAILÄNDER HOF* **S. 74** *DER TOD DES SARDANAPAL* **S. 86**

Farbe und Geschlecht

Von der Renaissance bis zur Gegenwart

WICHTIGSTE KÜNSTLER: PIERO DE LA FRANCESCA • HYACINTHE RIGAUD • JEAN-AUGUSTE-DOMINIQUE INGRES

Manche Farben werden in der kollektiven Vorstellung fest mit einem Geschlecht assoziiert. Eindeutige Beispiele hierfür sind Rosa und Blau; Rosa steht für das Weibliche und Blau für das Männliche. Lange Zeit beschrieb der Begriff Rosa nicht die Farbe, wie wir sie heute kennen. Manchmal wurde „Blut- bzw. Fleischrot" verwendet, ein intensiver, fleischfarbener Rosaton. Dieser wurde dann oft als Spielart von Rot wahrgenommen und damit als männlich. Blau, die Farbe des Mantels der Jungfrau Maria (Piero della Francesca, *Madonna del Parto*, um 1455, Monterchi, eigenes Museum) wechselte hier hingegen ins Weibliche. Die Wandlung geschah im Laufe der Revolution. Männer, die unter dem Ancien Régime lange Haare, hohe Absätze, Strümpfe und Spitzen trugen (Hyacinthe Rigaud, *Ludwig XIV. in königlichem Kostüm*, siehe S. 82–83), legten diese Art Kleidung ab und trugen nun dunkle, schmucklose Anzüge (Jean-Auguste-Dominique Ingres, *Porträt von Monsieur Bertin*, 1832, Paris, Musée du Louvre). Rot wurde fortan für das Brautkleid zur weiblichen Farbe.

Grau, das auf mehrteiligen Altarbildern in verschiedenen Schattierungen die Außenseiten der Flügel schmückte und scheinbar im Gegensatz zur versteckten Farbenpracht der inneren Tafeln stand, wurde als neutral angesehen. Johann Wolfgang Goethe betrachtete das Grau als eine Mittelfarbe, in der die anderen Farben vermischt aufgingen. Daher passte es zu allen anderen Farbtönen.

WESENTLICHE MERKMALE

Bis zum 18. Jh. wurden Rosa und Blau nicht speziell Mädchen und Jungen zugeordnet, wie das nebenstehende Porträt eines kleinen Jungen des britischen Künstlers Thomas Gainsborough (1727–1788) zeigt. Aber im darauffolgenden Jahrhundert ermöglichten die Fortschritte in der Chemie, Pastelltöne leichter herzustellen, die in der Folge Kindern zugeschrieben wurden. Das Bürgertum kleidete Mädchen nun in Blassrosa und Jungen in Himmelblau. Diese Kleiderordnung verbreitete sich im Laufe des 20. Jh. in der gesamten Gesellschaft.

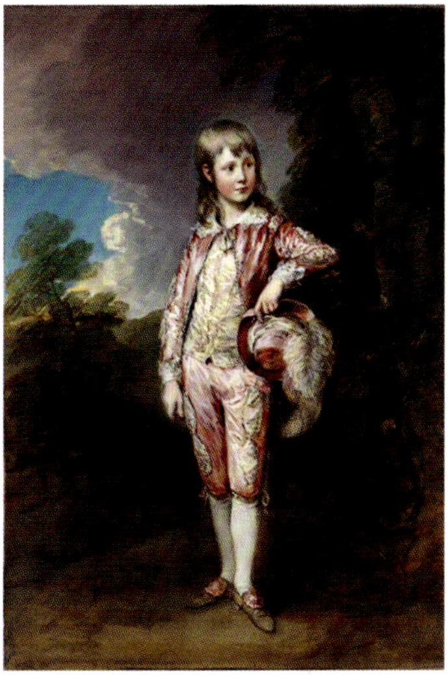

Thomas Gainsborough, *Der junge Francis Nichols (Pink Boy)*, 1782, Öl auf Leinwand, National Trust (GB)

BLAU **S. 48** ROSA **S. 53** GRAU **S. 54** *LUDWIG XIV. IM KÖNIGLICHEN KOSTÜM* **S. 86**

Farbliche Strenge während der Reformation

16. Jh.

WICHTIGSTE KÜNSTLER: LUCAS CRANACH DER ÄLTERE • HANS HOLBEIN

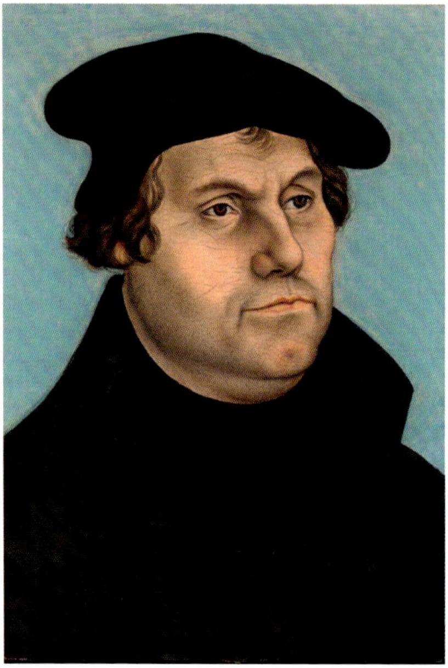

Lucas Cranach der Ältere, *Porträt des Martin Luther*, um 1532, Öl auf Holz, New York, The Metropolitan Museum of Art

Durch den Anstoß des sächsischen Mönchs Martin Luther (1483–1546) markierte die Reformation die Spaltung der christlichen Welt in das lateinische katholische Europa und das nunmehr protestantische Nordeuropa. In diesem komplexen Umfeld verbannte die protestantische Morallehre den akzentuierten Einsatz von Farbe als Symbol des prunkvollen Papismus und der verschwenderischen Aristokratie sowohl aus der Kleidung als auch aus der Malerei. Im Alltagsleben propagierten Luther und seine Anhänger, Ulrich (Huldrych) Zwingli (1484–1531) in der deutschsprachigen Schweiz und in Süddeutschland und Johannes Calvin (1509–1564) in der frankophonen Welt Demut und Entsagung. Luther verdammte zwar die katholische Götzendarstellung, war sich aber der Wirkung von Bildern durchaus bewusst, vor allem in der katechetischen Ausbildung, und verbreitete mit ihrer Hilfe seine Ideen. Zwingli indes stand Bildern noch misstrauischer gegenüber und Calvin verbot sie komplett.

Die Werte der Reformation schlugen sich im Schwarz der Kleidung und der Darstellung nieder und brachen mit der leichten Verführung durch Farbenpracht, die als Synonym für Lug und Trug galt. Das Bürgertum kleidete sich schwarz, und so ist es auch bis heute auf den in Auftrag gegebenen Gemälden zu sehen.

HERAUSRAGENDER KÜNSTLER

Der Maler Lucas Cranach (1472–1553) stellte sich in den Dienst der Reformation und malte mehrere Porträts seines Freundes Martin Luther, ganz im Stile protestantischer Reduktion und Strenge. Es handelte sich um bei der reformierten Kirche beliebte Schwarz-Weiß-Gravuren, die günstig herzustellen waren und dadurch leichter eine große Verbreitung fanden.

SCHWARZ **S. 44**

Farbliche Zurückhaltung und bürgerliche Blütezeit

17. bis 19. Jh.

WICHTIGSTE KÜNSTLER: JACQUES-LOUIS DAVID • ADÉLAÏDE LABILLE-GUILARD • FRANS HALS • JEAN-AUGUSTE-DOMINIQUE INGRES • REMBRANDT

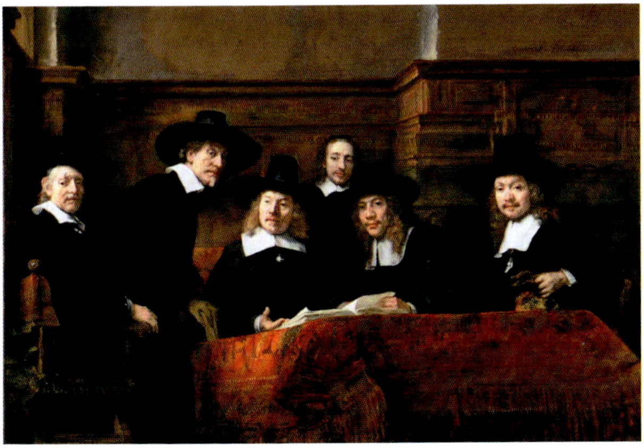

Rembrandt, *Die Vorsteher der Tuchmacherzunft*, 1662, Öl auf Leinwand, Amsterdam, Rijksmuseum

HAUPTWERK

In der niederländischen Malerei entstanden im 17. Jh. zahlreiche ernste Porträts von schwarz gewandeten Kaufmannsfamilien.

Die Reformation im 16. Jh. nahm am Aufstieg einer bürgerlichen Klasse Anstoß. Als Reaktion auf den Prunk der katholischen Monarchie, die sowohl bei der Kleidung als auch beim Dekor regelrecht in Farbenpracht schwelgte, entwickelte sich eine gestrenge Kultur, in der Schwarz dominierte.

In Frankreich legten die Generalstände die Kleidung der Abgeordneten fest. Die Repräsentanten der Geistlichkeit durften Violett tragen, die Vertreter des Adels schmückten sich mit Gold und weißen Federn, und die Abgeordneten des dritten Standes mussten „Gewand, Jacke und Hose aus schwarzem Wolltuch, schwarze Strümpfe, mit einem kurzen Mantel aus Seide oder Baumwolle, [sowie] einen Dreizackhut ohne Paspel und Knöpfe“ tragen. Bereits mit dem Herannahen der Revolution war die Farbpalette der Maler dunkler geworden – wie ein Vorzeichen für die Krise.

Im 19. Jh. blieb eine vergleichbare Strenge in den Darstellungen des Bürgertums vorherrschend. Die bürgerliche Klasse konnte ihre politische und wirtschaftliche Macht mit der industriellen Revolution, dem frühen Kapitalismus und der Republik weiter ausbauen. Farbliche Zurückhaltung wurde ein Synonym für tugendhafte Werte wie guten Geschmack, Sparsamkeit und Enthaltsamkeit.

→ SCHWARZ **S. 44** WEISS **S. 45** VIOLETT **S. 51** GOLD **S. 56**

Hell-Dunkel-Malerei

17. Jh.

WICHTIGSTE KÜNSTLER: CARAVAGGIO • ARTEMISIA GENTILESCHI • VALENTIN DE BOULOGNE • JUSEPE DE RIBERA

WICHTIGSTER KÜNSTLER
Schon früh erkannte Caravaggio die dramaturgische Wirkmacht der Hell-Dunkel-Malerei (auch: Chiaroscuro) und wie sich mit ihr Formen entweder hervorheben oder aus dem Fokus nehmen lassen. So warf er einen unverstellten Blick auf die Realität, ließ sie im entscheidenden Augenblick einfrieren – immer geleitet von seinem Hang zum Volkstümlichen.

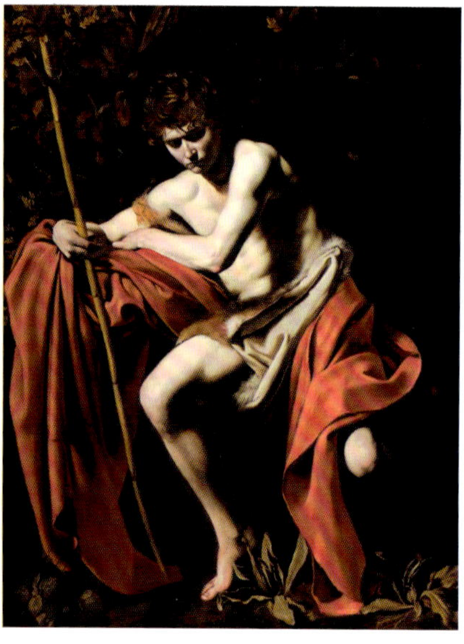

Caravaggio, *Der heilige Johannes der Täufer in der Wüste*, 1602–1604, Öl auf Leinwand, Kansas City (Missouri/USA), The Nelson-Atkins Museum of Art

Zu Beginn des 17. Jh. stellte der lombardische Maler Caravaggio (um 1571–1610) volkstümliche und nächtliche Szenen dar. Er war zwar nicht der Erfinder der Hell-Dunkel-Malerei, aber er war der wichtigste Meister dieser Technik und setzte sie beinahe schon zwanghaft ein.

Bei Caravaggio ist die Lichtquelle oft nicht klar erkennbar, sie scheint aus den Pigmenten und dem Bildmaterial selbst zu erstrahlen. Über das eigentliche Verfahren hinaus stand sie für das göttliche Licht, das die Finsternis der Unwissenheit verdrängte. Um viele Farbnuancen zwischen Dunkel und Hell schaffen zu können, malte Caravaggio auf rotbraunem, grauem oder grünem Grund. Er nutzte fast nie reine Farben, reduzierte seine Farbpalette und malte in der Lasurtechnik (mehrere nacheinander aufgetragene, durchscheinende Schichten), um bestimmte Zonen aufzuhellen.

Caravaggio hatte selbst zwar keine Schüler, beeinflusste aber dennoch mehrere Malergenerationen, die sein Werk in Rom und Neapel bewunderten. Sie waren beeindruckt von der Dramatik seiner Lichteffekte und von seiner Objektwahl, machten sich seine naturalistische Sichtweise und seinen Sinn für Helligkeitskontraste zu eigen und verbreiteten seinen Stil in ganz Europa. Beispiele hierfür waren etwa der Franzose Valentin de Boulogne (1591–1632) oder der Spanier Jusepe de Ribera (1591–1662).

SCHWARZ **S. 44** ROT **S. 46** GRAU **S. 54** *BÜSSENDE MAGDALENA* **S. 78** *DER HEXENSABBAT* **S. 84**

Kontraste

17. bis 19. Jh.

WICHTIGSTE THEORETIKER: ARISTOTELES • ISAAC NEWTON • JOHANN WOLFGANG VON GOETHE • MICHEL EUGÈNE CHEVREUL

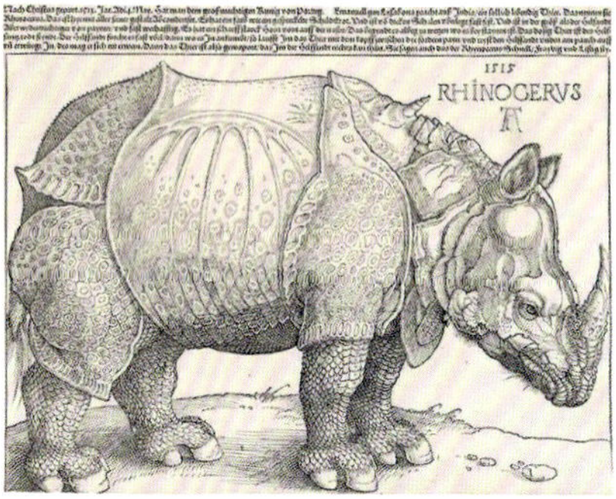

Albrecht Dürer, *Rhinocerus*, 1515, Holzschnitt, Chicago (Illinois/USA), The Art Institute of Chicago

WESENTLICHE MERKMALE

Die heute gängige Einteilung der Farben in warme und kalte Töne stammt im Wesentlichen aus Johann Wolfgang von Goethes Forschungen zur visuellen Wahrnehmung zu Beginn des 19. Jh. Im Druckereiwesen bevorzugte man bereits seit dem Ende des 15. Jh. schwarze Tinte auf Papier und stellte damit den höchstmöglichen und am besten lesbaren Kontrast her, der sich nun einmal aus Schwarz und Weiß ergibt, sowohl für Texte als auch für Gravuren.

Farbwahrnehmung und -einteilung sind hauptsächlich kulturell und historisch begründet. In der westlichen Welt herrschen einige Regeln vor: der Gegensatz von warmen und kalten Farbtönen, der Schwarz-Weiß-Kontrast sowie Primär- und Komplementärfarben.

Die Einteilung in warme und kalte Farben, wie wir sie heute kennen, entwickelte sich im Laufe des 18. Jh. in Künstlerkreisen. Johann Wolfgang von Goethe (1749–1832) griff sie in seinem Werk *Zur Farbenlehre* (1810) auf. Darin setzten sich Rot-, Orange- und Gelbtöne (warme, aktive Farben) von ihren komplementären Grün-, Blau- und Violetttönen (kalte, passive Farben) ab. Der Historiker Michel Pastoureau (*1947) relativiert diesen Gegensatz zwar und erinnert daran, dass beispielsweise Blau im Mittelalter als warme Farbe betrachtet wurde. Untersuchungen an den Ganglienzellen der Retina haben allerdings den gleichen Dualismus in der Entwicklung der Farbwahrnehmung bei Säugetieren herausgearbeitet.

Die These, das Schwarz und Weiß im eigentlichen Sinne keine Farben sind, entwickelte sich erst aus den Arbeiten von Isaac Newton. Im Gegensatz zu Aristoteles' linearer Farbanordnung (Weiß, Gelb oder Grau, Rot, Violett, Grün, Blau, Schwarz) schlug er eine Anordnung im Kreis gemäß dem Regenbogen vor – Violett, Indigo, Blau, Grün, Gelb, Orange, Rot –, ohne Schwarz und Weiß. Bei einer Anordnung von Hell nach Dunkel waren Weiß und Schwarz im Okzident zum Synonym für Kontrast geworden, was durch die Erfindung des Buchdrucks noch verstärkt worden war.

SCHWARZ **S. 44** WEISS **S. 45** ROT **S. 46** GELB **S. 47** BLAU **S. 48** GRÜN **S. 49** ORANGE **S. 50** VIOLETT **S. 51** REGENBOGEN **S. 59** *LICHT UND FARBE (GOETHES FARBENLEHRE)* **S. 88** FARBIGE DRUCKGRAFIK **S. 208**

Newtons Farbkreis

1704

WICHTIGSTE KÜNSTLER: J.M.W. TURNER • GEORGES SEURAT • PAUL SIGNAC • PAUL SÉRUSIER • FRANTIŠEK KUPKA

Isaac Newton (1642–1727) revolutionierte die Wissenschaft, und eine große Zahl seiner Entdeckungen in seinen Hauptforschungsgebieten Mathematik und Physik haben der modernen Wissenschaft den Weg bereitet. Ab 1666 forschte er mehrere Jahre zur Optik. Dabei machte er eine entscheidende Beobachtung: Weißes Licht, das in einem Prisma gebrochen wird, zerfällt in ein Farbspektrum. Er zählte sechs Farbstrahlen in diesem Spektrum (Violett, Blau, Grün, Gelb, Orange und Rot); Schwarz und Weiß gab es nicht. Der Historiker Michel Pastoureau unterstreicht, dass Newton an den symbolischen Konventionen seiner Zeit festhielt, die auf Systemen von sieben oder zwölf Elementen beruhten, daher Indigo (Tiefblau) hinzufügte und so sieben Grundfarben erhielt, analog zur Tonleiter in der Musik. Er etablierte den siebenteiligen Farbkreis mit den Regenbogenfarben, so wir ihn auch heute noch begreifen.

Im Jahre 1704 veröffentlichte Newton die Ergebnisse seiner Forschungen in seinem Werk *Opticks*. Er beschrieb den Zerfall der Farben des Spektrums nach ihrer Wellenlänge in einem Farbkreis (auch Newtonscheibe genannt) und wandte sich damit von der linearen Farbdarstellung von Aristoteles ab. Außerdem entwarf er damit das Schema der Komplementärfarben, die sich im Farbkreis gegenüberliegen.

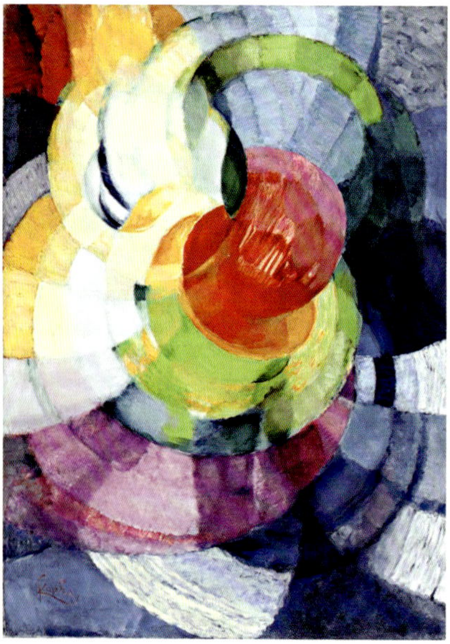

František Kupka, *Disk of Newton*, 1912, Öl auf Leinwand, Philadelphia (Pennsylvania/USA), Philadelphia Museum of Art

HAUPTANWENDUNGSGEBIETE

Im 19. Jh. entwickelten Farbtheoretiker immer ausgefeiltere Varianten des Farbkreises, die bei vielen Malern von J. M. W. Turner (1775–1851) bis Georges Seurat (1859–1891) auf großes Interesse stießen.

FARBEN NACH ARISTOTELES **S. 14** ROT **S. 46** GELB **S. 47** BLAU **S. 48** GRÜN **S. 49** ORANGE **S. 50** VIOLETT **S. 51**
REGENBOGEN **S. 59** *DER ZIRKUS* **S. 104** *DISK OF NEWTON* **S. 118** *ELEKTRISCHE PRISMEN* **S. 120**

Primär- und Komplementärfarben

17. Jh. bis heute

WICHTIGSTE THEORETIKER: CLAUDE BOUTET • MOSES HARRIS • JOHANN WOLFGANG VON GOETHE • JOHANNES ITTEN

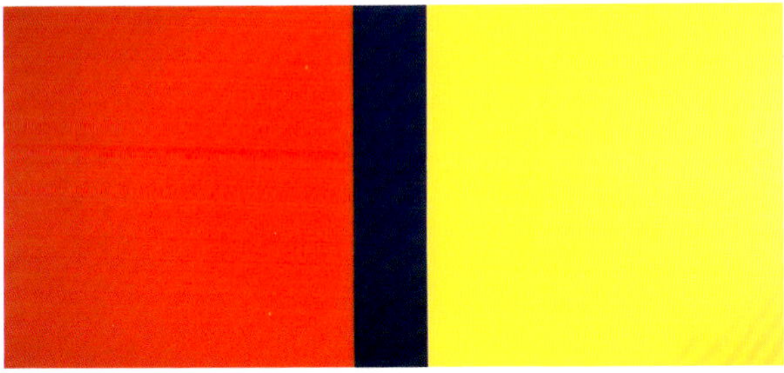

Barnett Newman, *Who's Afraid of Red, Yellow and Blue? IV*, 1969–1970, Acryl auf Leinwand, Berlin, Neue Nationalgalerie

Die Vorstellung, dass man aus den drei Primärfarben Gelb, Rot, Blau alle anderen Farben mischen könne, entstand bereits Ende des 17. Jh. Zu Beginn des 20. Jh. stellte man in der Bauhausbewegung, deren Sprachrohr unter anderem der Maler und Theoretiker Johannes Itten (1888–1967) war, die Primärfarben als Quadrat (Rot), Dreieck (Gelb) und Kreis (Blau) dar und verband diese Skizzierung mit Modernität, was einige Jahrzehnte später Künstler wie Barnett Newman auf ironische Weise hinterfragten.

Durch wissenschaftliche Forschung wurden die Komplementärfarben lesbar in einem Farbkreis eingeteilt. So erwähnte der Naturalist Moses Harris (1730–1785) in seinem Werk *The Natural System of Colours* (um 1770), in dem auch ein neuer Farbkreis abgebildet ist: „Fehlt einer Farbe der Kontrast, suchen Sie die Farbe im Farbkreis. Direkt gegenüber werden sie den gewünschten Kontrast finden." Im 50. Absatz seines Werks *Zur Farbenlehre* (1810) stellt Johann Wolfgang von Goethe fest, dass sich im Farbkreis gegenüberliegende Farben einander im Auge des Betrachters bedürfen: So verlangt Gelb nach Violett; Orange nach Blau; Rot nach Grün; und umgekehrt […]." Diese Herangehensweise fand im 19. Jh. großen Anklang, vor allen Dingen bei Malern wie J. M. W. Turner und Philipp Otto Runge (1777–1810). Ab den 1850er Jahren wurde in zahlreichen Werken darauf hingewiesen, dass die Komplementärfarben harmonisch wirken, sofern sie nebeneinander verwendet werden, denn eine Mischung würde sie zu einem Grauton werden lassen.

WICHTIGSTER AUTOR

Die drei Primärfarben wurden bereits am Ende des 17. Jh. in dem Werk *Traité de la peinture en miniature* (1673) benannt, das Claude Boutet zugeschrieben wird: „Es gibt lediglich drei Grundfarben, die nicht aus anderen Farben hergestellt werden können, aber aus denen alle anderen Farben hergestellt werden können. Diese drei Farben sind Gelb, Rot und Blau."

ROT **S. 46** GELB **S. 47** BLAU **S. 48** GRÜN **S. 49** ORANGE **S. 50** VIOLETT **S. 51**
KOMPOSITION MIT ROT, GELB, BLAU UND SCHWARZ **S. 126** *MEHRERE KREISE* **S. 130** *SIX COLORFUL INSIDE JOBS* **S. 172**

Kunst und Wissenschaft

18. bis 19. Jh.

WICHTIGSTE KÜNSTLER: VINCENT VAN GOGH • GEORGES SEURAT • PAUL SIGNAC

Seit Isaac Newtons Entdeckungen zum Prisma Ende des 17. Jh. wurde Farbe vermehrt zum Gegenstand wissenschaftlicher Untersuchungen. So interessierte sich einige Jahrzehnte später Georges-Louis Leclerc, Graf von Buffon (1707–1788), der Newtons Analysen durchaus anerkannte, für die Physiologie der Farbe und die Bedeutung der Wahrnehmung *(Dissertation über zufällige Farben*, 1743). Im 19. Jh. ergaben sich aus diesen beiden differierenden Betrachtungsweisen weitere Arbeiten, die das Interesse der Künstler auf nie dagewesene Weise weckten.

Der Chemiker Michel Eugène Chevreul (1786–1889), Direktor für Färbung an der Königlichen Tapisserie-Manufaktur (Paris), veröffentlichte 1839 das Werk *De la loi du contraste simultané des couleurs* (sinngemäß: *Vom Gesetz über den simultanen Farbkontrast)*, über den Einfluss von im Farbkreis benachbarten Farben auf das Sehen. Dieses Werk, das wohl kaum jemand vollständig gelesen hat, wurde über die Presse verbreitet und auch durch einen weiteren Autor, den Graveur Charles Blanc (1813–1882), Kunsthistoriker und zuvor Direktor der Verwaltung der Schönen Künste. In seiner *Grammatik der zeichnenden Künste* (1867) widmete er ein Kapitel der Farbe sowie einer verständlichen Synthese von Chevreuls Werk, die bei Malern wie Vincent van Gogh (1853–1890), Georges Seurat (1859–1891) oder Paul Signac (1863–1935) auf große Resonanz stieß: „Farbe auf eine Leinwand aufzutragen“, so Blanc mit Berufung auf Chevreul, „bedeutet nicht nur, alles in dieser Farbe zu malen, was mit dem Pinsel in Berührung kam, sondern auch die Umgebung mit der Komplementärfarbe zu versehen.“

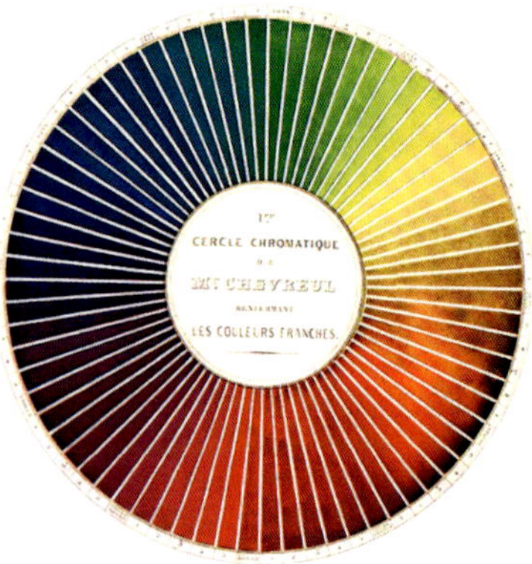

WESENTLICHE MERKMALE

Dieser Farbkreis mit seinen 72 Farbnuancen aus dem Jahre 1860 von Michel Eugène Chevreul, dem großen Theoretiker zum Thema Farbe, hatte nachhaltigen Einfluss auf die Nachwelt. Entwickelt hat Chevreul den Farbkreis für die Königliche Tapisserie-Manufaktur. Er wird heute noch genutzt.

Farbkreis von Chevreul

REGENBOGEN **S. 59** *CHAMP AUX IRIS PRÈS D'ARLES* **S. 102** *DER ZIRKUS* **S. 104**

Farbe in der Romantik

Zweites Viertel des 19. Jh.

WICHTIGSTE KÜNSTLER: THÉODORE GÉRICAULT • CASPAR DAVID FRIEDRICH • EUGÈNE DELACROIX

Die Epoche der Romantik brachte in Europa große Umwälzungen in Kunst, Literatur und Philosophie mit sich und verhalf Empfindsamkeit und Fantasie zu einem neuen Stellenwert. In Frankreich entstand ein Streit zwischen jenen, die noch den akademischen Regeln (Hierarchie der Genres in der Malerei sowie Einheit von Ort, Zeit und Handlung im Theater) anhingen und jener Avantgarde, die sich darüber hinwegsetzte. Diese nie dagewesene Unabhängigkeit der Künstler von Institutionen führte zu Befürchtungen, die sich alsbald in der Verwendung von Farbe niederschlugen.

1830 kam es durch Victor Hugos (1802–1885) Theaterstück *Hernani* zu polemischen Ausbrüchen zwischen Befürwortern des klassischen Theaters und solchen der romantischen „Revolution“. Bei der Premiere sorgte der junge Malerlehrling, spätere Schriftsteller und Unterstützer Hugos Théophile Gautier (1811–1872) für Furore. Er erschien mit langen Haaren in einem Wams aus rotem Satin. Diese äußerst provokative Aufmachung symbolisierte die Befreiung der Romantiker. „Wir wollten“, schrieb Gautier, „Leben, Licht, Bewegung, gewagte Ideen und Ausführung, Hinwendung zu den schönen Zeiten der Renaissance und der echten Antike, und wir wehrten uns gegen blasse Farben, magere und ausgemergelte Zeichnungen, puppenhafte Kompositionen, wie sie das Empire der Restauration vererbt hat.“ *(Histoire du romantisme,* 1872).

Eugène Delacroix, *Der Tod des Sardanapal,* 1827, Öl auf Leinwand, Paris, Musée du Louvre

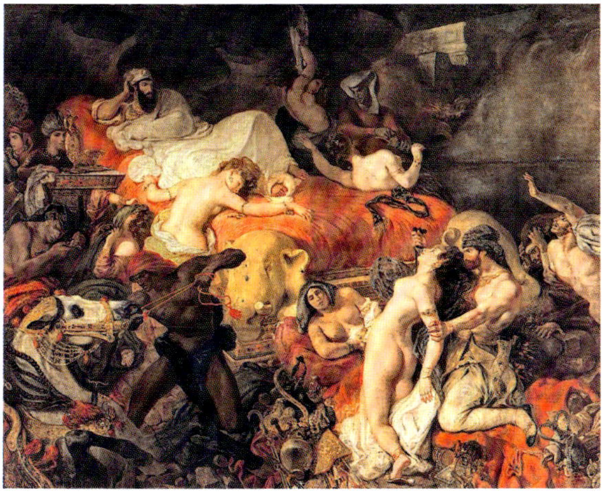

WESENTLICHE MERKMALE
1827 löste Eugène Delacroix mit seinem Gemälde *Der Tod des Sardanapal* einen Skandal aus. Als Reaktion auf die Belagerung seines Palastes wählt der assyrische Tyrann statt der Kapitulation die Selbstverbrennung – mit all seinem Besitz, Sklaven, Gespielinnen, Pferden und Hunden. Die Intensität der Farben – allen voran Blutrot – sowie die Komposition schockierten die Anhänger der akademischen Künste und der neoklassischen Tugend.

ROT **S. 46** *DER TOD DES SARDANAPAL* **S. 86**

Lob des Schattens in Japan

19. Jh.

WICHTIGSTE KÜNSTLER: HOKUSAI • HIROSHIGE • UTAMARO • UTAGAWA KUNIYOSHI

In seinem Essay *Lob des Schattens* aus dem Jahr 1933 verteidigte Tanizaki Jun'ichirō (1886–1965) die auf Halbschatten, Dämmerlicht, Dunkelheit und Sabi (der Sensibilität für die Schönheit des Vergänglichen) beruhende traditionelle Ästhetik gegen die Modernisierung Japans unter westlichem Einfluss: „Farben, die wir [Japaner] für Alltagsgegenstände schätzen, sind Schatten in den unterschiedlichsten Schichtungen; Farben, die sie [die Menschen aus dem Westen] bevorzugen, verdichten in sich alle Sonnenstrahlen." Frauen der Mittel- und Oberschicht gehörten in Japan ins häusliche Umfeld, dessen Architektur in Hell-Dunkel mit zahlreichen schattigen Winkeln gehalten war. Daher, so Tanizaki, seien sie in extrem gedeckten Farben gekleidet und schwärzten sich die Zähne. In der japanischen Kultur beinhalten Schwarz und Weiß alle anderen Farben.

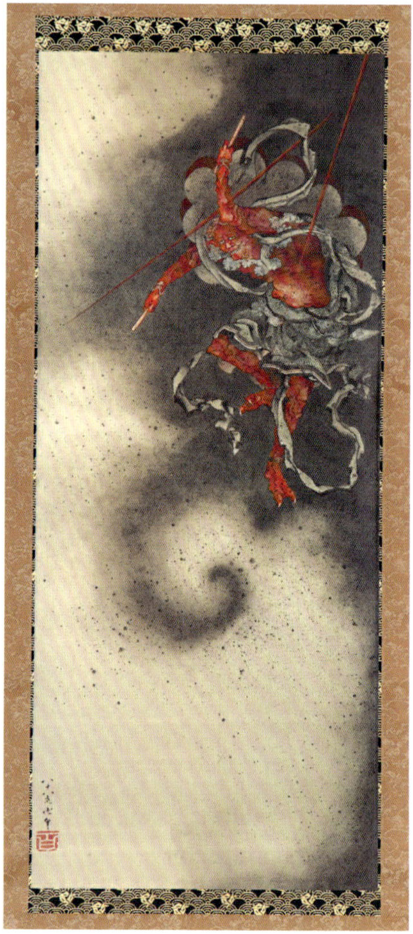

Hokusai, *Raijin (Donnergott)*, 1847, Tinte und Farbe auf Papier, Washingto, National Museum of Asian Art

HERAUSRAGENDER KÜNSTLER

Farbe als Beziehung zwischen Schatten und Licht schlägt sich auf ganz besondere Weise in der Darstellung des Donnergotts und der Blitze des Malers und Graveurs Hokusai (1760–1849) nieder. In einer schwarzen Wolke, die teilweise aufgespritzt wurde und die Unbändigkeit des Gewitters beschreibt, schleudert die in Feuertönen gehaltene Gottheit scharlachrote Blitze: Im Japanischen bedeutet das Wort „rot" (aka) auch „Helligkeit".

SCHWARZ **S. 44** WEISS **S. 45** ROT **S. 46** *RAIJIN (DONNERGOTT)* **S. 90**
FARBIGE DRUCKGRAFIK **S. 208**

Die Fee Elektrizität

Zweite Hälfte des 19. Jh.

WICHTIGSTE KÜNSTLER: EDGAR DEGAS • HENRI DE TOULOUSE-LAUTREC • LOUIS ANQUETIN

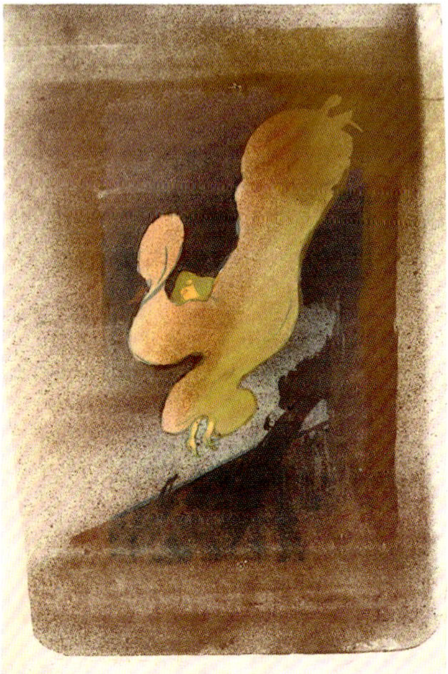

Henri de Toulouse-Lautrec, *Loïe Fuller*, um 1893, Farblithografie mit Goldpuder, New York, Brooklyn Museum

Die Erfindung des elektrischen Lichts und seine Verbreitung im Öffentlichen und Privaten im 19. Jh. veränderten die Farbwahrnehmung. In der Kunst entstanden durch die Elektrizität nun Nachtszenen, die nicht mehr in mysteriöses Hell-Dunkel getaucht waren, sondern in gleichmäßiger Helligkeit und oft urbanem Stil gemalt wurden. Wie uns der Kunsthistoriker Bruno Foucart ins Gedächtnis ruft, „Intensität, Weiße, Kompaktheit und Ruhe der elektrischen Beleuchtung verblüffen die Menschen, die das Zittern und Knistern der Flammen, das sanfte, bläuliche Licht der Gaslampen gewohnt waren. […] Das elektrische Licht ist das erfahrbare Auftauchen, die farbige Überleitung der Kräfte, mit denen wir die Welt beherrschen können" („Elektrizität und Künstler oder Zauberstab und Besen" im *Bulletin d'histoire de l'électricité*, 1991).

Paris als Vergnügungszentrum wurde zum wiederkehrenden Thema bei Künstlern wie Edgar Degas (1834–1917), Henri de Toulouse-Lautrec (1864–1901) oder Louis Anquetin (1861–1932). Sie interessierten sich für das Nachtleben entlang der großen Boulevards, die überhitzte Atmosphäre in den Kabaretts sowie die Pikanterie der Freudenhäuser. Die Farben ihrer Werke sind oft grell, etwa Pink, Narzissengelb, Apfelgrün, eben passend zur Derbheit des gewählten Motivs.

HERAUSRAGENDE TÄNZERIN

Gehüllt in Stoffbahnen aus Seide, die Arme verlängert mit Holzstäben, so vollführte Loïe Fuller ihren Serpentinentanz und faszinierte die Künstler mit ihrer Energie. Sie drehte sich vor Spiegeln, während farbige Projektoren sie von allen Seiten beleuchteten. „Für die Wissenschaft", schrieb sie in *Fünfzehn Jahre meines Lebens* (1908), „gibt es kein direktes, sondern nur gebrochenes Licht. Diese Neuerung […] war eine Vision, eine vibrierende Vision aus den Tiefen der Dunkelheit. Hier wurde etwas aus der unsichtbaren Welt, aus dem Reich der Fantasie, real."

GELB **S. 47** GRÜN **S. 49** ROSA **S. 53** FARBIGE DRUCKGRAFIK **S. 208** DIE WELT IN FARBE **S. 213**

Impressionismus und Freilichtmalerei

1860–1890

WICHTIGSTE KÜNSTLER: CAMILLE PISSARRO • ALFRED SISLEY • CLAUDE MONET • BERTHE MORISOT • AUGUSTE RENOIR

Die impressionistischen Maler, unter ihnen Camille Pissarro (1830–1903), Alfred Sisley (1839–1899), Claude Monet (1840–1926), Berthe Morisot (1841–1895) und Auguste Renoir (1841–1919), erfanden von den 1860er Jahren an die Landschaftsmalerei neu. Sie setzten sich über die überkommenen Ideen von Struktur oder Aufbau hinweg und übertrugen vielmehr ihre visuellen Wahrnehmungen. Ein leuchtendes Flirren, ein Rascheln im Blattwerk, eine Reflexion auf dem Wasser sind flüchtige Begebenheiten, die die Künstler auf neue Weise auf die Leinwand bannen wollten.

Farbe stand im Mittelpunkt bei der Übertragung der sich ständig verändernden Wetterbedingungen und Jahreszeiten. Die Einführung der reinen Farbe und die Darreichungsform von Malfarben in Tuben ließen neue und intuitive Praktiken zu, und dabei war die Lektüre wissenschaftlicher Werke durchaus hilfreich. So wich die bei den Malern seit der Renaissance so beliebte Hell-Dunkel-Malerei den farbigen Schatten mit Übergängen zwischen Dämmerlicht und Helligkeit, wo sich in geringem Maße die warmen Töne der einen Seite mit den kalten Tönen der anderen Seite vermischen. Die Impressionisten brachen hier mit den strengen Regeln der konventionellen Malschulen und deren recht schwülstigem Stil.

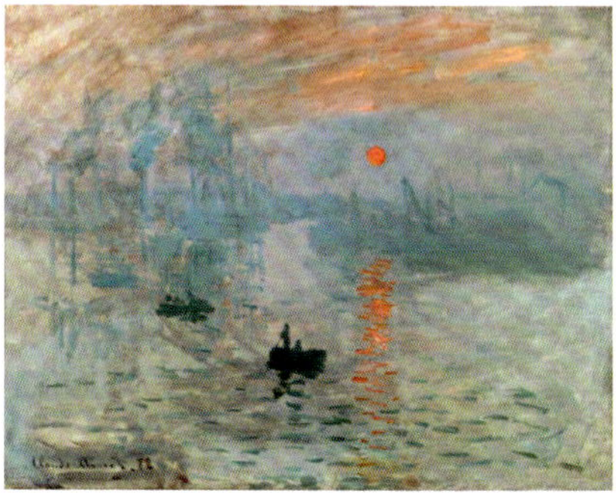

Claude Monet, *Impression, Sonnenaufgang*, 1872, Öl auf Leinwand, Paris, Musée Marmottan Monet

HERAUSRAGENDER KÜNSTLER

Im Jahre 1872 malte Claude Monet *Impression, Sonnenaufgang*, worüber sich ein Journalist mit dem Ausdruck „Impressionist" lustig machte. Das Gemälde zeigt einen Sonnenaufgang im Hafen von Le Havre und verwirrte Monets Zeitgenossen durch den sehr freizügigen Aufbau und die unkonventionelle Farbkomposition: Die orangefarbene Sonne, die sich im Wasser spiegelt, der diffuse Übergang zwischen Himmel und dem blasslila Meer mit nur einigen grün leuchtenden Spitzen eröffnen zahllose Möglichkeiten für Experimente mit Farben.

GRÜN **S. 49** ORANGE **S. 50** VIOLETT **S. 51** *LICHT UND FARBE (GOETHES FARBTHEORIE)* **S. 88**
IMPRESSION, SONNENAUFGANG **S. 100** *CHAMP AUX IRIS PRÈS D'ARLES* **S. 102** FARBE IN WEICHEN TUBEN **S. 204**

Pointillismus und additive Farbmischung

1880–1900

WICHTIGSTE KÜNSTLER: GEORGES SEURAT • PAUL SIGNAC • HENRI EDMOND CROSS

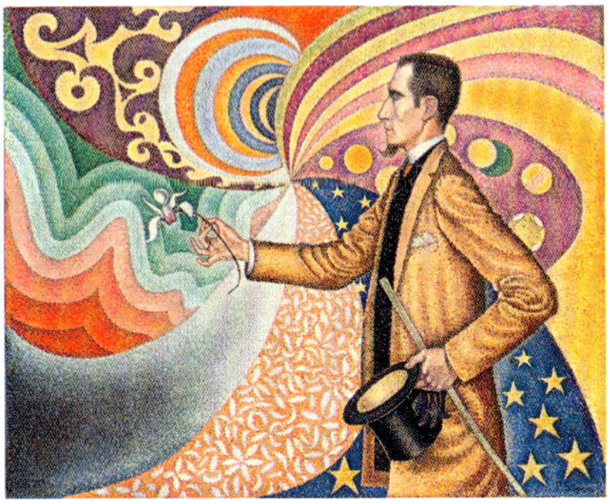

Paul Signac, *Portrait de Félix Fénéon*, 1890, Öl auf Leinwand, New York, Museum of Modern Art

HERAUSRAGENDER KÜNSTLER
Paul Signac lernte 1884 Georges Seurat kennen und begeisterte sich wie dieser für eine neuartige Verwendung der Farbe in der Malerei, wenn auch weniger stringent. Nach Seurats Tod kümmerte Signac sich um die Verbreitung ihrer Ideen und veröffentlichte hierzu das theoretische Werk *Von Eugen Delacroix zum Neo-Impressionismus* (1899).

Georges Seurat und Paul Signac waren die wichtigsten Vertreter des Pointillismus, manchmal auch Divisionismus oder Neoimpressionismus genannt. Diese Begriffe spiegeln die Übernahme mancher impressionistischer Ideen wider, wonach Farbe bereits seit den 1860er Jahren auf neuartige und wenig festgelegte Weise Licht- und Schattenspiel darstellt. Die Pointillisten zogen allerdings eine wissenschaftliche Herangehensweise der intuitiven vor.

Schon früh las Seurat die Arbeiten des Kunsthistorikers Charles Blanc, in die auch die Forschungen des Chemikers Michel Eugène Chevreul über Farbkontraste und ihre Wahrnehmung eingeflossen waren. Er ergänzte seine Lektüre mit einem Artikel von Charles Henry, „Einführung in die wissenschaftliche Ästhetik“ (in: La Revue contemporaine, August 1899) und der Schrift von Ogden Rood *Die moderne Farbenlehre mit Hinweisung auf ihre Benutzungen in Malerei und Kunstgewerbe* (1880).

Seurat erarbeitete sich seine eigene Maltechnik. Er setzte kleine Punkte aus Grundfarben eng an eng, die so interagierten, dass sie im Auge des Betrachters verschmolzen und eine subtile Farbenvibration hervorriefen. Er stützte sich dabei auf einen selbst geschaffenen Farbkreis aus 22 gänzlich verschiedenen Farbtönen. Seine Kompositionen waren extrem konstruiert, durch aufsteigende Linien strukturiert, in gewisser Weise feierlich und inspiriert von der ägyptischen Kunst, der klassischen Malerei und den Werken von Pierre Puvis de Chavannes (1824–1898).

→ REGENBOGEN **S. 59** *DER ZIRKUS* **S. 104**

Symbolismus

letztes Viertel des 19. Jh.

WICHTIGSTE KÜNSTLER: GUSTAVE MOREAU • PAUL GAUGUIN • PAUL SÉRUSIER

Als Symbolismus wird eine heterogene Strömung in der europäischen Literatur und Kunst am Ende des 19. Jh. bezeichnet. In der Malerei tragen so unterschiedliche Künstler wie Gustave Moreau (1826–1898), Félicien Rops (1833–1898) oder Odilon Redon (1840–1916) das Etikett Symbolist.

Dazu gehörten auch die Maler der Schule von Pont-Aven und die rebellische Künstlergruppe Nabis, die sich noch mehr Freiheiten im Umgang mit der Farbe herausnahmen. Der junge Kritiker Gabriel-Albert Aurier (1865–1892) beschrieb ihre ästhetischen Ambitionen im *Mercure de France* im März 1891 folgendermaßen: „[…] das Kunstwerk ist: 1. *Ideell*, weil sein einziges Ideal im Ausdruck einer Idee besteht; 2. *Symbolistisch*, weil es seine Idee in Formen ausdrückt; 3. *Synthetisch*, weil es seine Formen, seine Zeichen allgemeinverständlich niederlegt; 4. *Subjektiv*, weil das Objekt niemals als solches betrachtet wird, sondern als Idee, wie der Ausführende sie wahrnimmt; 5. (Das ist eine Folge) *Dekorativ* – weil dekorative Malerei nichts anderes als der subjektive, synthetische, symbolische und ideelle Ausdruck von Kunst ist.“

Paul Gauguin (1848–1903), Charles Filiger (1863–1928), Émile Bernard (1868–1941) und später Paul Sérusier (1864–1927) sowie Maurice Denis (1870–1943) vereinfachten die Form, umgaben sie mit Schwarz und trugen Farbe rein und flächig auf, oft losgelöst von lokalen Farbflächen.

HAUPTWERK

Bei *Vision nach der Predigt* (1888) versammelte Paul Gauguin in einer einzigen Szene Bretoninnen, die aus der Messe kommen, und den Kampf Jakobs mit dem Engel, der ihnen keine Ruhe lässt. Figuren, Kuh und Baum sind schematisiert, der Raum ist abgeflacht und die bretonische Weide blutrot.

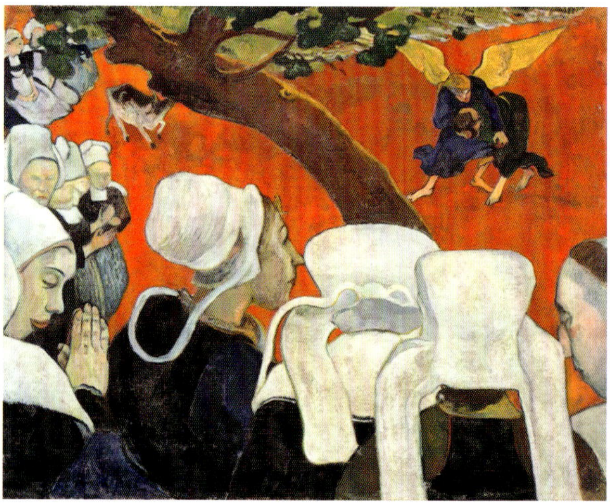

Paul Gauguin, *Vision nach der Predigt*, 1888, Öl auf Leinwand, Edinburgh, National Galleries of Scotland

SCHWARZ **S. 44** ROT **S. 46**

Farbintensität

1900–1915

WICHTIGSTE KÜNSTLER: HENRI MATISSE • ANDRÉ DERAIN • MAURICE DE VLAMINCK • ERNST LUDWIG KIRCHNER • EMIL NOLDE

In den ersten Jahren des 20. Jh. experimentierten Maler beiderseits des Rheins mit einer nie dagewesenen Farbintensität. Die Fauves in Frankreich – Henri Matisse (1869–1954), André Derain (1880–1954), Maurice de Vlaminck (1876–1958), Albert Marquet (1875–1947), Charles Camoin (1879–1965) u. a. – und in Deutschland die Mitglieder der Gruppe „Brücke" – Ernst Ludwig Kirchner (1880–1938), Karl Schmidt-Rottluff (1884–1976), Emil Nolde (1867–1956), Max Pechstein (1881–1965), Otto Mueller (1874–1930) u. a. – verliehen um 1905 der Farbe eine neue Gewichtung. Sie war autonom, abgekoppelt vom „Realen", sie war gleichermaßen expressiv, Ausdruck der Subjektivität des Künstlers, primitivistisch, authentisch, aufwieglerisch, Zeugnis der Künstlerrevolte gegen ästhetische und sogar soziale Normen. Sie kam in Reinform aus der Farbtube, stand für eine Reihe von Emotionen und schrie manchmal förmlich auf: orangefarbene und violette Bäume, grüne oder scharlachrote Gesichter, gelbe Straßen, blaue und rosafarbene Hügel. Zum primitivistischen Farbton kam oft eine vereinfachte und schnelle Zeichnung hinzu, fast wie in der volkstümlichen Kunst, dem Holzschnitt oder Kinderzeichnungen.

Diese Farbintensität war nur von kurzer Dauer. Schon bald wandten sich die Fauves von ihren Experimenten ab und arbeiteten schon ab 1907–1908 wieder mit gedeckten Farben und geometrischen Formen. Die „Brücke" löste sich 1913 auf.

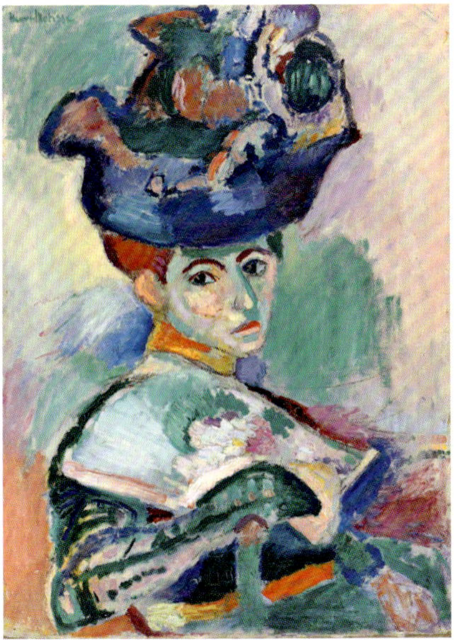

Henri Matisse, *Frau mit Hut*, 1905, Öl auf Leinwand, San Francisco, San Francisco Museum of Modern Art

WICHTIGSTER KÜNSTLER

Verrückt nach Pigmenten erklärte Henri Matisse: „Ich fühle durch die Farbe, sie wird also immer meine Leinwand strukturieren. Doch die Empfindungen müssen verdichtet werden und die verwendeten Materialien müssen äußerst ausdrucksstark sein. Um zu einer direkten und reinen Übertragung der Emotion zu gelangen, muss man alle verwendeten Materialien und ihre Wirkung genauestens kennen." *(Über Kunst,* 1972).

ROT **S. 46** GELB **S. 47** BLAU **S. 48** GRÜN **S. 49** ORANGE **S. 50** VIOLETT **S. 51** ROSA **S. 53**
FARBE IN WEICHEN TUBEN **S. 204**

Monochromie

1915–1970

WICHTIGSTE KÜNSTLER: KASIMIR MALEWITSCH • ALEXANDER RODTSCHENKO • ROBERT RAUSCHENBERG • YVES KLEIN

Bis in die ersten Jahrzehnte des 20. Jh. beschrieb der aus dem Englischen des 17. Jh. entlehnte Begriff „monochrom" das Malen in Farbschattierungen derselben Grundfarbe, etwa Grau in Grau (Grisaille). Einer der ersten, der radikaler mit Farbschattierungen experimentierte, war Kasimir Malewitsch (1879–1935). Mit seinem Gemälde *Weißes Quadrat auf weißem Grund* (1918) wollte er eine Art Transzendenz durch reine und abstrakte Formen erreichen. Dadurch beschrieb der Russe eine Krise und das drohende, logische Ende der Malerei. Auch andere Künstler teilten diese Sichtweise, beispielsweise Alexander Rodtschenko (1891–1956) mit seinen drei im modernen Sinne monochromen Werken *Reine rote Farbe. Reine gelbe Farbe. Reine blaue Farbe* (1921).

Auf diese Idee eines letzten Gemäldes folgten nach dem Zweiten Weltkrieg andere Herangehensweisen an die Monochromie. So zeigte etwa der Amerikaner Robert Rauschenberg (1925–2008) mit seiner Serie *White Paintings* (1951) weiße, der Welt gegenüber empfängliche Leinwände, die scheinbar jungfräulich und ohne menschliche Intervention waren. In der Konzeptkunst konnten diese Werke immer weiterentwickelt werden. Seit dem Ende des 20. Jh. hat die Monochromie ihre radikale Stellung eingebüßt und ist zu einer von vielen Bildgattungen geworden, wie beispielsweise die Porträtmalerei oder das Stillleben.

Yves Klein, *Monochrom Blau*, 1961, reines Pigment und Kunstharz auf Leinwand auf Holz, New York, Museum of Modern Art

HERAUSRAGENDER KÜNSTLER

Yves Klein (1928–1962) wählte für seine monochromen Bilder meist ein intensives Blau, das er sich beim französischen Patentamt unter der Bezeichnung IKB (International Klein Blue) patentieren ließ, manchmal auch Gold oder Rosa: „Die Monochromie", schrieb er, „ist die einzige Malart, mit der man die absolute Spiritualität erlangen kann." *(Le Dépassement de la Problématique de l'art et autres écrit / Die Überwindung der Problematik der Kunst und andere Schriften).*

WEISS **S. 45** ROT **S. 46** BLAU **S. 48** ROSA **S. 53** GOLD **S. 56** *CONCETTO SPAZIALE. ATTESE (T.104)* **S. 150** *MONOCHROM BLAU* **S. 152** *PEINTURE 324 × 362 CM, 1986* **S. 176**

Farbe im Reinzustand

1950–1970

WICHTIGSTE KÜNSTLER: MARK ROTHKO • HELEN FRANKENTHALER • MORRIS LOUIS • KENNETH NOLAND

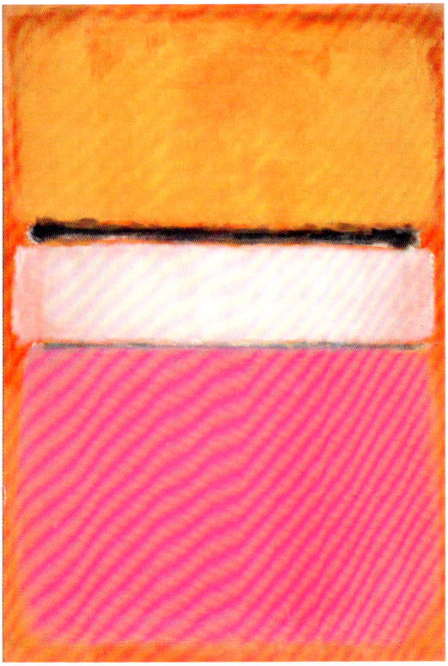

Mark Rothko, *White Center (Yellow, Pink and Lavender on Rose)*, 1950, Öl auf Leinwand, Privatbesitz

HERAUSRAGENDER KÜNSTLER
Die Werke von Mark Rothko (1903–1970) bestehen aus farbigen Rechtecken mit verschwommenen Konturen. Der Theoretiker Clement Greenberg ordnete sie der Gattung *Color Field Painting* zu, obwohl der Künstler selbst sich immer gegen diese Bezeichnung gewehrt hat.

Wenn es eine Bewegung in der Malerei gibt, die die Farbe ins Zentrum ihrer Ästhetik stellt, so ist es die Color Field Painting (Farbfeldmalerei). Diesen Begriff prägte 1955 der wichtigste Theoretiker des abstrakten Expressionismus, der Kunstkritiker Clement Greenberg (1909–1994). Illusionismus, Motiv und Stil wurden zugunsten – meist großer – Farbflächen verbannt. Das Gemälde war zweidimensional, oft großformatig, und flächig; die Idee eines zur Welt offenen Fensters wurde verworfen. Wegen ihrer Formeigenschaften, Strahl- und Vibrationskraft wurden satte Pigmente gewählt.

Die Malerin Helen Frankenthaler (1928–2011) war eine der Kunstschaffenden, die diesen neuen Weg innerhalb des abstrakten Expressionismus entwickelte, einen weniger gestikulierenden und weniger männlich geprägten Weg als der, den Willem de Kooning (1904–1997) oder Jackson Pollock (1912–1956) eingeschlagen hatten. Anfang der 1950er Jahre entwickelte Frankenthaler die Soak-Stain-Technik (Einfärbetechnik). Auf der rahmenlosen, ungrundierten, auf dem Boden liegenden Leinwand goss sie mit Terpentin verdünnte Pigmente aus. Sie zogen durch Kapillarwirkung tief in den Stoff ein. Morris Louis (1912–1962) und Kenneth Noland (1924–2010) besuchten ihr Atelier im Frühjahr 1953: Diese neue Technik überzeugte sie, bei Farbe und Flächigkeit zu bleiben.

ROT **S. 46** GELB **S. 47** BLAU **S. 48** GRÜN **S. 49** ROSA **S. 53** *WHITE CENTER* **S. 144** *FLOOD* **S. 160**

Spiel mit der Optik

1950–1980

WICHTIGSTE KÜNSTLER: JESÚS RAFAEL SOTO • VICTOR VASARELY • JULIO LE PARC • BRIDGET RILEY

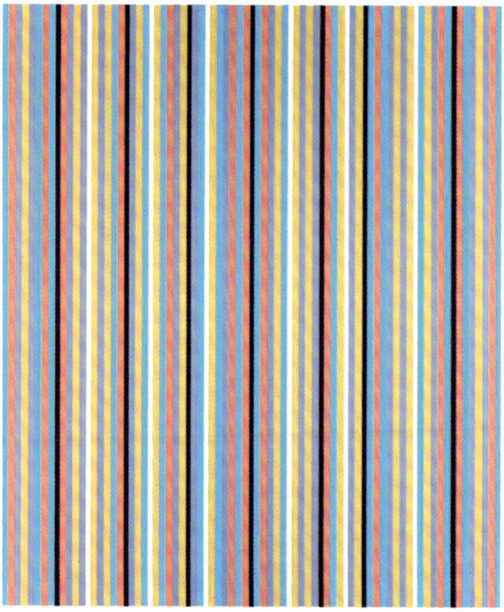

Bridget Riley, *Shade*, 1981, Öl auf Leinwand, Zürich, Kunsthaus Zürich

HERAUSRAGENDE KÜNSTLERIN
Nachdem sie lange nur in Schwarz-Weiß gearbeitet hatte, war die Britin Bridget Riley (*1931) bereit für die Instabilität der Farbe und die Relativität der Wahrnehmung und integrierte 1967 die reine Farbe in ihre Malerei.

Die kinetische und optische Kunst (Op-Art), eine vielgestaltige und internationale Strömung, entstand in den 1950er Jahren und beruhte auf der Wirkweise der visuellen Wahrnehmung. Die Künstler gingen hier sehr unterschiedlich vor. Manche dekonstruierten die traditionelle Struktur der Bildkomposition, andere breiteten ihr Werk auf andere Weise im Raum aus wie z. B. Jesús Rafael Soto (1923–2005) mit seiner *Vibrierenden Panoramawand* (1966). Sie besteht aus blauen und schwarzen Metallstäben, die sich bewegen und dadurch die Wahrnehmung eines Ortes verändern. So wirken die Kunstwerke auf verschiedene unserer Sinne, oft mit kinästhetischen Eindrücken, und entmythisieren das Kunstwerk – die Künstler sind nicht mehr allmächtig und überlassen dem Betrachter eine aktive Rolle. In dieser Hinsicht ist die Farbe von großer Bedeutung, denn durch die abstrakten Formen (Wellenlinien, Kreise, Spiralen usw.) und die Beherrschung der Kontraste konnte sie ins Schwingen geraten, und dieses Schwingen wurde noch verstärkt durch den Einsatz von Licht und Elektrizität, wie beispielsweise bei Martha Boto (1925–2004). Die Arbeit mit der Farbe setzte so gesehen auf die Fehlbarkeit des Auges, verstärkte die visuelle Dynamik, optische Täuschungen, die Netzhautpersistenz sowie Schwindelgefühle und Gleichgewichtsstörungen.

SCHWARZ **S. 44** WEISS **S. 45** STREIFEN **S. 58** REGENBOGEN **S. 59** *SHADE* **S. 174** INDUSTRIEWERKSTOFFE **S. 209**

Pop-Art

1960–1970

WICHTIGSTE KÜNSTLER: ARMAN • YVES KLEIN • ANDY WARHOL • CLAES OLDENBURG

Ende der 1950er Jahre und im darauffolgenden Jahrzehnt nutzten europäische und amerikanische Künstler Bilder und Gegenstände aus der Alltagskultur (Werbung, Kino, Fernsehen, Comics usw.). So tauchten triviale Coca-Cola-Flaschen, Micky Maus, Pin-up-Girls oder Hamburger auf der Leinwand, als Serigrafien oder Skulpturen auf, beispielsweise bei Richard Hamilton (1922–2011), Andy Warhol (1928–1987) und Claes Oldenburg (1929–2022). Auch die Farbpalette wurde der Industrie entliehen und kam in reinen, uniformen und standardisierten Tönen daher, und zwar mit ihrer ursprünglichen Eigenschaft: im Kunden Begehrlichkeiten zu wecken.

Auch in Frankreich eigneten sich die Nouveau Réalistes (neuen Realisten) – Arman (1928–2005), César (1921–1998), Raymond Hains (1926–2005), Yves Klein, Martial Raysse (*1936), Niki de Saint Phalle (1930–2002), Daniel Spoerri (*1930), Jean Tinguely (1925–1991), Jacques de la Villeglé (1926 – 2022) u. a. – Alltagsgegenstände an. Der Kritiker Pierre Restany (1930–2003) notierte: „Was wir gerade wiederentdecken, […] ist […] unser zeitgenössisches, industrielles, maschinen- und werbeversessenes Wesen: Die Landschaften Arkadiens sind weit zurückgedrängt in mythischere Gefilde unseres Blickfeldes. Die Realität unseres Alltags sind Stadt und Fabrik.“ (in: *Le Nouveau Réalisme à Paris et à New York* [Der neue Realismus in Paris und New York], 1961). Diese Aneignung von Profanem und Artikeln aus Massenproduktion erreichte ihren Höhepunkt mit der Patentierung von Kleins intensivem Blau (IKB, International Klein Blue), das dieser vor allem für seine monochromen Bilder nutzte.

HERAUSRAGENDER KÜNSTLER
Im Dezember 1961 mietete Claes Oldenburg in New York ein kleines Ladenlokal an, in dem er selbst hergestellte und in knalligen Farben bemalte Gegenstände verkaufte. Die Objekte ähnelten teils der Ware, die in den umliegenden Geschäften verkauft wurde. So bezeugten *Two Cheeseburgers*, die kaum größer als echte Burger waren, seinen Willen, die Grenze zwischen Kunst und Alltag aufzuheben.

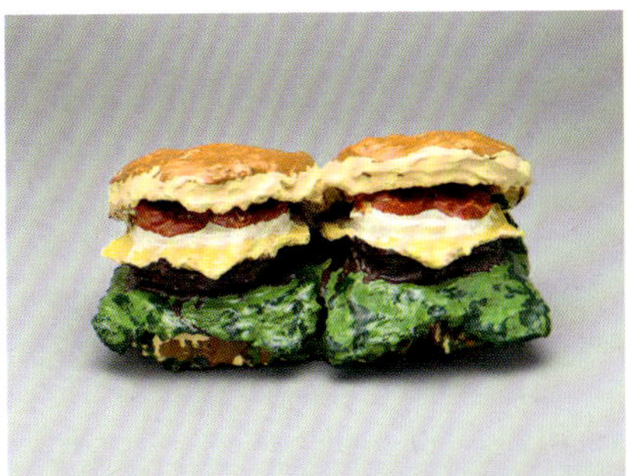

Claes Oldenburg, *Two Cheeseburgers*, 1962, Jute in Gips getaucht, New York, Museum of Modern Art

MONOCHROM BLAU **S. 152** *TIR* **S. 154** *GOLD MARILYN MONROE* **S. 156** INDUSTRIEWERKSTOFFE **S. 209**

Künstleratelier und Ausstellungsraum

20. Jh.

WICHTIGSTE KÜNSTLER: PIET MONDRIAN • GEORGIA O'KEEFFE

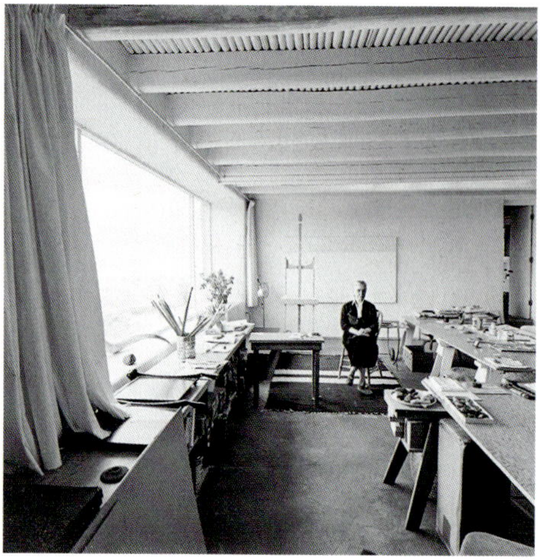

WESENTLICHE MERKMALE
Für manche Künstler bedeutete eine weiße Wand einen schier unbegrenzten kreativen Raum, für andere die plane Unterlage schlechthin.

Georgia O'Keeffe in ihrem Atelier in Abiquiú (New Mexico/USA)

Welche Farbe ist für Kreation und Wertschätzung von Kunstwerken am geeignetsten? Bis zum 20. Jh. waren die Wände der Ateliers, wie die Maler sie uns zeigten, oft dunkel, vollgehängt mit Gemälden oder Gipsmodellen– lediglich einige Vorhänge sorgten für etwas Wohnlichkeit. Auch Gemäldegalerien und andere Kunstsalons waren übervoll mit Gemälden, die an granatfarbenen, braunen oder flaschengrünen Wandleisten hingen. Von dieser Gewohnheit verabschiedeten sich Künstler der Moderne wie Piet Mondrian (1872–1944) und Georgia O'Keeffe (1887–1986) und schufen eine schlichte Arbeitsumgebung. Die Atelierwände waren hell, meist hellgrau, cremefarben oder weiß, und bald war das auch in den Kunstgalerien und -museen der Fall.

Wenn man die Arbeiten des deutschbaltischen Chemikers Wilhelm Ostwald (1853–1932) liest, so betrachteten die Mitglieder der Avantgarde-Gruppen Bauhaus und De Stijl Weiß als neutralen Farbton. Goldene Schmuckrahmen galten als altmodisch, Wände sollten vielmehr wie ein Lichthof sein, in dem Farbe zur Geltung kam. In den 1960er- und 1970er Jahren waren lichte Ausstellungsräume sehr in Mode, später wurden sie zur Norm. Der Kunstkritiker Brian O'Doherty konstatiert: „Der weiße Kubus in seiner ursprünglichen und zeitlosen Reinheit ist ein Triumph des Modernismus: und zwar kommerziell, ästhetisch und technologisch." (*White Cube. L'espace de la galerie et son idéologie* [Der Raum der Galerie und seine Ideologie], 2008).

WEISS **S. 45** ROT **S. 46** GRÜN **S. 49** BRAUN **S. 52** GRAU **S. 54**

Farbnormierung

19.–21. Jh.

HAUPTFARBSYSTEME: RGB • CMYK • PANTONE

Im Druckwesen verbreitete sich im 20. Jh. der Vierfarbdruck. Durch die sogenannte subtraktive Farbmischung erhielt man eine breite Farbpalette aus vier Grundtönen (CMYK): Cyan (blaugrün), Magenta, Yellow, Key (Schwarzanteil).

In der Informationstechnologie wird die Kodierung RGB (Rot, Grün, Blau) verwendet, der die additive Farbmischung zugrunde liegt, sei es durch Übereinanderlegen von farbigen Lichtquellen, sei es durch mosaikförmiges Nebeneinanderlegen von Farbtupfern.

Im Jahre 1866 kreierte ein amerikanisches Unternehmen die etwa zehn Farben umfassende Farbmusterpalette Pantone für die Kosmetikindustrie. In den 1960er Jahren wurde Pantone aufgekauft und zum Pantone Matching System weiterentwickelt. Es ist ein weltweit führendes Farbsystem im Druckwesen, in der Kunststoff- und Textilindustrie sowie in der Malerei. Im Gegensatz zum Vierfarbendruck verlangt das Pantone-System, bei dem die Farben durchnummeriert sind, eine präzise Mischung der Tintenfarben vor dem Druck.

Heutzutage lassen Unternehmen aus den Bereichen Dekoration, Kosmetik, Stoffherstellung und Automobilindustrie mitunter ihre eigenen Farbmusterpaletten von Koloristen entwickeln.

WESENTLICHE MERKMALE

Schon seit Jahrhunderten versucht der Mensch, Farben zu definieren und zu klassifizieren, hauptsächlich mit Farbkreisen. Mit der industriellen Revolution im 19. Jh. und dem Aufkommen des Massenkonsums im darauffolgenden Jahrhundert wurde es nötig, Farben zu vereinheitlichen und zu standardisieren. Zahlreiche Kodierungen und Farbmusterpaletten entstanden, beispielsweise RGB und Pantone.

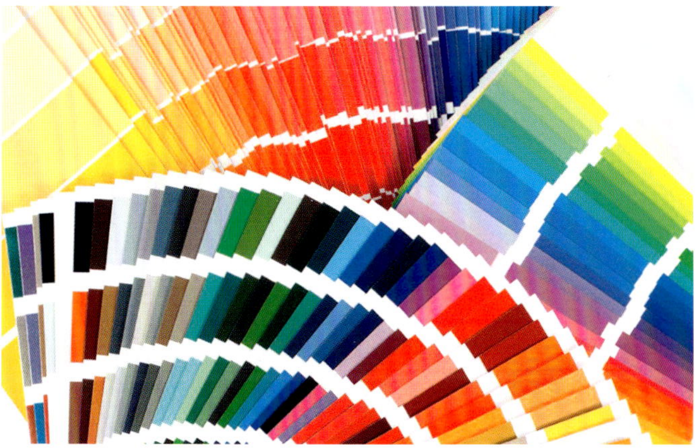

Auswahl von Farbmusterkarten und -fächern

→ SCHWARZ **S. 44** ROT **S. 46** GELB **S. 47** BLAU **S. 48** GRÜN **S. 49** REGENBOGEN **S. 59** INDUSTRIEWERKSTOFFE **S. 209**

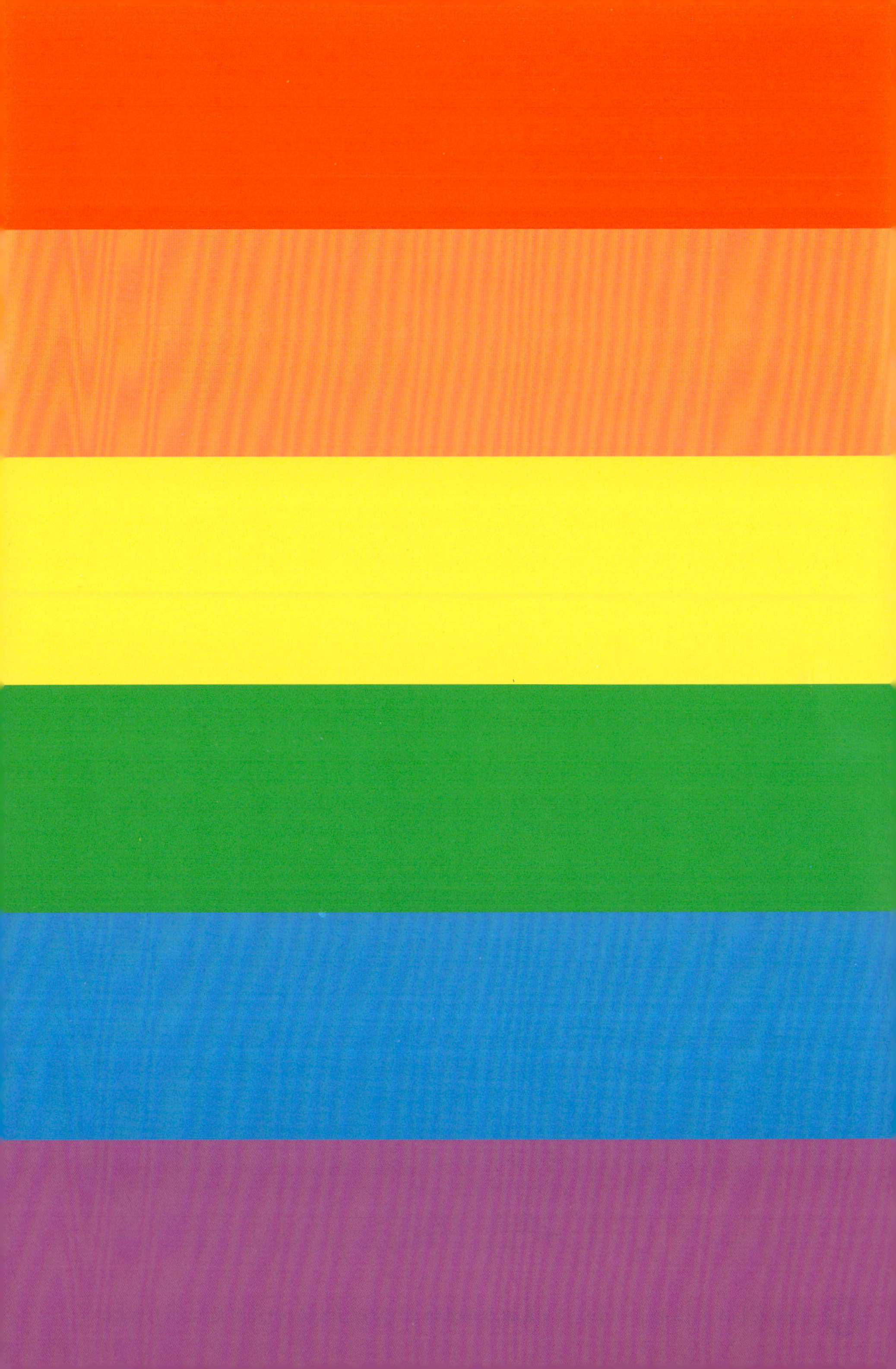

Symbolik

Schwarz

HAUPTNUANCEN: RABENSCHWARZ • KOHLE • EBENHOLZ • PECHSCHWARZ

WESENTLICHE MERKMALE
Der Philosoph Aristoteles nannte insgesamt sieben Grundfarben von Schwarz bis Weiß, doch der Physiker Isaac Newton verbannte Schwarz und Weiß aus dem Spektrum, das – jedenfalls im Westen – von da an Gültigkeit erlangte.

Schwarz gehörte neben Rot und Weiß zu den ersten Pigmenten, mit denen die Menschen in der Frühgeschichte Höhlenwände verzierten. Es wurde zunächst aus Kohle, später aus Eisenoxiden, z. B. Magnetit, gewonnen. Schwarz ist ein sehr dunkler Farbton, der kein Licht reflektiert.

In der Bibel war Schwarz gleichbedeutend mit Sünde, Aufruhr und Dunkelheit, also ein Gegenpol zum göttlichen Licht. Auch in der griechisch-römischen Antike stand Schwarz für das Böse und wurde mit der Unterwelt assoziiert. Diese Verankerung in der dunklen Seite des Lebens macht aus Schwarz die Farbe der Trauer und der Rückkehr zur Erde.

Im 16. Jh. kam Schwarz im Zuge der Reformation bei Kleidung in Mode und stand für Austerität, Enthaltsamkeit und Mäßigung, vor allem in bürgerlichen Kreisen. Diese Symbolik von Schwarz bildete den Anfang einer langen Tradition: Während der französischen Revolution von 1789 trugen die Abgeordneten des dritten Standes Schwarz, auch in der Romantik, in der Arbeitswelt (Anwälte, Priester, Künstler …) und sogar bei den Punks der 1970er Jahre spielte Schwarz eine wichtige Rolle. „Das kleine Schwarze" gilt als elegant und vornehm. Schwarz ist die Farbe der Wahl bei Festlichkeiten.

Seit dem 19. Jh. hat Schwarz eine männliche, würdevolle und auch spirituelle Konnotation und setzt sich damit von der Vielfarbigkeit ab.

PRÄHISTORISCHE HÖHLENMALEREI **S. 12** FARBLICHE STRENGE WÄHREND DER REFORMATION **S. 22** FARBLICHE ZURÜCKHALTUNG UND BÜRGERLICHE BLÜTEZEIT **S. 23** *RAIJIN (DONNERGOTT)* **S. 90** *MEHRERE KREISE* **S. 130** *BLACK ABSTRACTION* **S. 132** *SKY CATHEDRAL* **S. 148** *PEINTURE 324 × 362 CM, 1986* **S. 176** SCHWARZE UND BRAUNE PIGMENTE **S. 196**

Weiß

HAUPTNUANCEN: ALABASTER • SCHNEEWEISS • PERLWEISS • MILCH • ELFENBEIN

Neben Schwarz und Rot war Weiß eines der ersten Pigmente in der Geschichte der Kunst. So findet man es als Tonerde (hauptsächlich Kaolin) an den Höhlenwänden in Chauvet (etwa 36 000 Jahre alt) oder Lascaux (etwa 19 000 Jahre alt). Der griechische Philosoph Aristoteles strukturierte das Farbsystem vom dunkelsten Schatten zum hellsten Licht, also von Schwarz zu Weiß (dazwischen Rot, Violett, Grün, Blau und Grau oder Gelb). Das deutsche „weiß" leitet sich möglicherweise von Weizen(mehl?) ab. Etymologisch beziehen sich viele Sprachen auf die Idee von Licht und Helligkeit.

Gemäß Isaac Newtons Erkenntnis ist Weiß sowohl die Summe aller Farben (im Prisma) als auch die Abwesenheit von Farbe und Farbigkeit.

Die westliche Vorstellung, dass der „weiße" Mensch (den es so natürlich gar nicht gibt) höherwertig sei als der „schwarze" Mensch (den es so auch nicht gibt), der als unzureichend, moralisch verkommen und schmutzig angesehen wurde, führte zu Rassismus und dessen Auswüchsen – bis heute. Nur selten wurde Weiß mit etwas Negativem in Verbindung gebracht, und wenn doch, dann drückte es einen Mangel, eine Leerstelle aus. Positiv belegt ist die weiße Taube und die weiße Flagge, als Kleidungsstücke sind das Brautkleid zu nennen sowie Anzüge verschiedener asiatischer Kampfkünste.

WESENTLICHE MERKMALE

Die Symbolik von Weiß ist möglicherweise die Allumfassendste: Zugeschrieben wird diesem Farbton Reinheit und Jungfräulichkeit, Unschuld, Sauberkeit, ja sogar Weisheit. In Asien, wo der Tod für die Rückkehr zum Licht steht, ist Weiß auch die Farbe der Trauer.

PRÄHISTORISCHE HÖHLENMALEREI **S. 12** MONOCHROMIE **S. 36** KÜNSTLERATELIER UND AUSSTELLUNGSRAUM **S. 40** *TAPISSERIE DADA* **S. 124** WEISSE PIGMENTE **S. 191** SPEKTRALFARBEN UND FARBMITTEL **S. 211**

Rot

HAUPTNUANCEN: BORDEAUX • ROSTROT • KARMESINROT • KIRSCHROT • PURPURROT • SCHARLACHROT • GRANATROT • MAGENTA • TERRAKOTTA • LEUCHTENDES ROT

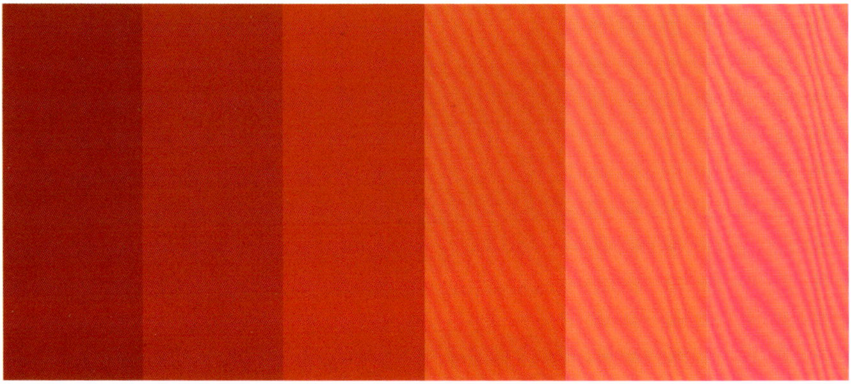

Rot ist eine starke Farbe und als solche wurde sie auch schon immer betrachtet. Sie steht außerdem für Widersprüchlichkeit, denn als Blutrot symbolisiert sie Leben und Tod gleichermaßen. Der deutsche Farbname leitet sich vom lateinischen *rubeus* ab.

Rote Pigmente waren unter den ersten, die gewonnen und für die Malerei verwendet wurden, denn sehr früh ließen sich haltbare und intensive Farbtöne herstellen. Schon in der Antike war Rot *die* Farbe schlechthin, sie wurde mit Feuer und Blut assoziiert. Rot stand für religiöse und militärische Macht. Im Mittelalter entwickelte sich Rot zum Symbol für das Blut, das Jesus vergossen hatte, und sein Martyrium – so wurde Rot zur Farbe der Päpste und Kardinäle. Meistens symbolisierte es Würde und Nächstenliebe, manchmal aber auch Versuchung und Hölle. Mit der Reformation verbannte das protestantische Lager Rot, weil es für päpstliche Exzesse stand, und andere kräftige Farben wie Gelb, Grün und Violett gleich mit.

Mit der französischen Revolution etablierte sich eine neue Bedeutung von Rot, das bis dahin die Farbe der Mächtigen gewesen war. 1791 hisste die Nationalgarde die rote Fahne als Warnung und schoss dann in die friedlich versammelte Menge, die die Absetzung des Königs forderte. Dieses Ereignis kostete zahlreiche Menschenleben. Fortan galt die „blutgetränkte" rote Fahne als Symbol des Volksaufstandes. Im Laufe des 19. Jh. weitete sich diese Bedeutung aus, und schließlich wurde Rot zur Farbe diverser Arbeiterparteien und dann der ganzen Sowjetunion.

WESENTLICHE MERKMALE

Auf dem elektromagnetischen Spektrum liegt Rot auf einem Wellenlängenintervall zwischen 622 und 780 Nanometern. Seine Komplementärfarbe ist Grün.

PRÄHISTORISCHE HÖHLENMALEREI **S. 12** PRIMÄR- UND KOMPLEMENTÄRFARBEN **S. 27**
DIE MADONNA DES KANZLERS ROLIN **S. 70** *LUDWIG XIV. IN KÖNIGLICHEM KOSTÜM* **S. 82** *DER TOD DES SARDANAPAL* **S. 86**
DER PAGE **S. 128** *THE STUDIO* **S. 164** *FEMME* **S. 184** ROTE UND PURPURNE PIGMENTE **S. 193**

Gelb

HAUPTNUANCEN: RAPS-, GINSTER-, NARZISSENGELB • SCHWEFEL-, CADMIUMGELB • OCKER • STROHGELB • SAFRANGELB • GOLDGELB • ZITRONENGELB • SCHÖNBRUNNER GELB

Auch Gelb wurde bereits von prähistorischen Menschen verwendet. Der deutsche Farbname leitet sich von der indogermanischen Wurzel für „schimmernd / glänzend“ ab.

Im römischen Kaiserreich war Gelb die Farbe der Freude und der Hochzeiten. Die mittelalterliche Kultur verband mit Gold (als Variante von Gelb) nach und nach positive Eigenschaften wie Licht, Energie und Freude, mit echtem Gelb jedoch Eigenschaften des Verfalls wie Müdigkeit, Krankheit, Treulosigkeit. Darum wurde Gelb zum Attribut des Verräters Judas, er wurde vom 12. Jh. an in gelbem Gewand dargestellt. Als Farbe des Verrats wurde Gelb später auf die gesamte jüdische Gemeinschaft ausgeweitet, und während des Vierten Laterankonzils (1215) wurde beschlossen, dass Juden fortan ein gelbes Kennzeichen zu tragen hatten – das griffen die Nationalsozialisten ab 1941 mit dem gelben Judenstern auf. Für die aus der Reformation des 16. Jh. hervorgegangenen Protestanten war Gelb ebenfalls negativ besetzt. Sie betrachteten diese und andere kräftige Farben als unmoralisch und verboten gelbe Kleidung. In der westlichen Welt ist Gelb bis heute eher unbeliebt, während es die Lieblingsfarbe der Chinesen ist.

Durch Isaac Newtons Schema der drei Grundfarben wurde Gelb ein wenig aufgewertet und stand später, etwa bei van Gogh und im Expressionismus, emanzipiert neben Blau und Rot.

WESENTLICHE MERKMALE

Auf dem elektromagnetischen Spektrum liegt Gelb auf einem Wellenlängenintervall zwischen 577 und 597 Nanometern. Seine Komplementärfarbe ist Violett.

PRÄHISTORISCHE HÖHLENMALEREI **S. 12** DAS INDISCHE HOLI-FEST **S. 15** PRIMÄR- UND KOMPLEMENTÄRFARBEN **S. 27** *CHAMP AUX IRIS PRÈS D'ARLES* **S. 102** *STREET LIGHT* **S. 116** *KOMPOSITION MIT ROT, GELB, BLAU UND SCHWARZ* **S. 126** ROSENKRANZKAPELLE **S. 142** *HOMAGE TO THE SQUARE: JOY* **S. 144** GELBE PIGMENTE **S. 192**

Blau

HAUPTNUANCEN: AZUR • IKB • PETROL • KÖNIGSBLAU • HIMMELBLAU • CYAN • INDIGO • ULTRAMARINBLAU • TÜRKIS

Der Begriff „Blau" kam über das lateinische *blavus* ins Althochdeutsche. Bis zum 12. Jh. blieb die Bedeutung vage und bezeichnete eine blasse oder verletzte Haut. Auch im antiken Griechenland kannte man kein Wort für Blau und sah es als eine Variante von Schwarz an. Zu römischer Zeit verband man Blau mit der Kindheit, aber auch mit den Barbaren, weil die Kelten ihre Gesichter zur Abschreckung des Feindes blau färbten. Heute steht Blau für Frieden und Konsens.

In der christlichen Theologie wurde Blau mit dem Licht Gottes in Verbindung gebracht und war darum äußerst beliebt. In der Malerei konnte die Farbe sogar Gold verdrängen und wurde zur ureigenen Farbe der Gottesmutter Maria. In der Heraldik ist Blau stark vertreten (u.a. in der Europaflagge und dem Emblem der Vereinten Nationen). Mit dem Anbau und Handel von Färberwaid, der einzigen Pflanze in Europa, mit der man Blautöne erzeugen konnte, kamen französische Kaufleute zu Wohlstand, bis zur Entdeckung der Indigopflanze in Amerika, die durch Sklavenarbeit günstiger angebaut werden konnte. Die Protestanten, die farbige Üppigkeit ablehnten, tolerierten Blau neben dem gestrengen Schwarz.

Im 19. Jh. vertrieb ein jüdischer Schneider namens Levi Strauss (1829–1902) aus San Francisco Hosen aus grobem, indigogefärbtem Baumwollstoff: die Jeans. Zunächst war sie Arbeits-, dann Freizeitkleidung und in den 1960er Jahren Symbol der aufmüpfigen Jugend.

In der Kunst hat International Klein Blue (IKB) von Yves Klein von sich reden gemacht und leistete der Monochromie Vorschub.

WESENTLICHE MERKMALE
Auf dem elektromagnetischen Spektrum liegt Blau auf einem Wellenlängenintervall zwischen 455 und 492 Nanometern. Seine Komplementärfarbe ist Orange.

GÖTTLICHE FARBE **S.17** FARBE UND GESCHLECHT **S.21** MONOCHROMIE **S.36** PRIMÄR- UND KOMPLEMENTÄRFARBEN **S.27** USCHEBTI DES PHARAO SETHOS I. **S.64** *BRIEFLESERIN IN BLAU* **S.80** *LA VIE* **S.112** ROSENKRANZKAPELLE **S.142** *MONOCHROM BLAU* **S.152** BLAUE PIGMENTE **S.194**

Grün

HAUPTNUANCEN: OLIVGRÜN • GRASGRÜN • KHAKI • FLASCHENGRÜN • TANNENGRÜN • GIFTGRÜN • LINDGRÜN • APFELGRÜN

Als Pigment erschien Grün in der Bronzezeit, es wurde aus Kupfer hergestellt. Die Herkunft des Farbnamens liegt für viele Sprachen in der Natur, sinngemäß „wachsen", „frisch" und „von gesunder Farbe".

Die Symbolik von Grün war lange widersprüchlich. Es handelte sich bei dem aus dem Grünspan (auf Kupfer) gewonnenen Farbton um ein instabiles Pigment, das giftig ist, wenn man ihm länger ausgesetzt ist.

Grün stand für Veränderung, Schicksal, Spiel und Erneuerung. In der Pflanzenwelt war Grün lange ein Synonym für unreifes Obst oder Getreide (13. Jh.) und symbolisierte im Mittelalter den kurzen irdischen Lebenszyklus. Erst mit der Renaissance und mehr noch in der Romantik wurde Grün zur Farbe der Natur und war als solche positiv besetzt. Grünes gilt gemeinhin als gut, normal und erwünscht – so wird es dem Bürger und Verbraucher jedenfalls vermittelt: grüne Ampel, grüne Welle, die Partei Die Grünen, Grüner Knopf, „Grün ist die Hoffnung" …

Blau ist schon seit dem 19. Jh. die Lieblingsfarbe im Westen, gleich gefolgt von Grün auf dem zweiten Platz. Grün ist die Farbe des Islam als Symbol für das Paradies und findet sich in den Flaggen einiger islamischer Länder. Aber auch der Katholizismus setzt teils auf Grün, beim St. Patrick's Day etwa oder in der Liturgie.

In der (alten) Kunst ist Grün die Farbe der Kaufmannsklasse im Gegensatz zu Rot als Farbe des Adels.

WESENTLICHE MERKMALE

Auf dem elektromagnetischen Spektrum liegt Grün auf einem Wellenlängenintervall zwischen 492 und 577 Nanometern. Seine Komplementärfarbe ist Rot.

PRIMÄR- UND KOMPLEMENTÄRFARBEN **S. 27** TRICLINIUM VILLA LIVIA **S. 66** *LUCRETIA* **S. 76**
CHAMP AUX IRIS PRÈS D'ARLES **S. 102** ROSENKRANZKAPELLE **S. 142** *EINFÄRBUNG DES CANALE GRANDE IN VENEDIG* **S. 162**
GRÜNE PIGMENTE **S. 195**

Orange

HAUPTNUANCEN: APRICOT • SAFRAN • ROTGELB • ROTBRAUN

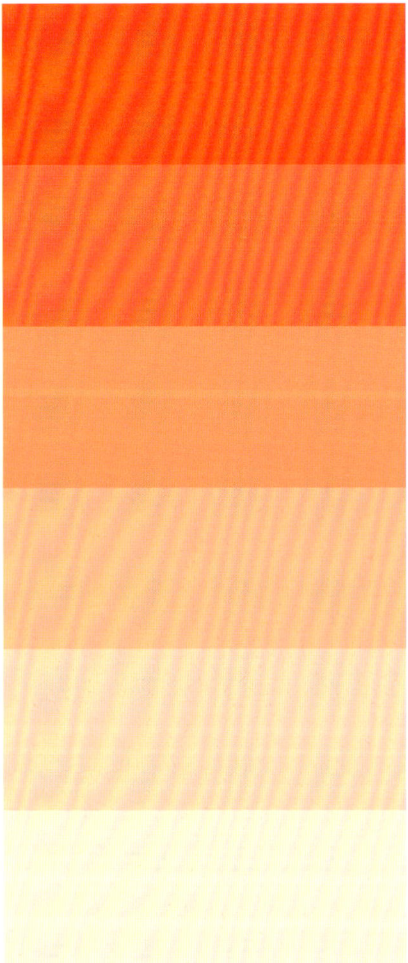

WESENTLICHE MERKMALE

Auf dem elektromagnetischen Spektrum liegt Orange auf einem Wellenlängenintervall zwischen 597 und 622 Nanometern. Seine Komplementärfarbe ist Blau.

In den europäischen Ländern erhielt dieser Farbton erst im 16. Jh. einen eigenen Namen, als nämlich Orangenbäume aus Asien importiert und deren Früchte allgemein bekannt wurden. Die Farbbezeichnung entspricht vielfach dem Namen der Frucht: *naranja, arancia* und auf Deutsch eben Orange.

Orange gilt als schwieriger Farbton. Bis zur Renaissance waren Farbmischungen verboten, weil sie als unrein galten: Rubinschwefel, der schon von den alten Ägyptern verwendet wurde, war sehr giftig und schied darum aus. Erst Ende des 18. Jh. wurde ein beständigeres und ungiftiges Pigment, das Chromorange, entwickelt. Im darauffolgenden Jahrhundert kam das sehr leuchtstarke, jedoch gesundheitlich bedenkliche Kadmiumorange auf den Markt.

In Asien ist Orange allgegenwärtig, denn viele Ordensleute tragen orangefarbene Gewänder. Nach christlicher Lesart war Orange ein ambivalenter Farbton. Er stand sowohl für die Offenbarung der göttlichen Liebe als auch, durch seine Nähe zu Gelb, für Falschheit.

In der Kunst symbolisierte Orange zunächst Fruchtbarkeit und Wohlstand, spielte jedoch kaum eine Rolle, bis zu den Impressionisten, die Orange für Sonnenauf- und -untergänge nutzten und so warme, sehr stimmungsvolle Motive entwickelten. In den 1970er Jahren war Orange, als Signal für das Neue und Gewagte, die Trendfarbe des Flower-Power-Designs und der Mode.

IMPRESSION, SONNENAUFGANG **S. 100** *WHITE CENTER* **S. 144** *SIX COLORFUL INSIDE JOBS* **S. 172**
WALL DRAWING #610 **S. 180** *THE GATES* **S. 182** GELBE PIGMENTE **S. 192**

Violett

HAUPTNUANCEN: LAVENDEL • LILA • FLIEDER • MAUVE / MALVE • PURPUR • MAGENTA • PINK • VEILCHENBLAU

Der Farbname Violett leitet sich vom Veilchen ab (lat. *viola),* Lila verweist auf das französische Wort für Flieder *(lilas).* Auch andere Farbwörter beziehen sich auf Pflanzen, etwa Lavendel, Malve. Purpur verdankt seinen Namen der Purpurschnecke, aus der das kostbare Pigment früher gewonnen wurde. Insgesamt gibt es viel Verwirrung bei der genauen Bezeichnung; unterschiedliche Sprecher haben oft sehr unterschiedliche Vorstellungen von den einzelnen Farbabstufungen.

Von der Antike bis zum Hochmittelalter war Purpur schon wegen des Preises eine Luxusfarbe. Unter dem Namen „tyrischer Purpur“ (die Stadt Tyrus liegt im heutigen Libanon) stellten die Phönizier es in einem komplexen Verfahren aus dem Sekret der Schneckenarten Thais haemastoma, Hexaplex trunculus und Murex brandaris her. Im alten Rom war Purpur Generälen, Imperatoren, Senatoren und Kaisern vorbehalten und wurde somit ein Symbol für Stärke und Macht. Im Christentum ist Violett die Farbe der Kardinäle, ansonsten tragen Priester im Advent und in der Fastenzeit violette Gewänder. Die Farbe steht dann für Umkehr und Buße.

Heutzutage ist Violett ein Symbol für Melancholie, Traurigkeit und Spiritualität, wobei die hellen, kühlen Töne für eine feminine Zartheit stehen, die dunkleren mit höherem Rotanteil eher für Kreativität und starken Ausdruck.

WESENTLICHE MERKMALE
Auf dem elektromagnetischen Spektrum liegt Violett auf einem Wellenlängenintervall zwischen 390 und 430 Nanometern. Seine Komplementärfarbe ist Gelb.

IMPRESSION, SONNENAUFGANG **S. 100** *CHAMP AUX IRIS PRÈS D'ARLES* **S. 102** *HOMAGE TO THE SQUARE* **S. 158** *PURPLE ATMOSPHERE* **S. 166** *MY PARENTS* **S. 170** *SIX COLOURFUL INSIDE JOBS* **S. 172**

Braun

HAUPTNUANCEN: MAHAGONI • ROTBRAUN • SCHWARZBRAUN • KASTANIENBRAUN • SCHOKOLADENBRAUN • HASELNUSSBRAUN • UMBRA • BERNSTEIN

Die Verwendung aller Brauntöne geht sehr weit in die Vergangenheit zurück, denn schon im Paläolithikum baute man Ocker in Steinbrüchen ab. Durch Kalzinierung bei 250 °C erhielt man zahlreiche Farbnuancen von Hell (Gelb) bis Dunkel (Braun). Bei den prähistorischen Menschen war Braun sehr beliebt, sie nutzten es für ihre außergewöhnlichen Tierdarstellungen an Höhlenwänden.

Braun als Farbe ist in der Natur sehr verbreitet, etwa als Rinde, Erde und in Tierfellen. So beziehen sich auch viele Farbtöne auf Pflanzen, z. B. Mahagoni, Kastanie, Haselnuss.

Während der früheren Christenzeit gesellte Braun sich zu den anderen dunklen Farben Schwarz und Grau mit negativer Symbolik. Im Altertum trugen die unteren Klassen braune Kleidung.

WESENTLICHE MERKMALE

Braun ist die im Westen unbeliebteste Farbe, eventuell aufgrund des Nationalsozialismus.

Während der Reformation im 16. Jh. stand Braun für Genügsamkeit und war moralisch eher positiv belegt. Es wurde zu allen Zeiten für Mönchskutten gewählt und drückte so Demut und Askese aus.

Braun ist eine sogenannte gebrochene Farbe und eine Tertiärfarbe, heißt, sie entsteht durch Mischen zweier Sekundärfarben. Alternativ entsteht durch das Mischen der drei Grundfarben Rot, Gelb und Blau ein Braunton.

In der Kunst nutzten Caravaggio, Jan van Eyck, Rembrandt und Rubens häufig Brauntöne. Als Pigmente waren Umbra (aus Umbrien) und Siena (aus der Toskana) beliebt.

PRÄHISTORISCHE HÖHLENMALEREI **S. 12** FARBLICHE STRENGE WÄHREND DER REFORMATION **S. 22**
BEMALTE KIESEL AUS DEM NEOLITHIKUM **S. 62** *BÜSSENDE MAGDALENA* **S. 78**

Rosa

HAUPTNUANCEN: ALTROSA • FUCHSIA • BLASSROSA • BABYROSA • PINK • LACHSROSA • FLEISCHFARBEN • HIMBEERROSA

Die Farbbezeichnung Rosa bezieht sich ursprünglich auf Rosenblüten (botanisch *Rosa),* wahrscheinlich auf die der gemeinen Hundsrose *(Rosa canis),* und impliziert darum einen sehr hellen, zarten Ton. Historisch haben sich die Wortbedeutung und die Vorstellung also stark verändert. Heute ist auch ein sehr dunkles Rosa am Übergang zu Rot denkbar, etwa Magenta. Pink beschreibt ebenfalls die Farbe einer Blüte: *pink* ist Englisch und bedeutet Nelke.

Symbolisch verweist die Farbe auf alles Blumige und entsprechend „weiche" Eigenschaften wie Liebe, Leben, Zartheit, Reinheit und Unschuld. Die Nationalsozialisten missbrauchten die Farbe als Kennzeichen für Homosexuelle. In späteren Jahren wurde die Farbkonnotation von der schwulen Community selbstbewusst positiv umgedeutet.

In der Kunst war es im 15. Jh. üblich, wichtige männliche Persönlichkeiten in rosa Kleidung zu porträtieren. Im Rokoko und Barock wurden viele Kirchen rosa ausgestaltet, teils auch außen.

WESENTLICHE MERKMALE

Rosa war – als Farbnuance von Rot, das ja Stärke ausdrückt – einst eine maskuline Farbe, wurde im 19. Jh. allerdings zu einer typisch weiblichen. Rosa steht für so gegensätzliche Phänomene wie Naivität und Erotik, Unschuld und Sinnlichkeit, Romantik und käufliche Liebe, kleines Mädchen und erwachsene Frau.

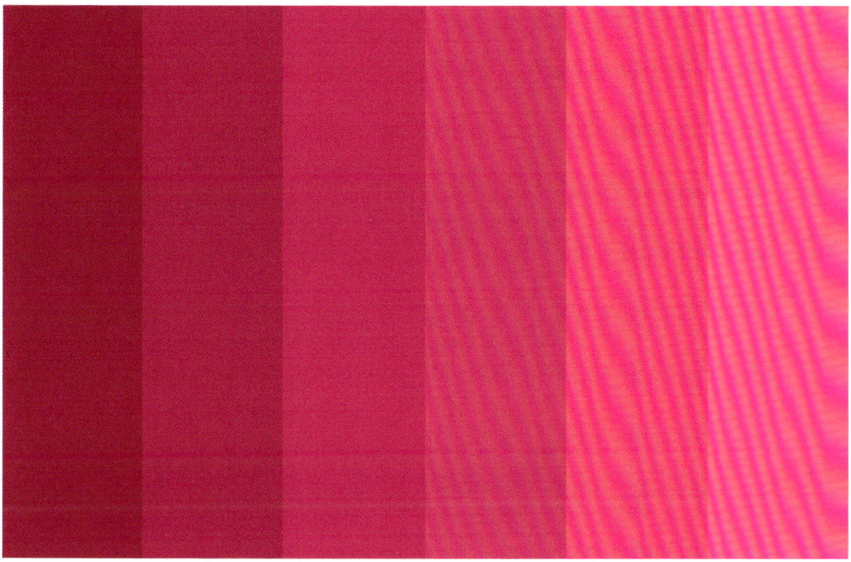

FARBE UND GESCHLECHT **S. 21** *SYMPHONY IN FLESH COLOUR AND PINK: PORTRAIT OF MRS. FRANCES LEYLAND* **S. 96** *SELBSTBILDNIS ALS TEHUANA* **S. 136** *WHITE CENTER* **S. 144** *THE STUDIO* **S. 164**

Grau

HAUPTNUANCEN: ANTHRAZIT • SCHIEFERGRAU • SILBERGRAU • ASCHGRAU • MAUSGRAU

Grau zählt zu den Nichtfarben. Dabei sind die „reinen" Grautöne im Spektrum zwischen Weiß und Schwarz zu unterscheiden von solchen Grautönen, denen ein Farbton beigemischt ist.

Abgesehen von den „grauen Zellen" ist Grau im besten Falle neutral und als Hintergrund für kräftige Farben gelitten. Ansonsten symbolisiert Grau fast ausschließlich Negatives: grauer Himmel (schlechtes Wetter), eintönige (!) Langeweile, Alter (wegen der Haare), Schmutz, Trostlosigkeit bis zur Depression.

Seit jeher ist graue Kleidung Erkennungszeichen der Armen und Geringgeschätzten: Kinder in Waisenhäusern, Angehörige von Bettelorden, Hausbedienstete und nicht zuletzt Aschenputtel. Als Kleidungsfarbe wurde Grau allerdings ab dem 18. Jh. rehabilitiert. Die Schönen und Reichen entdeckten die Farbe für sich und fortan galt sie als elegant. Am Ende stand der graue Anzug (mit Hemd und Krawatte), in dem „Mann" für fast jeden Anlass als korrekt gekleidet gilt. Mehrere Armeen wählen graue Uniformen, weil die Farbe unauffällig ist.

In der Kunst sieht es etwas anders aus. Bilder, die ausschließlich in Schwarz und Weiß ausgeführt sind, nennt man Grisaille, eine Sonderform der Monochromie. Manche Maler, etwa El Greco, verwendeten die Grisaille als Untergrund und malten darüber farbige (Lasur-)Schichten, um Kontraste zu verstärken.

In neuerer Zeit hat sich Gerhard Richter theoretisch und praktisch mit Grau in der Kunst auseinandergesetzt und die Schwarz-Weiß-Fotografie ist nach wie vor eine anerkannte Kunstform.

WESENTLICHE MERKMALE

Nach dem Dichter und Theoretiker Johann Wolfgang von Goethe ist Grau die Mittelfarbe, die man durch subtraktive Farbsynthese aller Farben erhält: Durch ihre eigene Farblosigkeit harmoniert sie mit allen anderen Farben.

FARBLICHE STRENGE WÄHREND DER REFORMATION **S. 22**
TANZ DER STAUBKÖRNCHEN IN DEN SONNENSTRAHLEN **S. 108** *BLACK ABSTRACTION* **S. 132**

Farbnuancen und -bezeichnungen

Wie schon auf Seite 41 beschrieben, lassen sich Farben additiv oder subtraktiv konstruieren. Die Systeme RGB (hier auch der Hex-Code) und CMYK spielen vor allem in der digitalen Welt und beim Druck eine Rolle.

Die Namen für die Grundfarben sind eindeutig, und es gibt dabei eine hohe Übereinstimmung zwischen Nationalitäten und Gesellschaften. Nur diese Basisfarben sind symbolisch konnotiert, je stärker sie gemischt sind, umso diffuser wird es. Welche Gefühle und Konzepte eine Person mit einer Farbe verbindet, ist sehr individuell und hängt u.a. von der Sozialisation und der Bildung ab.

Sehr viele Farbbezeichnungen haben einen Naturbezug. Als Namensgeber dienen etwa Früchte (Orange, Apricot), Gehölze (Mahagoni, Kastanie), Blüten (Rosa, Malve), Mineralien und Metalle (Rubinrot, Silber), aber auch Tiere (Lachsrosa, Mausgrau) und andere natürliche Objekte und Phänomene (Eierschale, Himmelblau).

Farben können auch mit einem Adjektiv (Hellblau, Dunkelrot) oder mittels einer zugemischten Farbe näher beschrieben werden (Blaugrün, Silbergrau).

Die Farbbezeichnungen renommierter Hersteller von Öl-, Aquarell- und Acrylfarben wie Schmincke oder Winsor and Newton haben sich bei Künstlern etabliert. Farben gleichen Namens können sich trotzdem unterscheiden.

Um die Benennung von Farbtönen eindeutiger zu machen, arbeiten Farbsysteme wie Pantone oder RAL mit Nummerierungen.

WESENTLICHE MERKMALE

Heutzutage entwickeln die Hersteller von Markenfarben und -textilien ihre eigenen Farbkarten mit oft extravaganten Eigennamen für jeden einzelnen Farbton: Mausrücken, Maulwurfodem, Obsidiangrün oder Rosenasche.

Gold

HAUPTNUANCEN: WEISSGOLD • GELBGOLD • ROTGOLD

Schon die Künstler der Antike verwendeten Gold, weil es das Licht so wunderbar reflektierte. Man findet Gold auf ägyptischen Sarkophagen, griechischen Statuen und in römischen Mosaiken. Es wurde für byzantinische Ikonen ebenso verwendet wie in der mittelalterlichen Buchmalerei des Westens, als hauchdünnes Blattgold oder Goldpuder mit einem Bindemittel aufgetragen. Gold stand für das göttliche Licht, das die Welt der Gläubigen erhellte und sich der Schwärze der ewigen Finsternis entgegenstellte.

Ab dem 12. Jh. zog die Mehrfarbigkeit im kirchlichen Umfeld ein und Gold verlor nach und nach an Bedeutung – zugunsten von Blau. Ein Auslöser hierfür war unter anderem die Restaurierung der Abtei Saint-Denis durch den Abt Suger. In der Renaissance legten die Künstler besonderen Wert auf Realismus und wandten sich darum vom Goldhintergrund ab. So missbilligte der toskanische Humanist und Kunsttheoretiker Leon Battista Alberti in seinem Werk *De pictura (Über die Malerei*, 1435–1436) die ausufernde Verwendung von Gold als Effekthascherei und wenig naturalistisch. Im 20. Jh. gelang der Farbe Gold eine bemerkenswerte Rückkehr in die Malerei, etwa bei Gustav Klimt (1862–1918), dem Sohn eines Goldschmieds, der unter dem Eindruck der byzantinischen Mosaiken von Ravenna während seiner sogenannten goldenen Periode eine Gemäldereihe mit Blattgold kreierte.

WESENTLICHE MERKMALE
Gold symbolisiert Wärme und Freude, ebenso wie Orange.

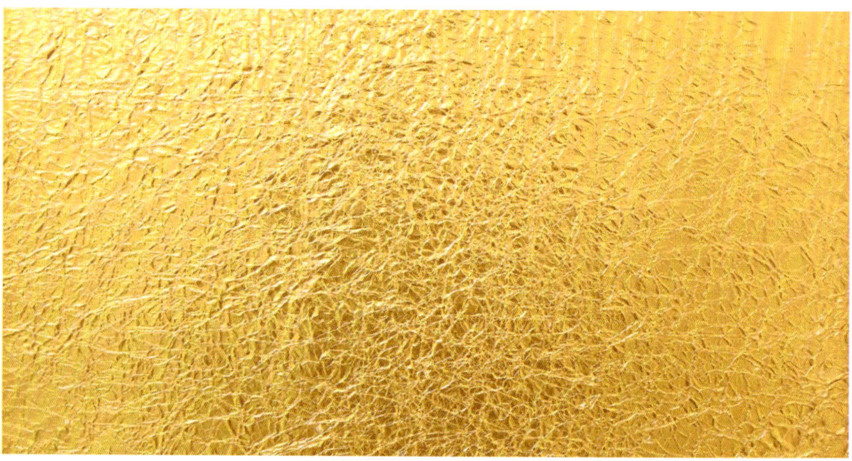

GÖTTLICHE FARBE **S. 17** FENSTER DER KATHEDRALE VON SAINT-DENIS **S. 68** *LUDWIG XIV. IN KÖNIGLICHEM KOSTÜM* **S. 82** *ADELE BLOCH-BAUER I* **S. 114** *GRUPPE X, NR. 1, ALTARBILD* **S. 122** *GOLD MARILYN MONROE* **S. 156** GOLD IN DER KUNST **S. 199**

Silber

HAUPTNUANCEN: EDELSTAHL • ALUMINIUM • CHROM

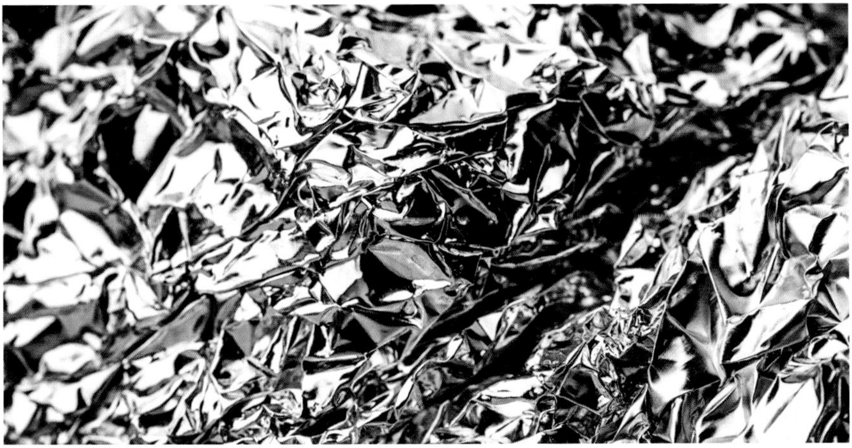

Unter Silber versteht man sowohl das Metall als auch einen glänzenden Grauton. In der Kunst wurde Silber im Laufe der Geschichte bei Weitem nicht so häufig eingesetzt wie Gold. Schon in der Antike fand man es eher als Werkstoff für Kunstgegenstände wie kleine Statuen, Schmuck oder Möbelverzierungen geeignet. Silber wurde häufig vergoldet und beispielsweise für die Schmuckrahmen von Ikonen genutzt, weil das preiswerter war als reines Gold. Ab dem 14. Jh. wurde aus kohlesaurem Silber und Ockererde die Farbe Silbergelb, die in der Glasmalerei beliebt war, weil sie ins Glas eindrang.

Auch in der mittelalterlichen Buchmalerei war Silber vertreten, entweder als Hervorhebung oder als Blattsilber. Es trug genau wie Gold, wenn auch in geringerem Umfang, zur Üppigkeit der Ausstattung bei. Mit dem Aufkommen der Ölmalerei, die sich ab dem 15. Jh. in Europa verbreitete, wurden silberne Gegenstände nun bildlich dargestellt. Dabei konnten die Künstler ihr Können unter Beweis stellen: Um eine glänzende Oberfläche mit nicht reflektierenden Farben zu imitieren, müssen Lichtreflexe auf der Oberfläche sowie Spiegelungen korrekt sein.

Silber ist ferner seit jeher die Farbe des Mondes. Jeff Koons hat Silber – in Form von Edelstahlskulpturen – zu neuer Bedeutung in der Kunst verholfen.

WESENTLICHE MERKMALE

Erst im 20. Jh. fand Silber wirklich Eingang in die Malerei, z. B. bei Jackson Pollock *(Painting [Silver over Black, White, Yellow and Red]*, 1948) oder Andy Warhol *(Electric Chair*, 1964). Und die norwegische Künstlerin Anna-Eva Bergman (1909–1987) nutzte Blattsilber für das kalte Licht ihrer großformatigen abstrakten Landschaften.

→ *ADELE BLOCH-BAUER* / **S. 114**

Streifen

In der römischen Antike war gestreifte Kleidung ein Attribut der niederen Klassen. Im Mittelalter verstärkte sich die negative Wahrnehmung von Streifen noch. Der ständige Wechsel zwischen den Farben bedeutete Unordnung, Unruhe, Unreinheit und war moralisch verwerflich. Den meisten Gesellschaftsschichten waren Streifen ganz verboten, weil sie als zu schändlich galten. Nur Randgruppen wie Prostituierte, Narren oder Häftlinge trugen sie und waren dadurch äußerlich leicht erkennbar.

Während der Renaissance stieg das Ansehen der Streifen, und sie standen für Freiheit und Feste. Streifen wurden in dieser immer noch sehr hierarchischen Welt ganz neu zugeteilt: Aristokraten trugen vertikale Streifen, ihre Bediensteten horizontale. Ihren Höhepunkt erreichte die politische Dimension der Streifen zum Ende des 18. Jh. Im Jahre 1777 entstand die amerikanische Flagge mit roten und weißen Stoffbahnen. Diese Streifen wiesen sowohl auf den englischen Ursprung der amerikanischen Nation als auch auf die Befreiung von ebenjenen Ursprüngen hin. Ab Juli 1789 etablierten sich Streifen für die französische blau-weiß-rote Kokarde und waren auch hier ein Emblem der Freiheit und Befreiung. Auch Coco Chanel (1883–1971) hatte wohl die Freiheit des Meeres und die lockere Bequemlichkeit der Arbeitshemden der bretonischen Fischer und Matrosen im Sinn, als sie sich zu ihren stilprägenden Streifenshirts inspirieren ließ.

In der Kunst sind Streifen eine Variante der wiederholten Anordnung von geometrischen Formen, ähnlich wie Punkte, Wellenlinien oder Kästchen.

BERÜHMTE VERTRETER
In der Kunst der Gegenwart wurden Streifen besonders in der Op-Art z. B. von Bridget Riley und Victor Vasarely in unterschiedlichsten Variationen genutzt, um optische Effekte zu erzielen.

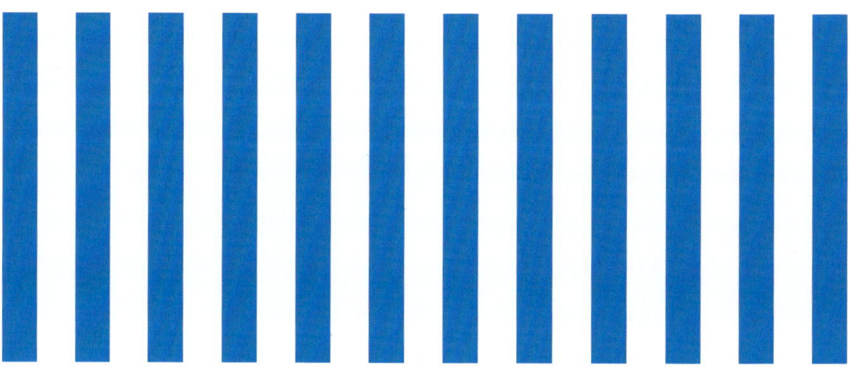

SPIEL MIT DER OPTIK **S. 38** *SHADE* **S. 174**

Regenbogen

IN KÜRZE
In der christlichen Gedankenwelt war der Regenbogen die Verbindung von der irdischen Welt zur göttlichen, außerdem konnte er das Jüngste Gericht ankündigen. Im weiteren Sinne symbolisicrt cr Hoff nung, Vcrgänglichkcit und Harmonie. Der Regenbogen gilt als pazifistisches Emblem und schmückt die Fahne der Queer-Community.

Der natürliche Regenbogen ist ein optisches Phänomen, das bei gleichzeitigem Auftreten von Sonnenschein und Regen (oder einem großen Springbrunnen) am Himmel erscheint. Er entsteht durch die Brechung des Sonnenlichts durch die feinen Wassertropfen in der Atmosphäre.

Dieses Naturschauspiel hat die Menschen aller Epochen fasziniert. Wissenschaftlich erforscht wurde es wohl seit 1300, später von Descartes (1637) und seit der Newton'schen Analyse hat man sich auf die Farben Violett, Blau, Grün, Gelb, Orange und Rot verständigt. Die Farben des sichtbaren Spektrums von Violett bis Rot gehen fließend ineinander über, sind also nicht klar abzugrenzen oder zählbar. Vor Newton sprach man meist von drei oder vier Farben, wohl wegen der heiligen Drei(faltigkeit) oder der Vier als Symbol für die Zeit, also die Jahreszeiten, Temperamente oder Lebensabschnitte.

In der Mythologie beschreibt der Regenbogen in allen Kulturen eine Verbindung zwischen Menschen und Göttern und ist sowohl mit sagenhaften Schätzen („am Ende des Regenbogens") als auch mit Glück verbunden.

In der Kunst und Fotografie ist der Regenbogen ein beliebtes und reizvolles Motiv, in der Musik wurde er zum Thema Freiheit und Transzendenz bemüht – teils inspiriert von der New-Age-Bewegung.

Heutzutage ist der Regenbogen in der Flagge der Friedensbewegung allgegenwärtig (sieben Farbstreifen; Rot unten) sowie der Queer-Community (sechs Farbstreifen; Rot oben). Der Künstler Gilbert Baker hat Letztere 1978 im Auftrag von Harvey Milk designt. Bis dahin galt immer noch das rosa Dreieck der Nazis als Symbol für LGBTQ+.

→ DAS INDISCHE HOLI-FEST **S. 15** NEWTONS FARBKREIS **S. 26** FARBNORMIERUNG **S. 41** *GRUPPE X, NR. 1, ALTARBILD* **S. 122** *UNTITLED (TO DON JUDD, COLORIST)* **S. 178** FARBWERT, FARBSÄTTIGUNG UND HELLWERT **S. 210**

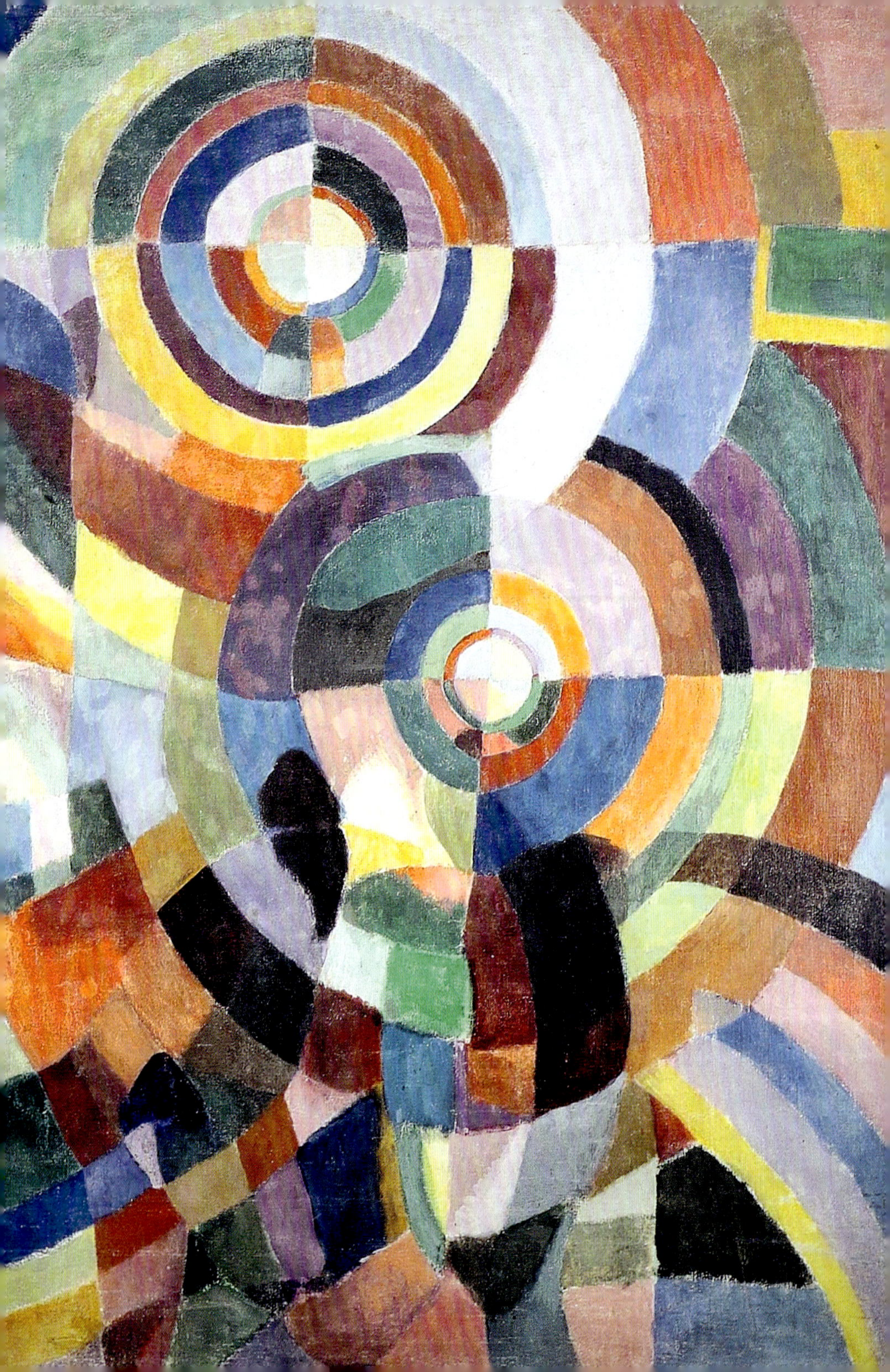

Werke

Bemalte Kiesel aus dem Neolithikum

10 000–12 000 Jahre alt

SCHIEFER • VERSCHIEDENE GRÖSSEN •
SAINT-GERMAIN-EN-LAYE, MUSÉE D'ARCHÉOLOGIE NATIONALE (YVELINES / ILE DE FRANCE / FRANKREICH)

Das Ende der Jungsteinzeit kannte eher „abstrakte" als figürliche Darstellungen, beispielsweise die bemalten Kieselsteine aus dem Azilien (etwa 12300 bis 9600 v. Chr.). In der Höhle von Le Mas d'Azil (Ariège / Frankreich) wurden nämlich Ende des 19. Jh. verzierte Kalksteine gefunden. Die Steine waren sorgfältig ausgewählt und meist länglich und flach, die Motive waren meist Punkte, an anderen Fundstellen auch Striche, Kreise und Ovale, gebogene Linien, Kreuze und Mäander. Sie wurden aus rotem Ocker mit dem Finger und in einem Zug (ohne Richtungswechsel) gezeichnet. Manche Steinoberflächen waren vollflächig bemalt.

Die verwendeten Pigmente kamen aus Eisenoxidvorkommen des nächstgelegenen Flussoberlaufes. Für Ockertöne wurden bereits seit dem Paläolithikum (Altsteinzeit) Eisenoxide eingesetzt. In der Höhle von Le Mas d'Azil wurden sie laut dem Archäologen Édouard Piette mit einem Bindemittel – „einem Harz oder einem Fett" – vermischt, wodurch man eine dicke und wasserresistente Farbschicht auftragen konnte.

Seit der Entdeckung der Kiesel gibt es zahlreiche Interpretationsansätze zur Symbolik. Man glaubt, darin Rechen- oder Aufzeichnungssysteme (etwa Mondkalender), Spiele, erste Schriftversuche oder schematische Abbilder von Lebewesen, Mensch oder Tier, zu erkennen. Alle Hypothesen sind in der Wissenschaft umstritten. Das Rätsel um die Kieselsteine aus dem Azilien bleibt also weiterhin ungelöst.

Ähnliche Kieselsteinfunde gibt es in der Schweiz, auf der Schwäbischen Alb und in Bayern.

PRÄHISTORISCHE HÖHLENMALEREI **S. 12** ROT **S. 46** GELB **S. 47** BRAUN **S. 52**

Weitere wichtige Werke
Malereien in der Höhle Lubang Jeriji Saléh, über 40 000 (vielleicht 52 000) Jahre alt, Borneo
Malereien in der Apollo-11-Höhle, etwa 30 000 Jahre alt, Namibia
Malereien in der Höhle von Lascaux, 17 000–15 000 v. Chr., Montignac-Lascaux, Frankreich

Ungefähr drei Viertel der bis heute entdeckten bemalten oder gravierten Kiesel stammen aus der Höhle von Le Mas d'Azil. Weitere wurden an archäologischen Grabungsstätten in Frankreich, Italien, Spanien, Deutschland und der Schweiz gefunden.

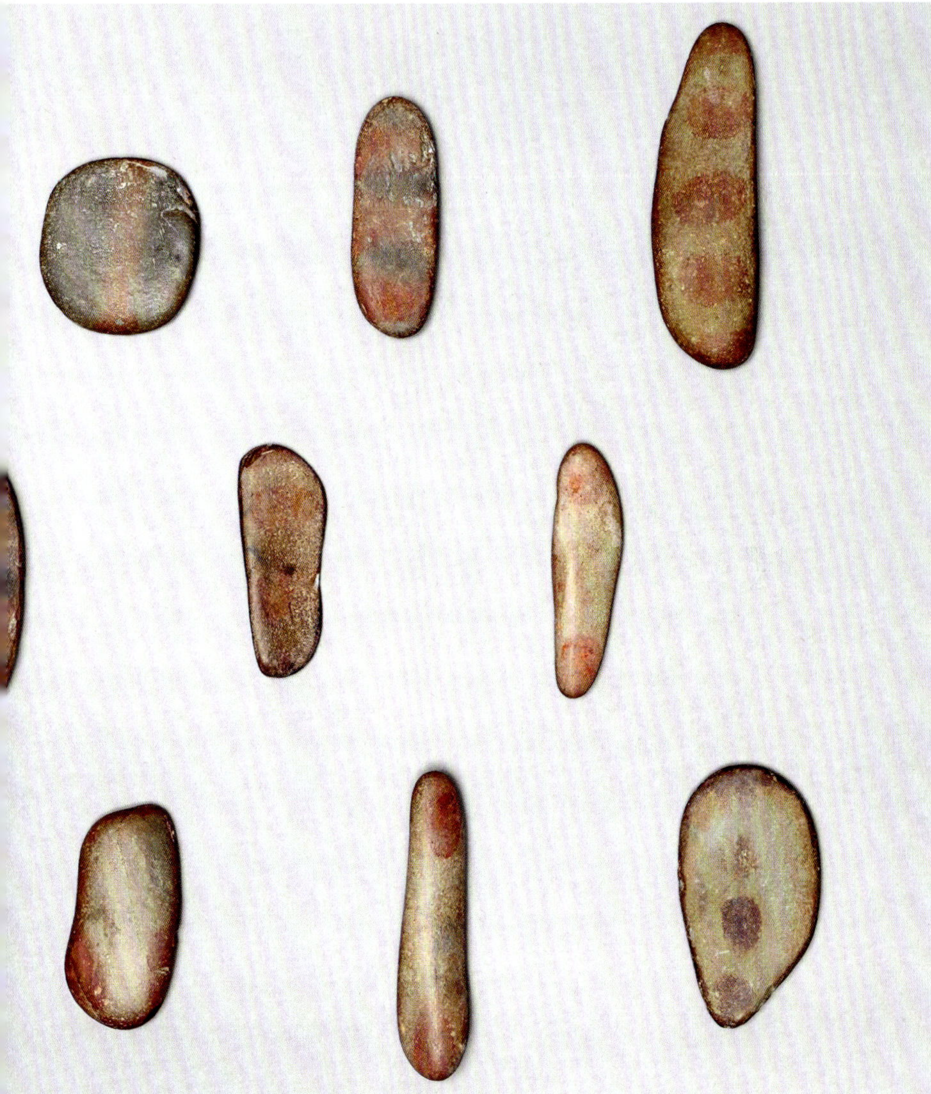

GELBE PIGMENTE **S. 192** ROTE UND PURPURNE PIGMENTE **S. 193**

Uschebti des Pharao Sethos I.

um 1280 v. chr.

19. DYNASTIE • FAYENCE • HÖHE: 30,5 CM •
NEW YORK, THE METROPOLITAN MUSEUM OF ART

Weitere wichtige Werke
Blaues Nilpferd, 12. Dynastie, New York, The Metropolitan Museum of Art
Uschebti der Taiu-heret, 21. Dynastie (1050 v. Chr.), Wien, Kunsthistorisches Museum
Skarabäus, Neues Reich – 21. Dynastie, Sèvres / Paris (Hauts-de-Seine, Frankreich), Manufacture et Musée nationaux

Eine im Ägypten der Pharaonen beliebte Technik für die Herstellung kleiner Kunstgegenstände (Perlen, Statuetten, Amulette) war die sogenannte Ägyptische Fayence, eine Sinterquarz-Keramik. Dieses Steinzeug bestand aus Silicium, Kalzium (aus Wüstensand) und alkalischem Salz oder Pflanzenasche als Flussmittel, also den gleichen Zutaten wie später Glas. Das Material konnte allerdings vor dem Brand modelliert werden. Der Brand erfolgte bei 650–800 °C, dabei schmolzen die metallischen Verbindungen und es entstanden Farbtöne von Grün bis zu lebhaftem Blau.

Die Ägypter kannten mehrere Verfahren für diese Glasur: Glasieren durch Härtung (Brennen der Rohstoffe in Pasten- oder Pulverform), großenteils von allein ablaufender Glasiervorgang (Kieselerdenpaste und Schmelzsubstanz werden den Basisstoffen direkt beigemengt) und Glasieren durch separates Auftragen (verflüssigte Paste wird auf den trockenen oder gebrannten Gegenstand aufgetragen). Die Herstellung von Ägyptischer Fayence erlebte ihre Blütezeit im 2. Jahrtausend v. Chr. In späteren Jahrhunderten, als Brenntemperaturen von 1000 °C erzielt werden konnten, wurden auch Gebrauchsgegenstände wie Schalen und Schmuckanhänger in der Form des Schlüssels des Lebens für die Wohlhabenden gebrannt.

Uschebti, Tierfiguren und Kästen aus ägyptischer Fayence wurden bereits im Mittleren Reich hergestellt und dienten als Grabbeigabe. Uschebti waren kleine Statuen, stellten mumifizierte Persönlichkeiten dar und waren mit Inschriften versehen. Sie hielten Gerätschaften für die Feldarbeit in den Händen, etwa Hacken, denn im Jenseits mussten nach Vorstellung der alten Ägypter auch die Pharaonen den Acker bestellen – die Uschebti übernahmen das für sie stellvertretend.

Dieser Grabdiener des Pharao Sethos I., der von 1294–1279 v. Chr. regierte, ist eine der wenigen Uschebti, die fast intakt geborgen werden konnten. Das lebhafte und zart glänzende Blau der Glasur zeugt von der enormen Geschicklichkeit des Künstlers.

VIELFARBIGKEIT IM ALTEN ÄGYPTEN **S. 13** BLAU **S. 48**

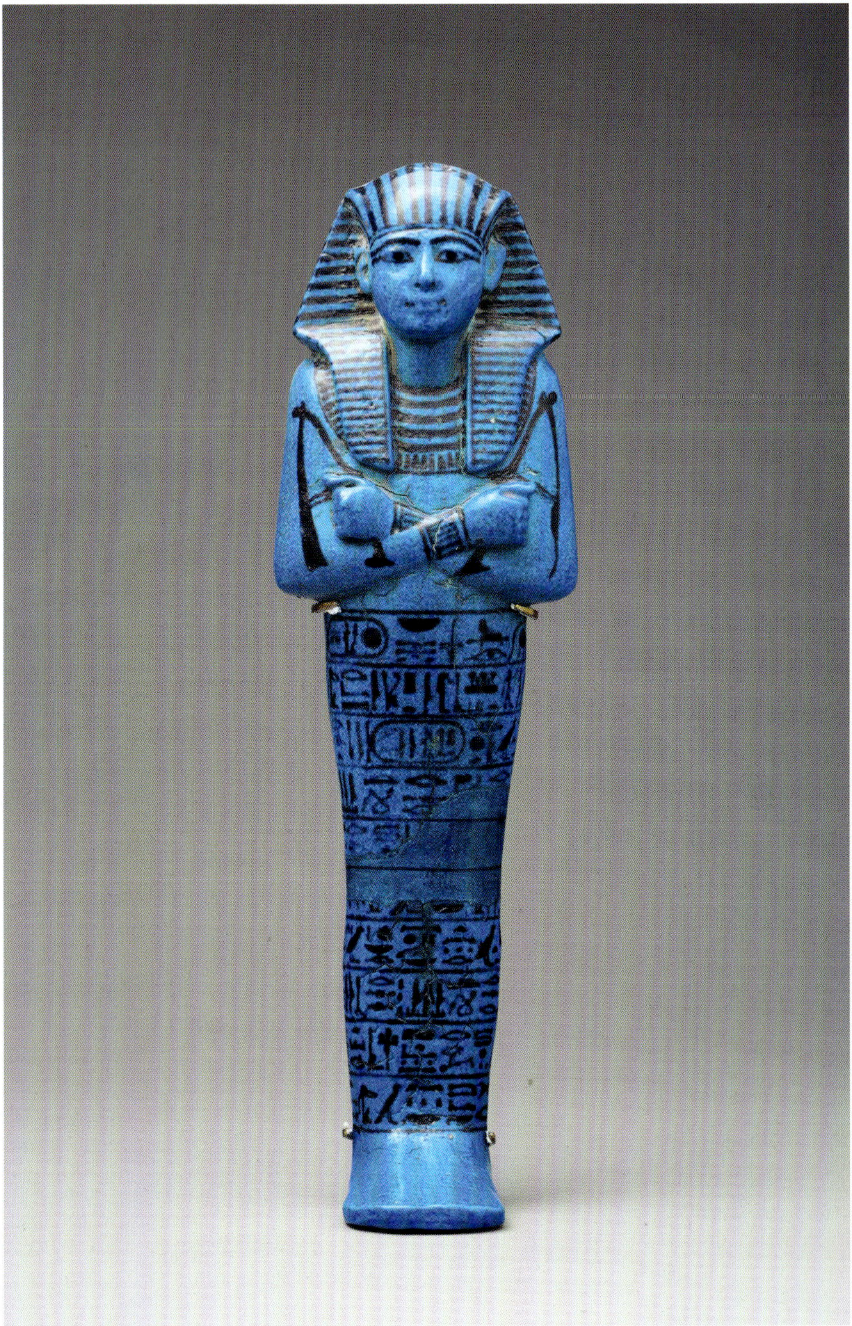

BLAUE PIGMENTE **S. 194** GRÜNE PIGMENTE **S. 195**

Triclinium Villa Livia

um 40–20 v. Chr.

GARTENFRESKO • 5,90 x 11,70 METER • ROM, MUSEO NAZIONALE ROMANO

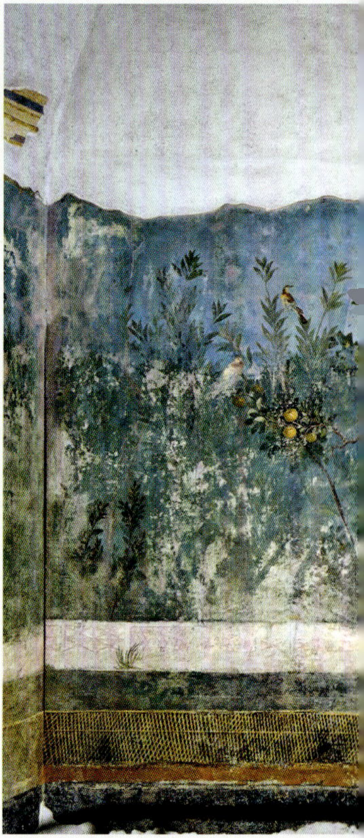

Im römischen Prima Porta wurden 1863 auf dem Landsitz von Livia Drusilla (um 58 v. Chr.–29 n. Chr.), der Gattin von Kaiser Augustus (63 v. Chr.–14 n. Chr.), Wandmalereien entdeckt, die eine Gartenillusion darstellen.

In einem halb unter der Erde liegenden Raum mit wenig Tageslicht – im Triclinium (Esszimmer) wurden die Gäste bei großer Sommerhitze empfangen – gab es ein Fresko eines üppigen, ländlichen Gartens. Lorbeer- und Granatapfelbäume, Dattelpalmen, Erdbeerbäume, Weiden, Schilf, Buchsbäume, Zypressen, Pinien, Quitten- und Kirschbäume, aber auch Rosen, Mohn, Chrysanthemen, Kamille, Bärenklau und Efeu sind sehr detailliert dargestellt, insgesamt über 20 Pflanzenarten und über 60 Vogelarten. Zahlreiche naturalistische Merkmale wie fliegende oder pickende Vögel sowie sich im Wind bewegende Blätter der Bäume sorgten für eine beruhigende Atmosphäre. Architektonisch wurde der Garten durch eine niedrige Mauer und Hecken strukturiert. Die Farbpalette war zart und harmonisch, Grüntöne für die Vegetation herrschten vor, im Vordergrund dunkler, zum Hintergrund hin heller werdend. Der Himmel war in lebhaftem Blau gehalten, hinzu kamen Farbakzente in Rot, Gelb, Orange, Braun und Weiß für Obst, Blüten und Vögel.

Erstaunlich ist der intelligente Aufbau dieser Wandmalerei: Durch die komplexe Komposition vergrößerte sie den Raum optisch und ließ den Gast glauben, er befände sich inmitten einer natürlichen Umgebung, denn alle vier Wände waren bemalt. Die gewählte Ikonografie verstärkte die tatsächliche Kühle des Raums im Souterrain noch. Ein einzelnes Detail stellte jedoch klar, dass man sich in einem Innenraum befand: der kleine Vogelkäfig auf der Mauer.

Seit 1951 befindet sich das Fresko im Museum.

FARBEN NACH ARISTOTELES **S. 14** BLAU **S. 48** GRÜN **S. 49**

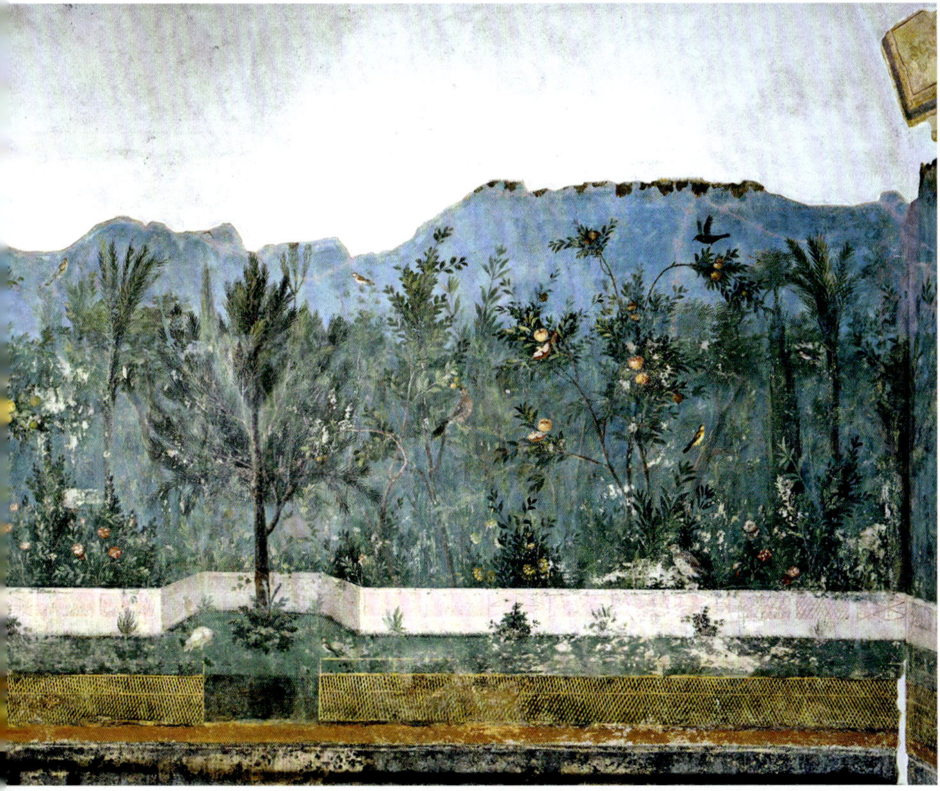

Vertrocknete Lorbeerbäume waren ein schlechtes Omen für einen römischen Herrscher, so schreibt es der römische Autor Sueton (eigentlich Gaius Suetonius Tranquillus, um 70–122 n. Chr.) in seinem Werk *De vita Caesarum* – acht Bücher mit insgesamt zwölf Biografien römischer Kaiser. Das üppige Grün in Livias Garten sollte ihrem Gatten, Kaiser Augustus, wohl eine lange Regentschaft verheißen.

Weitere wichtige Werke
Wandmalereien in der Mysterienvilla (Villa dei Misteri), um 70 v. Chr., Pompeji
Wandmalereien im Haus der Julia Felix, um 70 v. Chr., Pompeji
Wandmalerei im Haus des Augustus (Casa di Augusto), um 36 v. Chr., Rom

FRESKOMALEREI **S. 201**

Fenster der Kathedrale von Saint-Denis

12. Jh.

BLEIGLAS • SAINT-DENIS (FRANKREICH)

Weitere wichtige Werke
Fenster der Kathedrale Notre-Dame von Laon, 12. Jh., Laon (Aisne/Frankreich)
Fenster des Kölner Doms, 13.–14. Jh., Köln
Fenster der King's College Chapel, 16. Jh., Cambridge (England)

Suger (1081–1151) war Abt von Saint-Denis und Berater der Könige Ludwig VI., genannt der Dicke, und Ludwig VII., genannt der Jüngere. Um 1130 erhielt er den Auftrag, die Abteikirche von Saint-Denis im Norden von Paris zu vergrößern, später wurde sie zur Kathedrale. Er ließ Wände entfernen und die Fenster vergrößern. Inspiriert wurde er durch die Schriften des Theologen Pseudo-Dionysius Areopagita (6. Jh.), wonach Gott das Licht war, und schuf eine hohe, helle Chorapsis mit einem Kreuzrippengewölbe und Spitzbögen und zahlreichen hohen Stützpfeilern. Erst durch diese Konstruktion wurden die großen, bemalten Fenster möglich.

Heute existieren nur noch fünf der ursprünglichen Suger-Fenster, die übrigen wurden zunächst im 13. Jh. und später noch einmal im 18. Jh. restauriert bzw. entworfen. Der obere Teil der Fenster wurde während der französischen Revolution von 1789 zerstört und vom Architekten Eugène Viollet-le-Duc 1848 restauriert. Die Motive stammen sowohl aus dem Alten als auch aus dem Neuen Testament, und es flossen einige Neuerungen in die Ikonografie ein, wie beim Jessebaum, der die Abstammung Jesu darstellt.

Buntes Glas war im Mittelalter ein sehr wertvoller Werkstoff. Suger setzte ihn großzügig ein. Die Fenster der Kathedrale sollen teurer gewesen sein als der gesamte Steinbau. Der Abt engagierte nur die besten Handwerker und stellte nach der Fertigstellung zudem einen Glasermeister für ihre Instandhaltung ein.

Blau dominiert; dieses wurde aus Kobalt, Purpur aus Manganoxiden, Gelb aus Eisenoxiden, Grün und Rot aus Kupferoxiden gewonnen. Suger verglich das omnipräsente Blau mit dem Saphir, dem Edelstein des himmlischen Jerusalem.

Im Gegensatz zum dunklen, schlichten romanischen Stil war die Kathedrale von Saint-Denis lichtdurchflutet und erschien luftig. Sie verkörperte damit das Licht Gottes sowie die Vorstellung vom himmlischen Jerusalem: Dies war der Beginn des gotischen Baustils.

GÖTTLICHE FARBE **S. 17** ROT **S. 46** GELB **S. 47** BLAU **S. 48** GRÜN **S. 49**

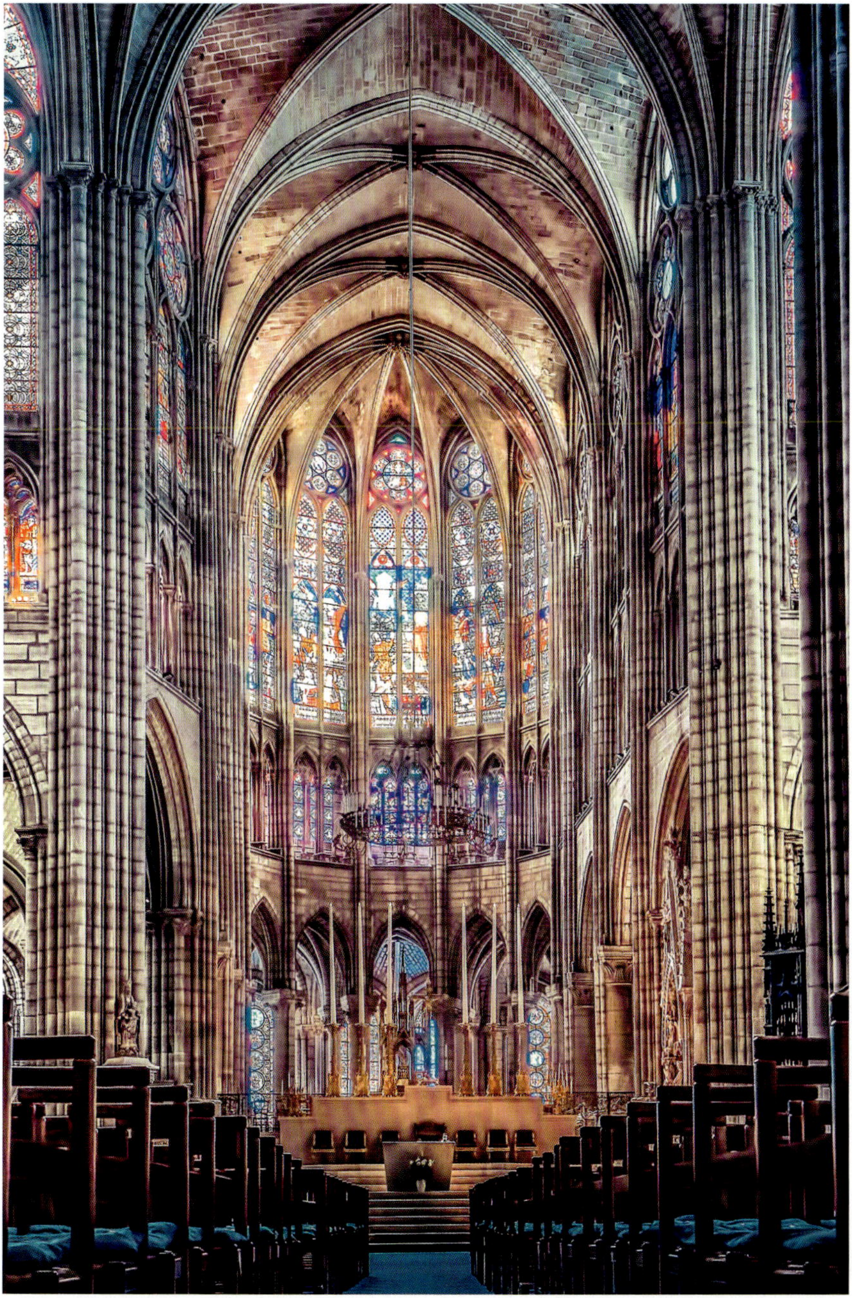

GELBE PIGMENTE **S. 192** ROTE UND PURPURNE PIGMENTE **S. 193** BLAUE PIGMENTE **S. 194**
GRÜNE PIGMENTE **S. 195** BUNTGLAS **S. 207**

Die Madonna des Kanzlers Rolin

um 1434 / 35

JAN VAN EYCK • ÖL AUF HOLZ • 66 × 62 CM • PARIS, MUSÉE DU LOUVRE

Die beiden kleinen Personen außerhalb der Loggia verweisen möglicherweise auf Philipp den Guten, Herzog von Burgund, und Karl VII., König von Frankreich, die Kanzler Rolin 1435 mit dem Vertrag von Arras in die Beendigung des Bürgerkrieges und die Versöhnung von Armagnac und Burgund eingebunden hat. In der Landschaft vor ihnen liegt links die Stadt der Menschen und rechts die Stadt Gottes. Die Umgebung ist in atmosphärischer Perspektive (im Hintergrund verblassend) in Farbtönen von Braun über Grün bis Blaugrau gehalten.

Nicolas Rolin (um 1376 / 1380–1462) war der Kanzler des Herzogs von Burgund und bestellte bei Jan van Eyck ein Gemälde für seine Privatkapelle in Autun. Gemäß der Ikonografie der heiligen Unterredung *(sacra conversazione)* ist der Auftraggeber betend vor der Jungfrau mit dem Kind dargestellt. Jesus hält in der Hand einen Reichsapfel und segnet den Kanzler. Ein Engel krönt die Jungfrau. Durch eine für die Dreifaltigkeit stehende Dreierarkade öffnet sich das prunkvolle Dekor der Loggia auf eine Flusslandschaft mit besiedelten Ufern. Hinter dem Kanzler erkennt man Bürgerhäuser und ein Kloster (die Stadt der Menschen), hinter Jungfrau und Kind eine Kathedrale und Kirchen (die Stadt Gottes). Die beiden Flussufer stehen für das Irdische und das Himmlische, verbunden mit einer Brücke, auf der sich, im Zentrum des

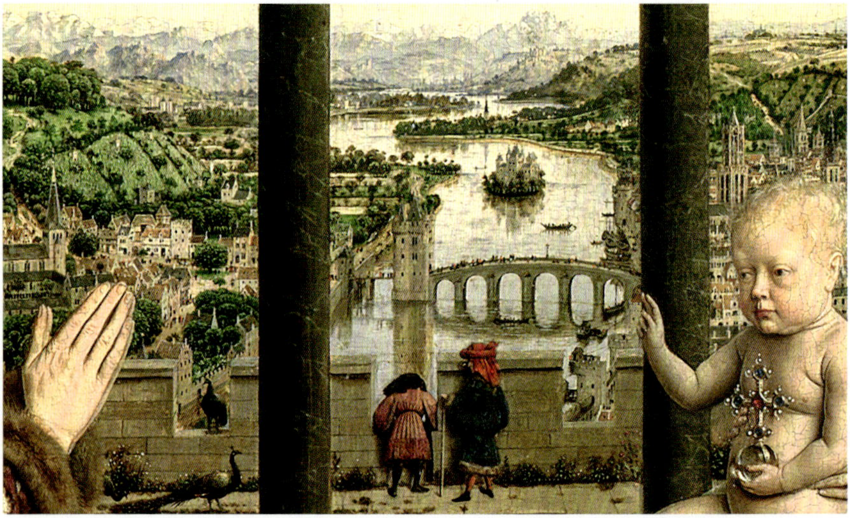

GÖTTLICHE FARBE **S. 17** ERFINDUNG DER ÖLMALEREI **S. 18**
WEISS **S. 45** ROT **S. 46** BLAU **S. 48** GOLD **S. 56**

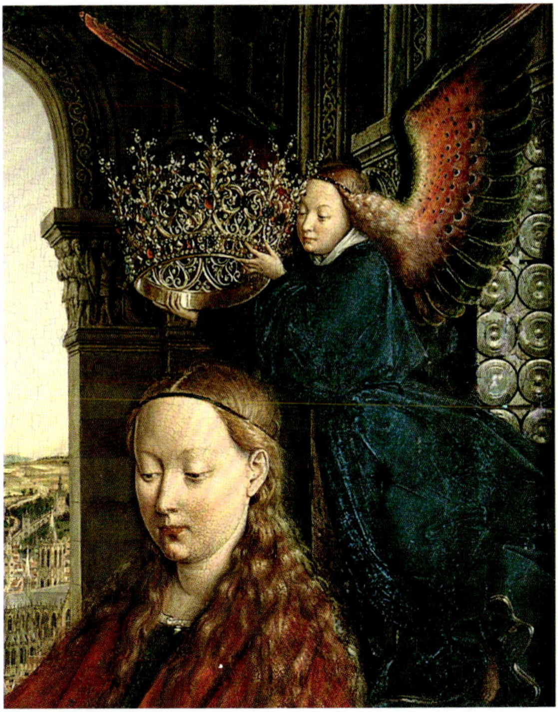

Die Krone, die ein Engel gleich auf den Kopf der Jungfrau setzen wird, zeugt vom Talent van Eycks, eine Vielzahl von Details maltechnisch auszudrücken. Die Stickereien des Mantels wiederholen sich im Glanz der in fein gearbeitetem Gold gefassten Steine.

Gemäldes, ein Kreuz befindet. Mehrere klug gewählte Symbole strukturieren die Komposition: Ein eingefriedeter Garten im Hintergrund stellt die Jungfräulichkeit Mariens dar, die Elstern den Tod, der Pfau Christus (oder die Eitelkeit), die von der Säule erschlagenen Kaninchen Wollust, die es zu bekämpfen gilt usw.

Mit der im 15. Jh. noch neuen Technik der Ölmalerei konnten virtuos zahlreiche realistische Details in ein komplexes Gemälde mit Porträt, religiöser Szene und Landschaft integriert werden. Die Farben wurden gezielt ausgewählt. Der Maler hat für das gesamte Bild zu gebrochenen Farben gegriffen. Lediglich Stoffe und Attribute sowie die Fenster sind in Gold, Blau, Rot und Weiß gehalten. Diese Farben waren in der christlichen Religion von besonderer Bedeutung: Blau und Gold standen für das Licht Gottes, Rot für Würde und Nächstenliebe, Weiß für Reinheit.

JAN VAN EYCK (UM 1390–1441)

Der flämische Maler hat als einer der Ersten die Technik der Ölmalerei perfektioniert. Er arbeitete mit dünnen, nacheinander aufgetragenen Farbschichten (Lasurtechnik), spielte so bei seinen wie von innen leuchtenden Gemälden mit der Transparenz und erreichte eine bis dahin nicht gekannte Farbigkeit.

ÖLMALEREI **S.203**

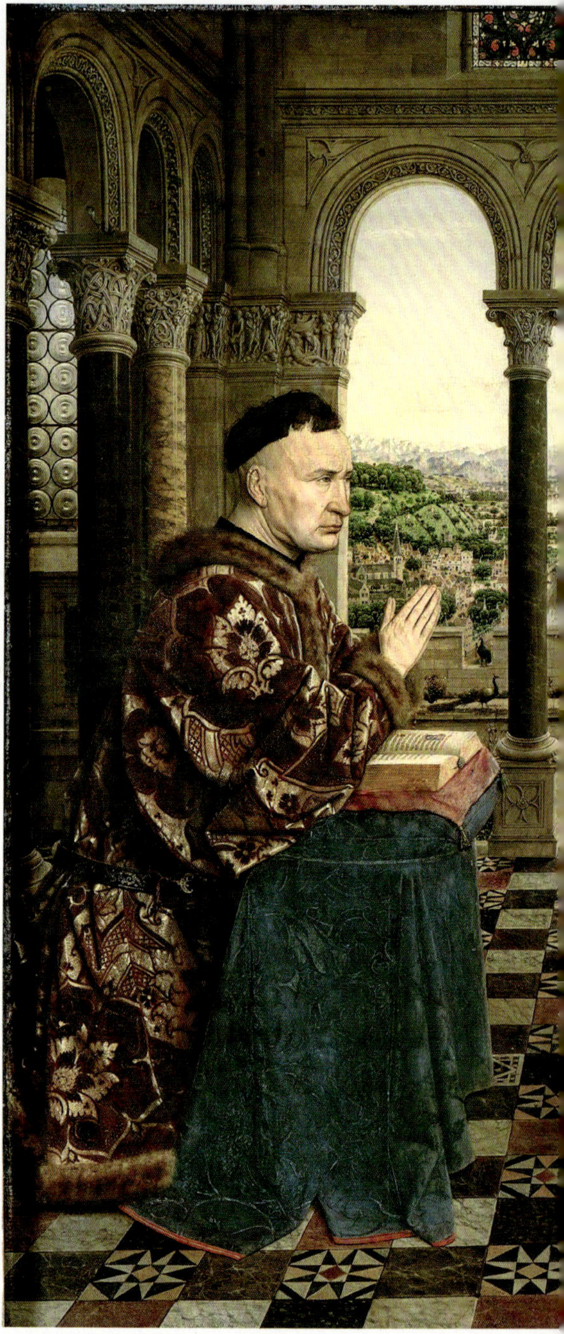

Weitere wichtige Werke
Genter Altar, Hauptthema: ***Die Anbetung des Lammes und der Quell des Lebens***, 1432, Gent, St.-Bavo-Kathedrale
Der Mann mit dem roten Turban, 1433, London, National Gallery
Arnolfini-Hochzeit, 1434, London, National Gallery

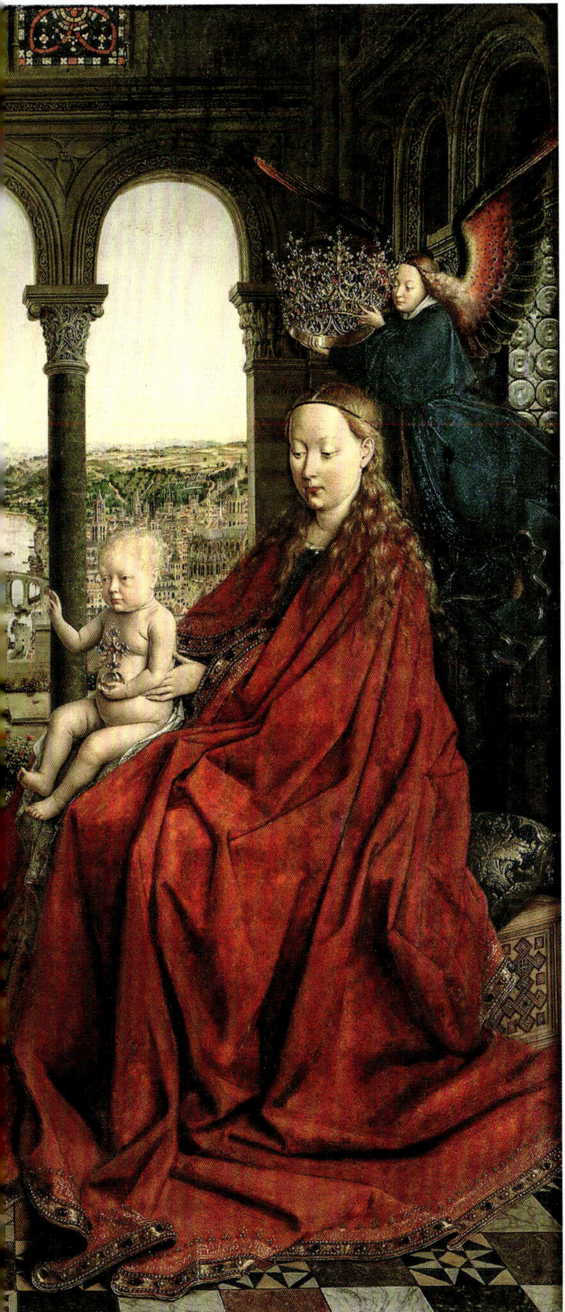

Porträt einer Dame vom Mailänder Hof, fälschlich Die schöne Ferronnière

um 1490–1497

LEONARDO DA VINCI • ÖL AUF HOLZ • 63 × 45 CM • PARIS, MUSÉE DU LOUVRE

LEONARDO DA VINCI (1452–1519)
Da Vinci gilt als das Genie der Renaissance schlechthin, nach westlicher Vorstellung wurde er sogar zum Mythos. Er war sowohl Maler als auch Theoretiker und versuchte, in seinen Schriften optische Wahrnehmungen wissenschaftlich zu interpretieren. Er interessierte sich vor allem für die Farbgebung und wandte sich von den lebhaften und exzentrischen Tönen der Quattrocento-Maler ab. Da Vinci bevorzugte gedämpfte, dunkle Farben, mit denen er die schier unendlichen Nuancen des Schattens auslotete.

In diesem Porträt einer schönen Aristokratin glaubte man, sowohl Lucrezia Crivelli (um 1464–1534), die Mätresse des Mailänder Herzogs Ludovico Sforza (1451–1508), seine Ehefrau Beatrice d'Este (1475–1497) als auch Isabella von Aragón (1470–1498) zu erkennen.

Leonardo da Vinci stand im Dienst des Herzogs von Mailand und ließ sich bei seiner Arbeit vom sogenannten lombardischen Porträt inspirieren, bei dem das Modell sich von einem dunklen, neutralen Hintergrund abhob. Doch er modernisierte diese Technik unter dem Einfluss der flämischen Malerei. Er wählte das naturalistischere, fast wie in Bewegung aussehende Dreiviertelprofil. Der Blick der jungen Frau ist zur Seite gerichtet. Zur Betonung ihrer Präsenz stellte der Maler auch den Oberkörper dar. Mit diesem Gemälde, das bereits die „Mona Lisa" ankündigte, versuchte da Vinci, die Gefühle und das physische Erscheinungsbild seines Modells mit einem Geheimnis zu umgeben.

In der Farbpalette sind gebrochene Töne vorherrschend, die durch die Mischung mit Weiß und Schwarz noch weiter gedämpft werden. Nur das spanisch anmutende Kleid, wie es am Mailänder Hof damals in Mode war, ist in einem etwas ausdrucksstärkeren Rot gehalten und symbolisiert neben eleganten, schmückenden Details (Putz und Schmuck) Reichtum.

Einige Jahre später empfahl der Künstler in seinem *Traktat über die Malerei* (um 1508) diese reduzierte Farbpalette für den Werkaufbau. Mit Sfumato- (verraucht, verschwommen) und Lasurtechnik, wobei er minutiös und langsam arbeitete, gestaltete er die Übergänge von dunklen zu hellen Zonen sehr weich.

Weitere wichtige Werke
Das Abendmahl, 1498, Mailand, Kirche Santa Maria delle Grazie
Mona Lisa, 1503–1519, Paris, Musée du Louvre
Anna selbdritt, 1503–1519, Paris, Musée du Louvre

ERFINDUNG DER ÖLMALEREI **S. 18** WIDERSTREIT VON ZEICHNUNG UND FARBE **S. 20**

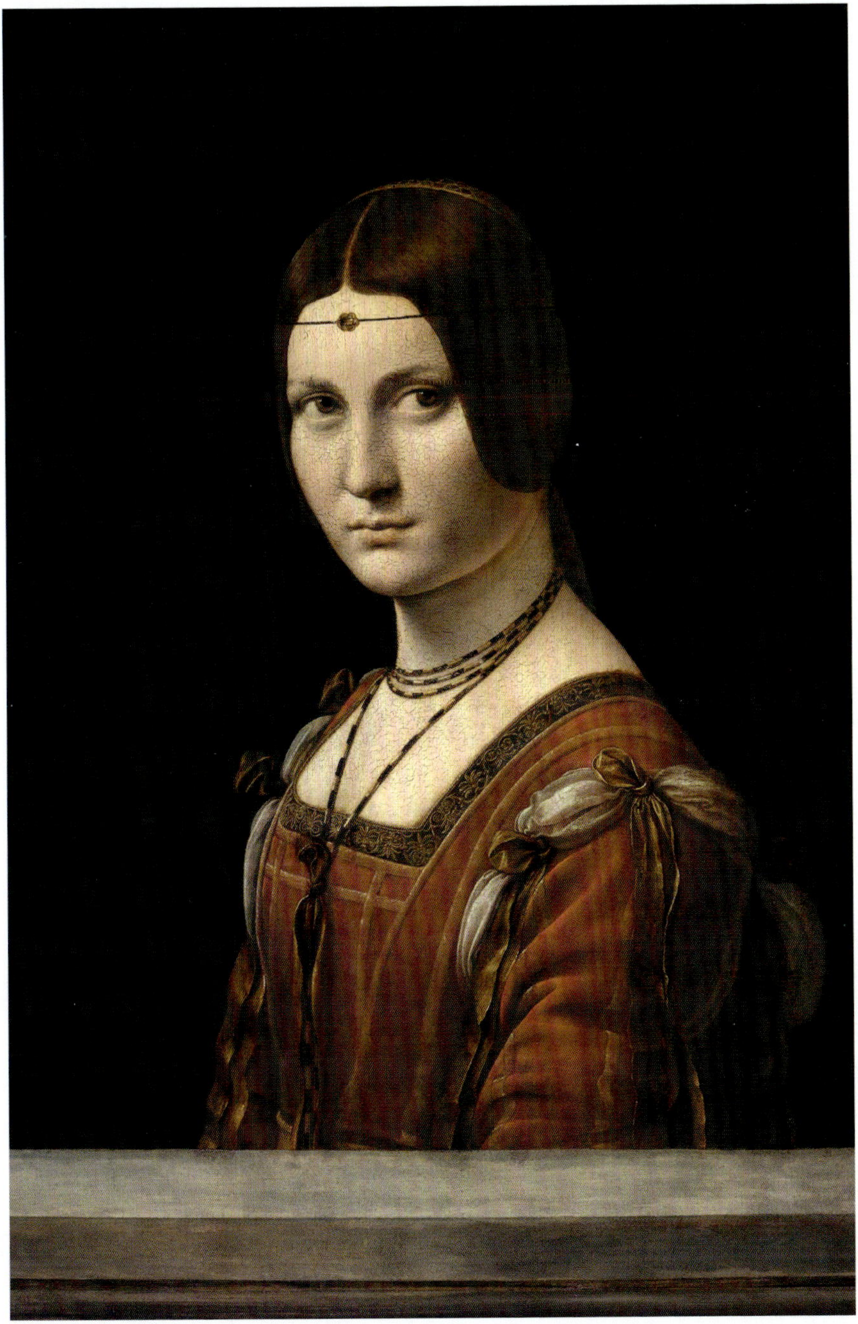

SCHWARZ **S. 44** WEISS **S. 45** ROT **S. 46**

Lucretia

1580–1583

PAOLO VERONESE • ÖL AUF LEINWAND • 109 × 91 CM • WIEN, KUNSTHISTORISCHES MUSEUM

PAOLO VERONESE (1528–1588)
Paolo Cagliari / Caliari, genannt Veronese, ging aufgrund seines gewagten Farbeinsatzes und seines Sinns für die Komposition in die Kunstgeschichte ein. Er war ein ausgewiesener Kenner des Manierismus und der venezianischen Malerei und ging in der Auswahl seiner lebhaften Farben bis an den Rand der Dissonanz. Außerdem arbeitete Veronese mit auf verschiedenen Ebenen ineinandergreifenden Kontrasten, beides zu sehen in seinem wohl bekanntesten Gemälde *Die Hochzeit zu Kana*, das durch die Vielfarbigkeit der Gewänder der Gäste sehr lebhaft wirkt.

Lucretia, die Gattin von Lucius Tarquinius Collatinus, einem der beiden ersten Konsuln der römischen Republik, wurde von Sextus Tarquinius, einem Sohn des Königs Lucius Tarquinius Superbus, vergewaltigt. Lucretia wollte nach dieser Entehrung nicht mehr weiterleben, bat ihren Vater, sie zu rächen, und beging dann Selbstmord. Dieser Vorfall erboste die Bevölkerung, und es kam zum Aufstand gegen die Königsfamilie: Die Monarchie wurde abgeschafft und an ihre Stelle trat die Republik. Der römische Autor Titus Livius (um 59 v. Chr.–17 n. Chr.) stellte diese Tragödie als Tugendsymbol dar.

Paolo Veronese malte Lucretia allein, mit blassem Teint und geröteten Augen. Reich geschmückt und gekleidet, mit entblößten Schultern hält sie den wertvollen Stoff ihrer Kleidung fest. In ihrer Hand erkennt man den verzierten Griff eines Dolches, mit dem sie ihr Leben beenden wird. Ungewöhnlich viele Grünschattierungen herrschen in dieser Komposition vor, von ganz dunklem bis hin zu giftigem Grün, obwohl diese Pigmente eben wegen ihrer Toxizität traditionell gemieden wurden. Veronese traf seine Farbwahl keinesfalls willkürlich, war Grün doch widersprüchlich und verkörperte sowohl das Schicksal, das die junge Frau ereilen sollte, als auch die Kürze des irdischen Lebens an sich. Im 16. Jh. gab es zwar noch kein festes Farbkonzept, doch Grün ist die Komplementärfarbe von Rot, der Farbe des Blutes, das in der Szene später fließen wird. Bei *Judith mit dem Haupt des Holofernes* (um 1580), dem Gegenstück zu *Lucretia*, ist das Blut bereits geflossen und Rot besteht neben Grün.

Weitere wichtige Werke
Die Hochzeit zu Kana, 1562–1563, Paris, Musée du Louvre
Das Gastmahl im Hause des Levi, 1573; Venedig, Galleria dell'Academia
Venus und Adonis, 1582, Madrid, Museo del Prado

FARBE IN DER RENAISSANCE **S. 19** GRÜN **S. 49**

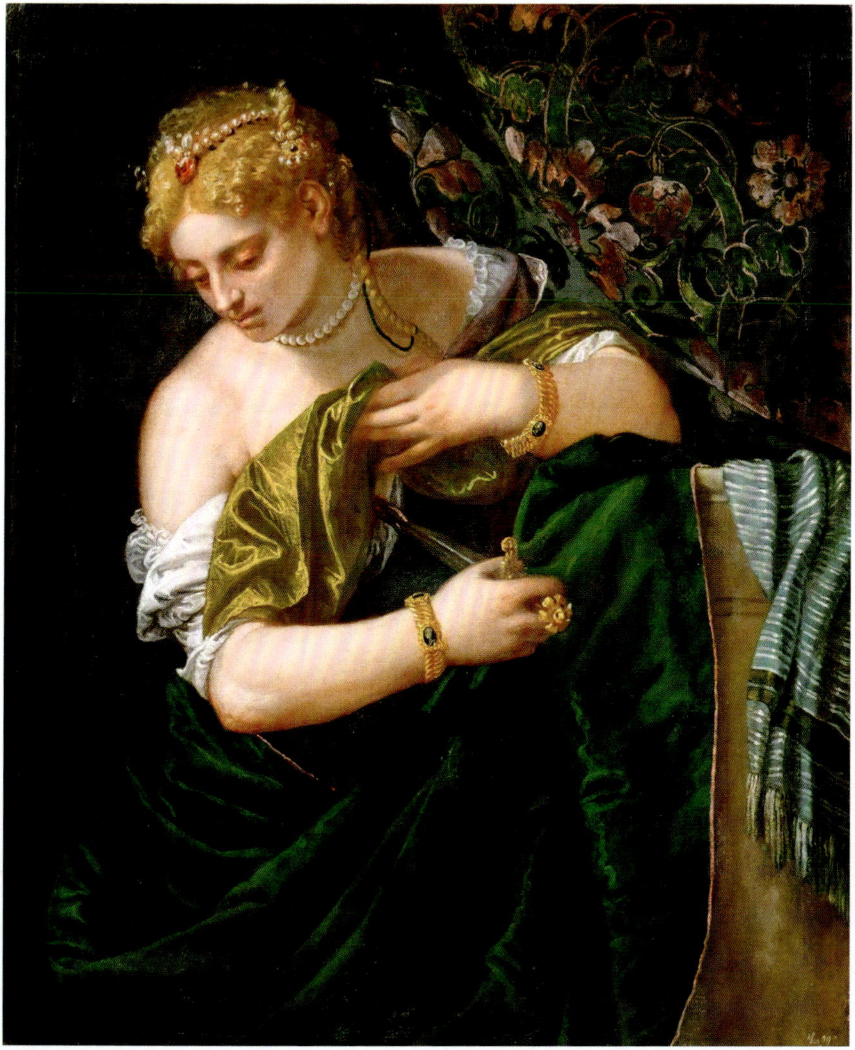

GRÜNE PIGMENTE S. 195

Büßende Magdalena

1635–1640

GEORGES DE LA TOUR • ÖL AUF LEINWAND • 113 × 92,7 CM • WASHINGTON, NATIONAL GALLERY OF ART

GEORGES DE LA TOUR (1593–1652)
Der lothringische Maler und sein Werk sind geheimnisumwittert. Etwa 50 Gemälde von La Tour sind bekannt, nur ein Teil davon ist datiert. Zunächst war er erfolgreich, geriet dann wohl in Vergessenheit und wurde später wiederentdeckt. Man weiß jedoch wenig über seine Ausbildung und sein Leben, aus dem lediglich einige Anekdoten von Gewalttaten überliefert sind, die jedoch in krassem Gegensatz zur einzigartigen Spiritualität seiner Kunst stehen. Sein Werk lässt sich in zwei Gruppen einteilen: die vermutlich zu Anfang seiner Karriere entstandenen Tagesszenen sowie die sehr virtuosen nächtlichen Szenen.

In der christlichen Tradition steht Maria Magdalena für die reuige Sünderin, der Christus, der bedingungslos Liebende, die Absolution erteilt. Georges de la Tour war von ihr, der ehemaligen Prostituierten und Schülerin Jesu, fasziniert und hat sie mehrfach dargestellt.

Diese in der National Gallery of Art in Washington ausgestellte Version zeigt Maria Magdalena, mit offenem Haar, tief in sich versunken. Der mit der Hand abgestützte Kopf ist eine typische Geste der Melancholie. Beleuchtet wird die Szenerie nur durch eine einzelne Kerze. Diese Komposition verlangt nicht nur die vom Künstler hochgeschätzte Hell-Dunkel-Malerei, der Kerzenschein symbolisiert auch das göttliche Licht und die Hoffnung der Gläubigen. Mit den Fingerspitzen berührt Maria Magdalena zärtlich einen Schädel, der außerdem im Spiegel erscheint, wie eine Vorahnung von Tod und Trauer. Diese Vanitas-Ikonografie, die durch die Schönheit und Jugend des Modells noch verstärkt wird, verweist auf die Vergänglichkeit des irdischen Lebens.

Für den Bereich des Kerzenscheins wählte La Tour eine sehr subtile Ockerpalette, von Hellgelb über Rottöne bis Dunkelbraun. Diese Farben verband er mit festen, monumentalen, strengen und synthetischen Formen. Die gebrochenen Farbtöne stehen für Austerität und Buße. Vermutlich kannte und schätzte der Künstler Werke von Caravaggio, der mit seinem Realismus und seinem stürmischen Chiaroscuro im gesamten Europa des 17. Jh. zahlreiche Anhänger hatte.

Weitere wichtige Werke
Die Wahrsagerin, um 1630, New York, The Metropolitan Museum of Art
Der Falschspieler mit dem Karo-Ass, um 1636–1638, Paris, Musée du Louvre
Magdalena mit der Öllampe, um 1640–1645, Paris, Musée du Louvre

HELL-DUNKEL-MALEREI **S. 24** ROT **S. 46** GELB **S. 47** BRAUN **S. 52**

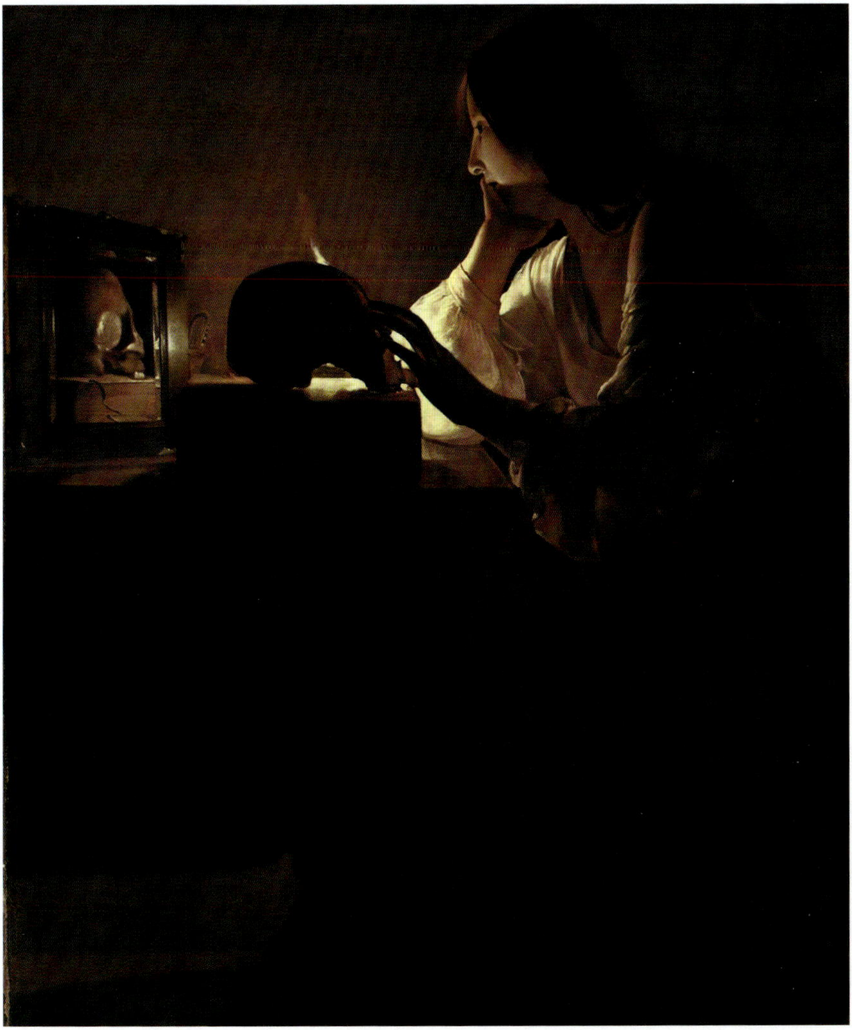

Briefleserin in Blau

1662–1665

JAN VERMEER • ÖL AUF LEINWAND • 46,5 × 39 CM • AMSTERDAM, RIJKSMUSEUM

JAN (JOHANNES) VERMEER (1632–1675)
Von Vermeer sind nur etwa 30 Gemälde bekannt, die alle beweisen, dass der Maler sein Metier meisterhaft beherrschte. Hauptsächlich malte er häusliche Szenen, ganz in der niederländischen Tradition. So ergab sich für ihn die Gelegenheit, die Gesamtkomposition schlicht zu halten und Details mit Licht, Schatten und Farbe auszuarbeiten.

In ihrer häuslichen Umgebung ist eine junge Frau stehend und im Profil zu sehen, sie ist vertieft in die Lektüre eines Briefes. Wie Vermeer es gern malte, wird die Szene von links beleuchtet, doch im Gegensatz zu anderen seiner Gemälde wird das Fenster, durch das das Licht hereinfällt, nicht abgebildet. Die sorgfältige und sanfte Art, mit der der Künstler durch Licht Räumlichkeit entstehen lässt, zeigt, wie virtuos er die Helligkeit des Tagesanbruchs einfangen konnte. Auch die Texturen – die Zartheit der Haut, das Seidige der Kleidung, der Glanz der vergoldeten Nägel in den Stuhlpolstern, die matte Oberfläche des Papiers – sind sehr fein herausgearbeitet.

Zwar ist bekannt, dass Vermeer Ultramarinblau sehr schätzte – es wird sogar „Vermeers Blau" genannt –, doch in diesem Werk erreicht es eine unübertroffene Intensität. Vom Nachtjäckchen des Modells ausgehend verteilt es sich über die gesamte Leinwand, vom Bezugsstoff der Stühle über die Verschlusskugel an der Landkarte bis hin zum Tisch. Kunsthistoriker vermuten sogar, dass manche Pigmente oxidiert wurden, anders ließe sich diese Omnipräsenz nicht erklären. Vermeer entwickelte eine regelrechte Leidenschaft für Lapislazuli-Blau, das er hier mit Ockergelb kombinierte und so ein fast ausschließlich zweifarbiges Werk schuf. Symbolisch stand Blau traditionell in Zusammenhang mit der Jungfrau Maria und war eine der seltenen Farben, die im gestrengen Protestantismus akzeptiert waren. Diese Symbolik verstärkt die Andacht dieser in harmonischen Linien dargestellten häuslichen Umgebung noch. In diese Privatheit dringt die Außenwelt nur durch die an der Wand hängende Karte von Holland und Westfriesland ein.

Weitere wichtige Werke
Dienstmagd mit Milchkrug, 1657–1658, Amsterdam, Rijksmuseum
Das Mädchen mit dem Perlenohrgehänge, 1665, Den Haag, Mauritshuis
Die Spitzenklöpplerin, um 1669–1670, Paris, Musée du Louvre

GELB **S. 47** BLAU **S. 48**

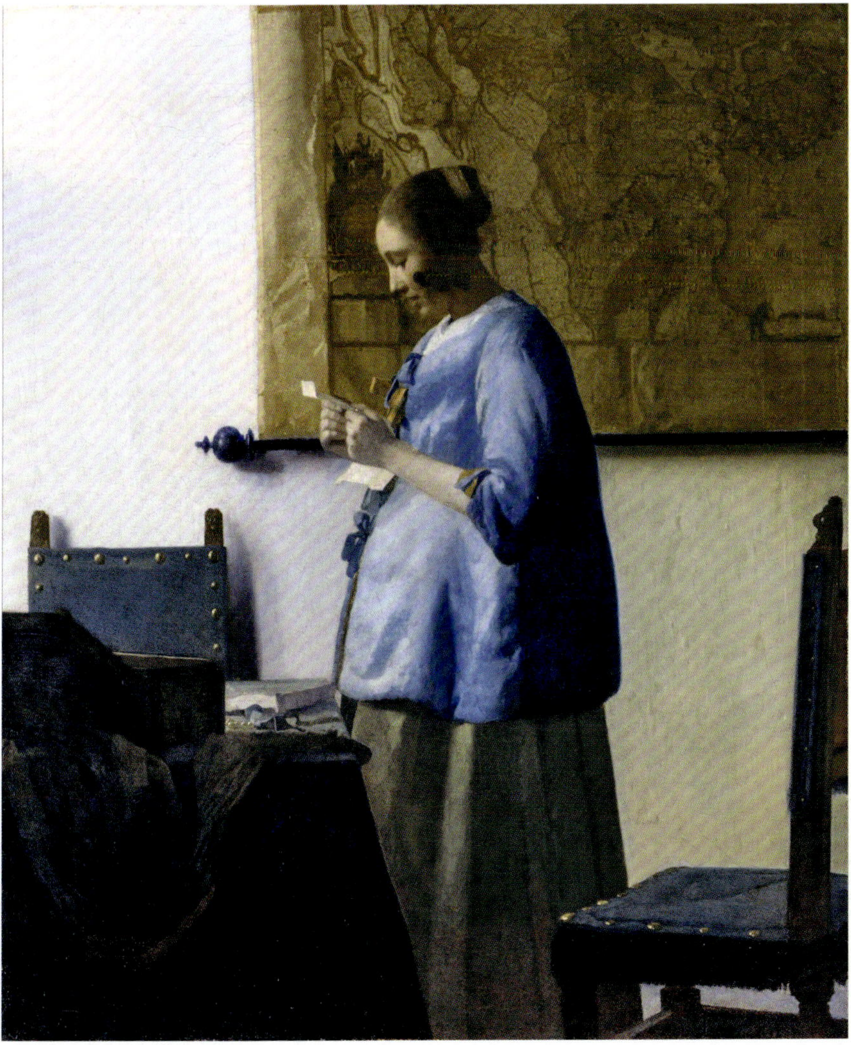

BLAUE PIGMENTE S. 194

Ludwig XIV. im königlichen Kostüm

1701

HYACINTHE RIGAUD • ÖL AUF LEINWAND • 277 × 194 CM • PARIS, MUSÉE DU LOUVRE

HYACINTHE RIGAUD (1659–1743)
Rigaud war einer der bedeutendsten Porträtisten am Hofe Ludwigs XIV. Meisterhaft beherrschte er die prachtvolle Inszenierung seiner Modelle sowie die raffinierte Wiedergabe von Stoffen und Kostümen, Mobiliar und Dekoration. Aus formalen und ikonografischen Gründen setzte er mit Begeisterung Glanzeffekte und schillernde Farben ein.

Auf diesem pompösen Porträt wirkt König Ludwig XIV. feierlich und schneidig; er hat schlanke, muskulöse Beine und scheint geradezu eines seiner geliebten Tänzchen vollführen zu wollen. Die meisten königlichen Insignien sind dargestellt: der Mantel mit den Lilien, das Collier des Ordens vom Heiligen Geist, dessen Großmeister er war, das angeblich von Karl dem Großen stammende Schwert, welches für die Kontinuität der Monarchie seit dem Reich der Karolinger stand, das (verkehrt herum gehaltene) Zepter, die Hand der Gerechtigkeit von Heinrich IV. und die geschlossene Krone. Weitere Symbole der Monarchie sind der Thron, die Marmorsäule (als Verbindung der irdischen mit der himmlischen Welt), das Abbild von Themis, Göttin der Gerechtigkeit, auf dem Sockel der Säule und die roten Absätze. Die Mode der roten Absätze hatte Ludwig an seinem Hof eingeführt, sie waren ein Zeichen des Hochadels, denn dieser konnte sie tragen, weil er nicht durch Dreck laufen und sich die Füße/Schuhe schmutzig machen musste. Sie stehen für die Autorität und den Willen, jegliche Opposition zur herrschenden Klasse zu zertreten.

Im weiteren Sinne stehen die vier vorherrschenden Farbtöne der Komposition – Rot, Blau, Weiß und Gold – für die verschiedenen Aspekte der königlichen Macht: Rot war bereits in der Antike ein Symbol der Macht, Blau war seit dem 13. Jh. das Symbol der französischen Monarchie, Weiß stand sowohl für Heiligkeit und Überhöhung (hier noch verstärkt durch den Hermelinpelz) als auch für das militärische Oberkommando des Königs, und Gold war per definitionem Zeichen von Luxus und ein Attribut des Sonnenkönigs. Die Sichtachse von unten und das Theatralische der Inszenierung vollenden die Verherrlichung der Größe des Monarchen.

Weitere wichtige Werke
Philipp V. von Spanien, 1701
Porträt von Philippe de Courcillon, 1702
Porträt des fünfjährigen Kindes Ludwig XV. in sakraler Tracht, 1715–1717
Alle: Versailles, Musée national du Château de Versailles

WEISS **S. 45** ROT **S. 46** BLAU **S. 48** GOLD **S. 56**

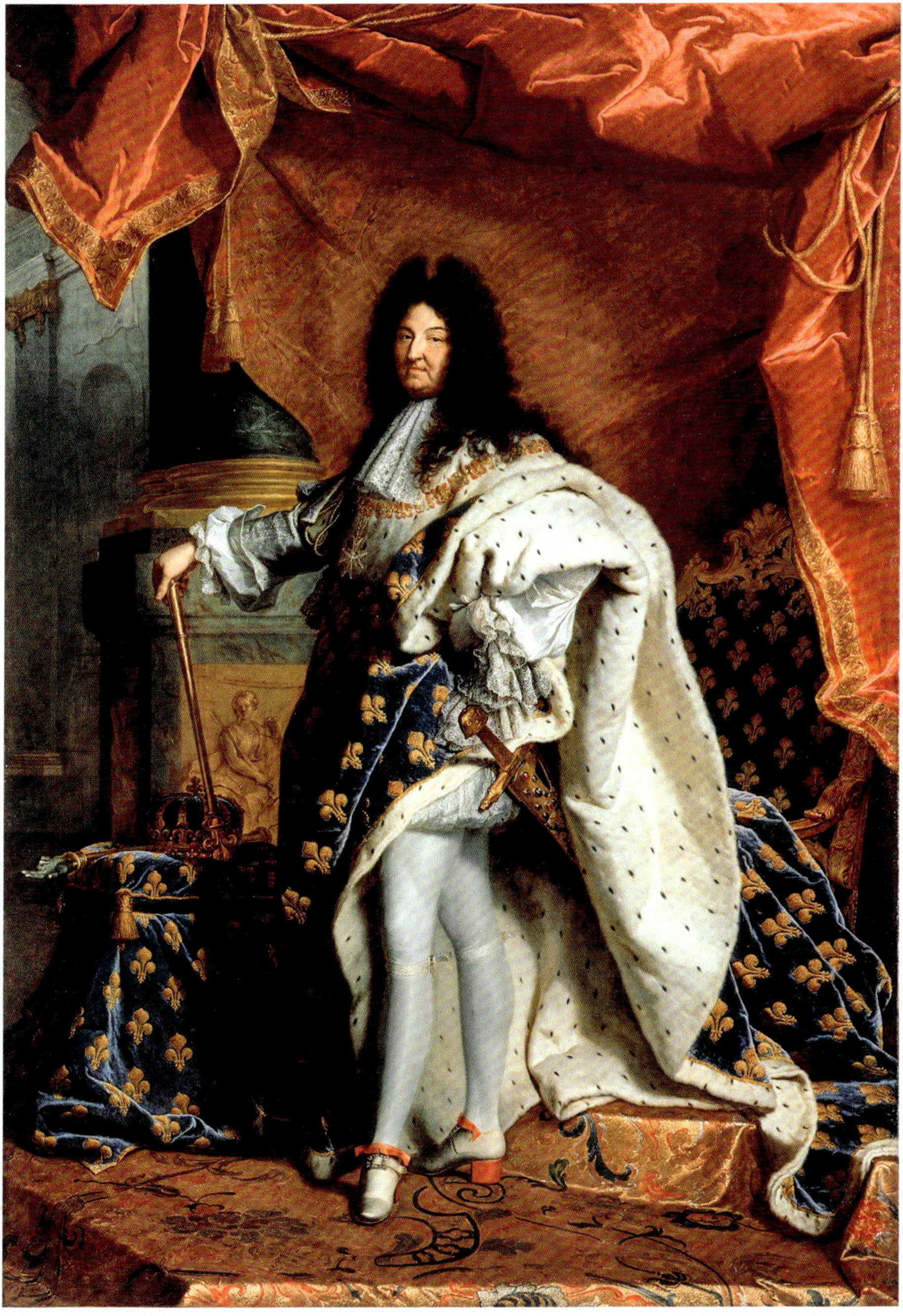

Der Hexensabbat oder Der große Ziegenbock

um 1819–1823

FRANCISCO DE GOYA • ÖL AUF PAPIER, AUF LEINWAND ÜBERTRAGEN • 140 × 438 CM • MADRID, MUSEO DEL PRADO

Weitere wichtige Werke
Die Erschießung der Aufständischen, 1814
Saturn, einen seiner Söhne verschlingend, 1819–1823
Judith und Holofernes, 1819–1823, alle: Madrid, Museo del Prado

Um 1819 gestaltete Francisco de Goya die Wände seines gerade erworbenen Hauses Quinta del Sordo (Landhaus des Tauben) mit Gemälden. Vielleicht beeinflusst durch seine kürzlich durchlittene schwere Krankheit oder die Wiedereinführung der absoluten Monarchie, entwarf er einen außergewöhnlich düsteren Gemäldezyklus von 14 Fresken, die sogenannten *pinturas negras* (Schwarze Bilder), die seine metaphysische Angst ausdrückten.

Normalerweise schmückten ländliche Szenen die Wände der bürgerlichen Landsitze, doch Goya kreierte an

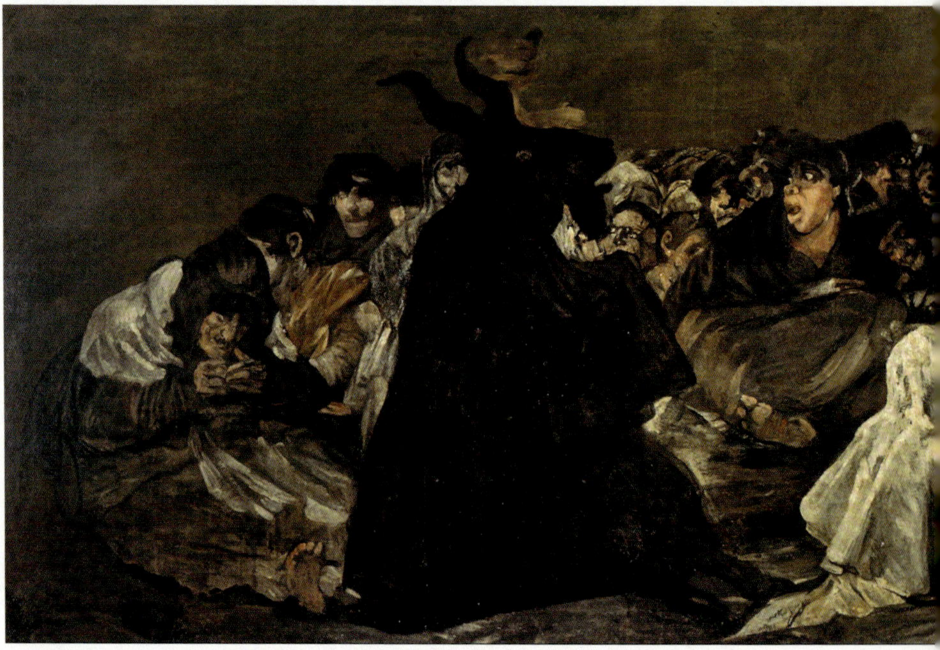

HELL-DUNKEL-MALEREI **S. 24** SCHWARZ **S. 44** WEISS **S. 45** GELB **S. 47**

ihrer Stelle düstere nächtliche Szenen in gebrochenen Farbtönen und einer Beleuchtung in Hell-Dunkel-Malerei. Saturn verschlingt eines seiner Kinder, Judith erhebt die Hand zur Enthauptung des Holofernes, die Parzen entscheiden über das Schicksal des Menschen und Hexen feiern ihren Sabbat – das sind die Hauptthemen, die Goya für die Dekoration seines Hauses gewählt hat. Dem Maler war wichtig, den schwarzen Humor von Pathos, Tragödie und Grausamkeit des Lebens bildlich festzuhalten. Er steigerte die Expressivität seiner Figuren bis ins Hässliche, Deformierte und Bestialische. Das erreichte er durch starke Kontraste zwischen Dunkel und Hell, und farblich durch die Verwendung von Schwarz über Ocker bis Weiß und hin und wieder etwas Blau und Rot.

Goyas Sicht auf die Dinge war geprägt von Melancholie und Pessimismus. Seine sehr innovative Darstellung des ersterbenden Lichtes verweist philosophisch und gewagt auf das bevorstehende Alter und den politischen Niedergang. Gesellschaftlich unter Druck, verließ er Spanien im Jahr 1824 und ging ins Exil nach Frankreich.

FRANCISCO DE GOYA (1746–1828)

Goyas Werk zeigt, dass er ein scharfsinniger Beobachter seiner Zeit war. Er entwarf eine ästhetische Bildsprache, die der modernen Malerei den Weg ebnete. Er wurde zum Hofmaler ernannt und war der Lieblingsporträtmaler am spanischen Hofe von Karl IV. (1748–1819). Doch in den Zirkeln der Macht war Korruption an der Tagesordnung und so zog Goya sich alsbald aus diesem Umfeld zurück. Von gesellschaftlichen Ansprüchen befreit und 1792 ertaubt, entwarf er beunruhigende Welten aus grotesken Kreaturen und Monstern, die der teils grausamen realen Welt den Spiegel vorhielten.

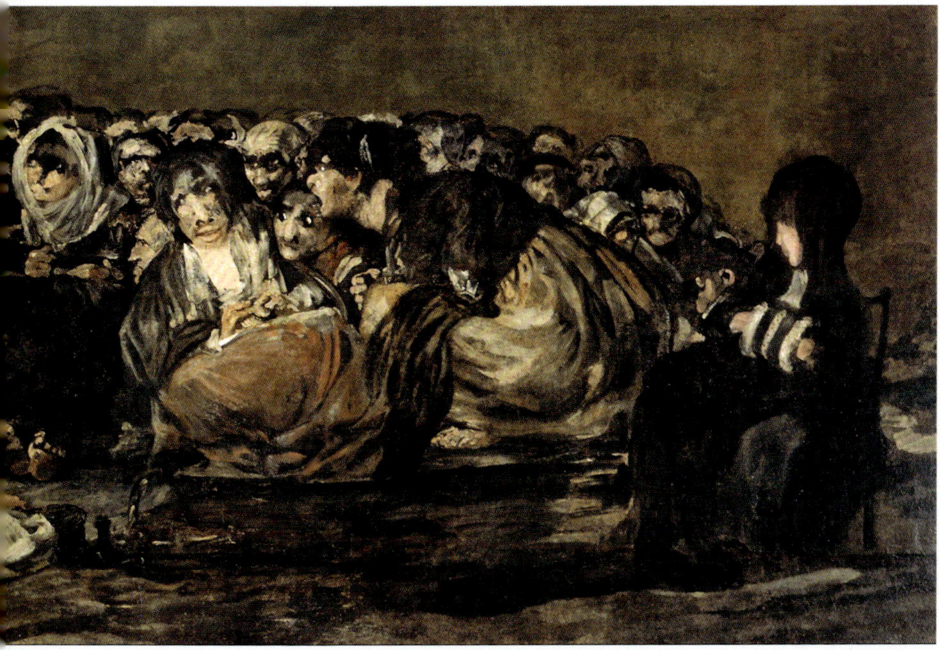

Der Tod des Sardanapal

1827

EUGÈNE DELACROIX • ÖL AUF LEINWAND • 392 × 496 CM • PARIS, MUSÉE DU LOUVRE

Auf der Pariser Kunstausstellung für Malerei und Bildhauerei 1827–1828 sorgte der junge Eugène Delacroix mit seinem neuesten Werk *Der Tod des Sardanapal* für einen Skandal. Der Maler ließ sich dabei sowohl von Lord Byrons (1788–1824) soeben erschienenem Drama als auch von antiken Quellen wie dem Geschichtswerk *Bibliotheca historica* von Diodor inspirieren und beschrieb den Tod des assyrischen Tyrannen Sardanapal (7. Jh. v. Chr.), der in der Antike ein Sinnbild für Ausschweifungen war. Gemäß der Überlieferung wurde Ninive geplündert und Sardanapals Palast belagert. Statt für Kapitulation entschied sich der Herrscher für die Selbstverbrennung mit all seinem Besitz, den Eunuchen und Konkubinen, Pferden und Hunden. Im Ausstellungskatalog beschrieb Delacroix sein Gemälde wie folgt: „Sardanapal befiehlt seinen Sklaven und Palastbediensteten, seine Frauen, Pagen und auch Lieblingspferde und -hunde zu töten; nichts und niemand, was ihm je Freude bereitet hatte, sollte ihn überleben."

Delacroix entwarf eine von Sardanapal beherrschte Szenerie. Dieser ruht gleichgültig über dem Chaos, das ihn umgibt, auf einem prachtvollen Bett mit Elefantenkopfskulpturen und scharlachrotem Samt. Luxusgüter, nackte Frauen und muskulöse Sklaven werden wie von einem starken Strudel mitgerissen; im Hintergrund lodern bereits die Flammen.

Die unruhige Farbgebung – Blutrot, denn hier wird Blut vergossen, daneben steht ein intensives Gelb – und die Komposition schockierten die Anhänger akademischer Schönheit und neoklassischer Tugend.

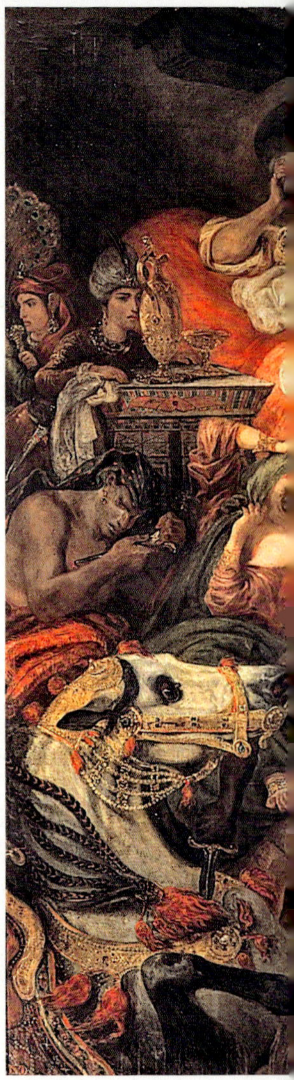

Weitere wichtige Werke
Das Massaker von Chios, 1824; ***Die Freiheit führt das Volk,*** 1830
Die Frauen von Algier, 1834, alle: Paris, Musée du Louvre

FARBE IN DER ROMANTIK **S. 29** ROT **S. 46** GELB **S. 47**

EUGÈNE DELACROIX (1798–1863)

Delacroix war ein Künstler voller Widersprüche. Er irritierte seine Zeitgenossen zwar mit dem gewagten Aufbau und dem freien Stil seiner Gemälde, blieb jedoch der Tradition verhaftet. Seine Werke, die er auf dem Pariser Salon ausstellte, fielen auf und so erlangte er bald Bekanntheit. Er stand der Romantik nahe und stellte oft literarische Themen dar, wobei er sich in Sachen Farbe von renommierten Künstlern wie Tizian, Veronese und dann Rubens inspirieren ließ. Später erhielt er große Aufträge für dekorative Bilderzyklen.

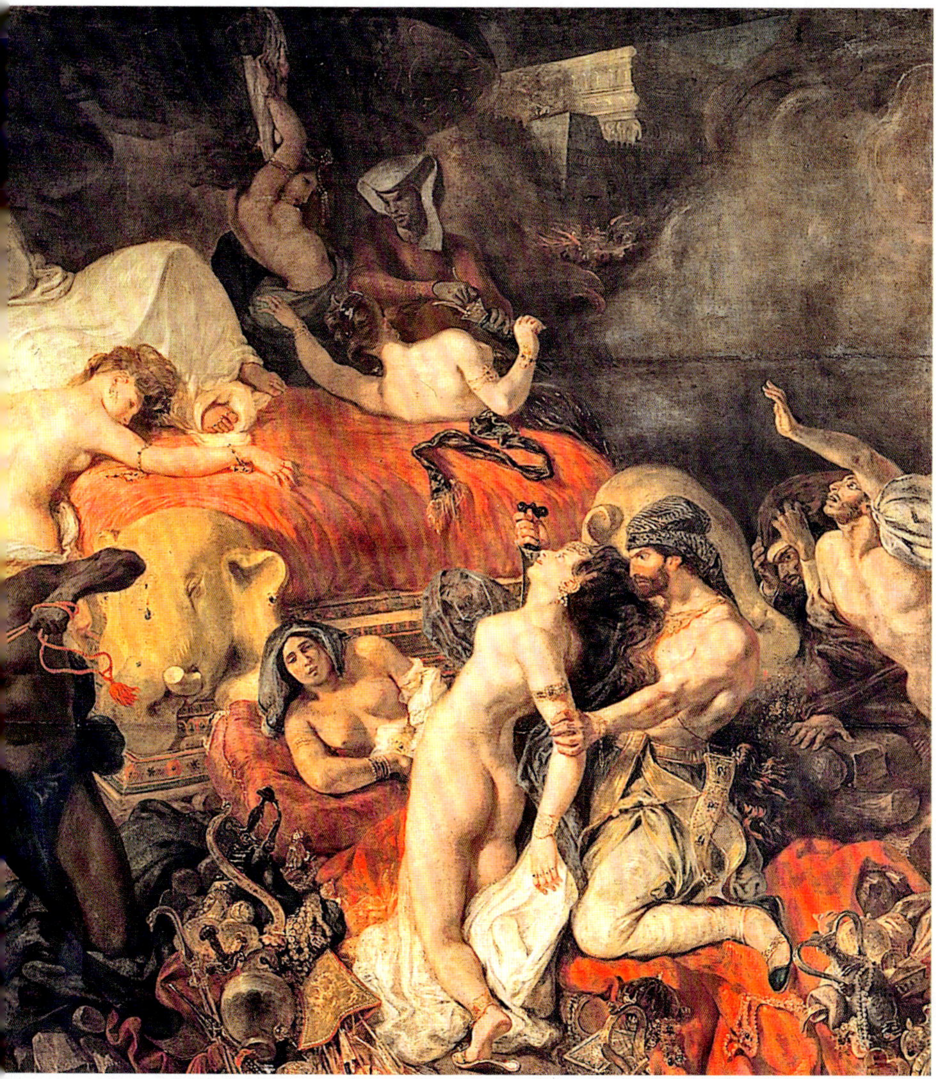

Licht und Farbe (Goethes Farbenlehre)

1843

JOSEPH MALLORD WILLIAM TURNER • ÖL AUF LEINWAND • 78,7 × 78,7 CM • LONDON, TATE

JOSEPH MALLORD WILLIAM TURNER (1775–1851)
Turner war einer der größten englischen Künstler. Berühmt für seinen Umgang mit Farbe, Licht und Pinselduktus, galt er als Vorläufer des Impressionismus, auch wenn all seine Landschaftsmalereien im Atelier entstanden sind. Auf seinen zahlreichen Reisen fertigte er Skizzen an, die später als Grundlage für seine Gemälde dienten. Ab etwa 1820 verdichteten seine immer innovativeren Landschaften sich atmosphärisch, sie umfassten eine große Spanne an suggestiv wirkenden Farben, die durch die zuvor aufgetragene weiße Grundierung eine große Strahlkraft entfalteten.

Wie aus dem Werktitel schon hervorgeht, bezog Turner sich bei diesem Gemälde auf Goethes Schrift *Zur Farbenlehre* (1810), die ihm in der englischen Übersetzung vorlag. Der deutsche Gelehrte entwickelte darin eine Theorie zu einer Idee aus dem 18. Jh., nämlich den Gegensatz zwischen den warmen, aktiven Farben, den Rot-, Orange- und Gelbtönen, und den kalten, passiven Farben, den Grün-, Blau- und Violetttönen. Auf diesem Gemälde hier herrschen warme Farbtöne vor – und auf seinem Gegenstück *Shade and Darkness: The Evening of the Deluge (Schatten und Dunkelheit: Der Abend vor der Sintflut)* (1843, London, Tate) kalte Farben. Turner wollte ein Gleichgewicht zwischen Schatten und Licht schaffen, jedoch gab er sich nicht der Illusion hin, dass dieses auch gelänge. Darauf deuten seine Verse hin, die die beiden Bilder 1843 in der Ausstellung in der Royal Academy in London begleiteten: Glanz sei vergänglich, „kurzlebig wie eine Eintagsfliege,/ die sich in den Himmel schwingt, flattert, sich vermehrt und dann stirbt."

In einer regelrechten Lichtexplosion feiert die zentrifugale Komposition die Verbindung Gottes mit dem Menschen nach der Sintflut. Pate standen hier vielleicht die vielen römischen Kuppelgemälde, die Turner gesehen hatte, in denen Moses die Genesis schreibt. Die Bronzeschlange, von Moses gegen die Pest eingesetzt, steht hier für Erlösung – ansonsten steht sie in Turners Werken für das Böse. Aus dem unteren Rand erheben sich blasse Figuren, die gegen die Finsternis kämpfen.

Weitere wichtige Werke
The Fighting Temeraire, 1838, London, National Gallery
Sklavenschiff, 1840, Boston, Museum of Fine Arts
Norham Castle, Sunrise, 1845, London, Tate

KONTRASTE **S. 25** PRIMÄR- UND KOMPLEMENTÄRFARBEN **S. 27** IMPRESSIONISMUS UND FREILICHTMALEREI **S. 32**
ROT **S. 46** GELB **S. 47** ORANGE **S. 50**

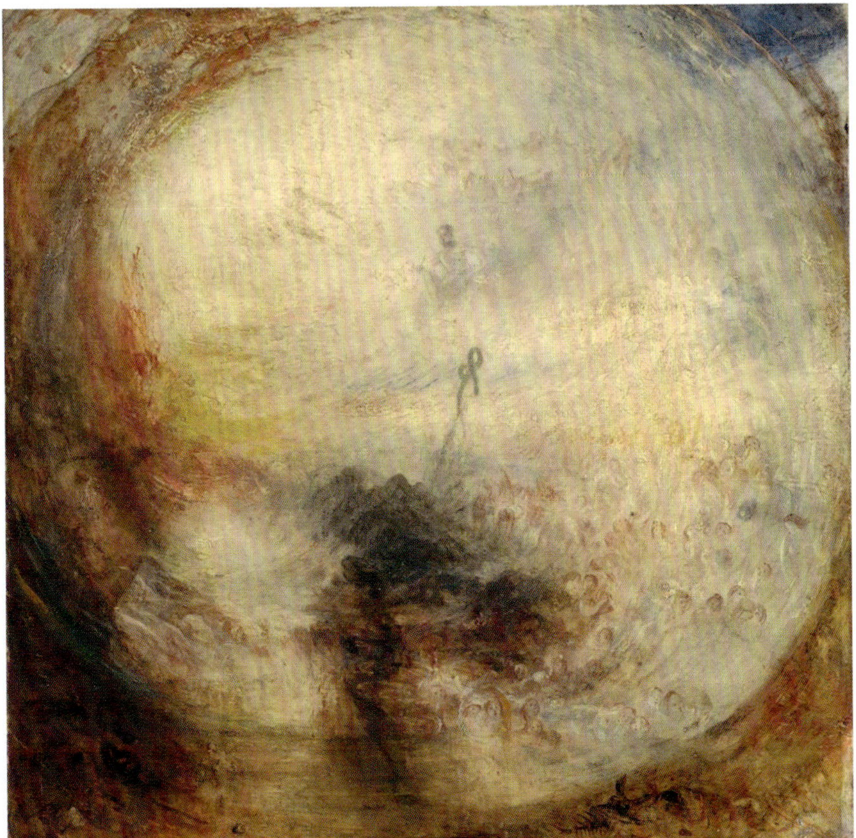

Raijin (Donnergott)

1847

HOKUSAI • TINTE UND FARBE AUF PAPIER • 126,9 × 53,8 CM • WASHINGTON, NATIONAL MUSEUM OF ASIAN ART

Weitere wichtige Werke
Die große Welle vor Kanagawa,
um 1830–1832
Feiner Wind, klarer Morgen,
um 1830–1832
Fischer bei Kajikazawa,
um 1830–1832, alle: New York, The Metropolitan Museum of Art

Gegen Ende seines Lebens widmete sich der Maler und Graveur Hokusai einer ergreifenden Darstellung des Gottes *(kami)* Raijin, der in der japanischen Mythologie seit mindestens dem 14. Jh. als Herr über Blitz und Donner gilt. In einer schwarzen Wolke, die teilweise aufgespritzt wurde und die Unbändigkeit des Gewitters darlegt, erscheint der feuerrote Körper der Gottheit. Mit einer Trommel, die er mit Schlagzeugstöcken bearbeitet, erzeugt Raijin Donnergrollen. Um ihn herum zucken scharlachrote Blitze: Im Japanischen bedeutet das Wort „rot" *(aka)* auch „Helligkeit". Das unheimliche Aussehen des Gottes wird noch verstärkt durch seine muskulöse Erscheinung, seine mit Brandblasen übersäte Haut, die diabolischen Krallen an Füßen und Händen sowie sein boshaftes Grinsen.

Der Kontrast von Rot zu Schwarz und Grau beherrscht das gesamte Gemälde. Die von der dezentralen, sich windenden Komposition ausgehende Energie drückt die Dynamik der störenden Unruhe, die Naturphänomene wie Donner, Blitze und ihre Einschläge sowie Regen und Sturm nun einmal auslösen, ganz hervorragend aus. Im Shintoismus und im Buddhismus gilt Raijin mal als negatives, mal als positives Symbol, so wie auch ein Gewitter ein instabiles, nicht zu fassendes Phänomen ist. Als Schutzherr der Tempel beschert er den Bauern Regen, mitunter aber auch Unwetter und die damit verbundenen Schäden. Diese Ambiguität drückt Hokusai auch mit seiner Farbgebung aus: Rot für Vitalität und Energie, Schwarz für Zerstörung.

HOKUSAI (1760–1849)
Hokusai ist der bekannteste japanische Künstler des 19. Jh. und außerdem der produktivste: 13 500 Bildtafeln, 3000 Holzschnitte und 1000 Gemälde umfasst sein Lebenswerk. Seine Holzschnitte faszinierten Künstler im Orient und im Okzident, denn sie zeichneten sich durch Realismus und eine harmonische, dekorative Farbgestaltung aus. Hokusai nutzte mineralische und pflanzliche Pigmente (Bleioxid, Safran, Indigo, Austernschalenpulver usw.).

LOB DES SCHATTENS IN JAPAN **S. 30** SCHWARZ **S. 44** ROT **S. 46** GRAU **S. 54**

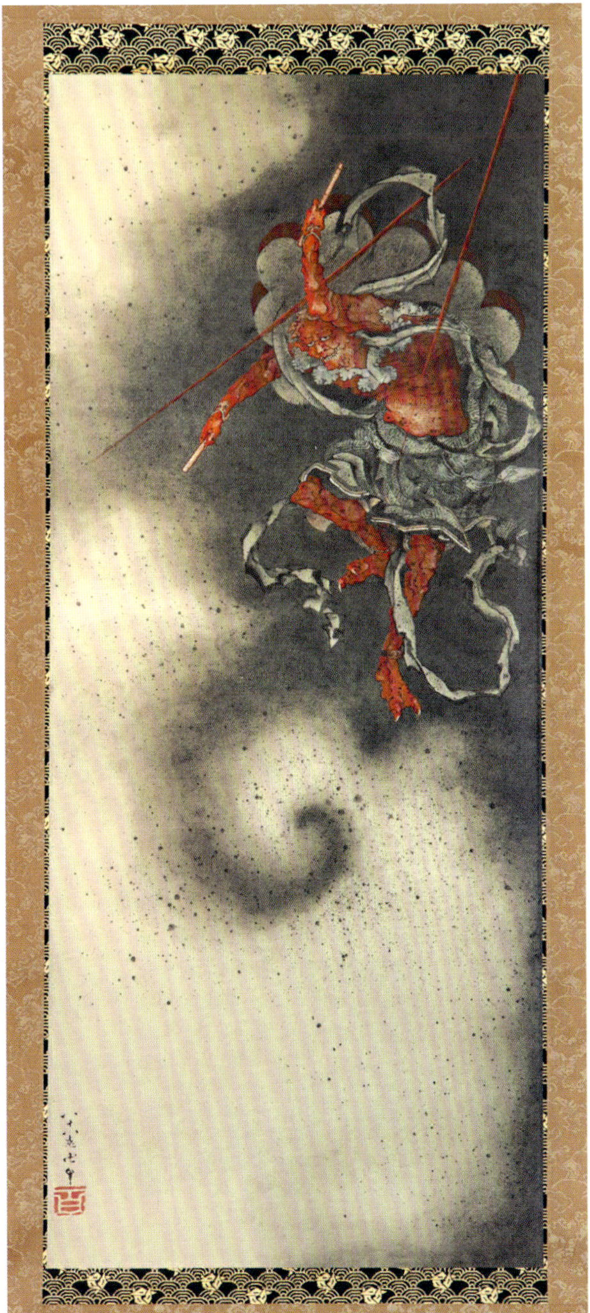

FARBIGE DRUCKGRAFIK S. 208

Olympia

1863

ÉDOUARD MANET • ÖL AUF LEINWAND • 130,5 × 191 CM • PARIS, MUSÉE D'ORSAY

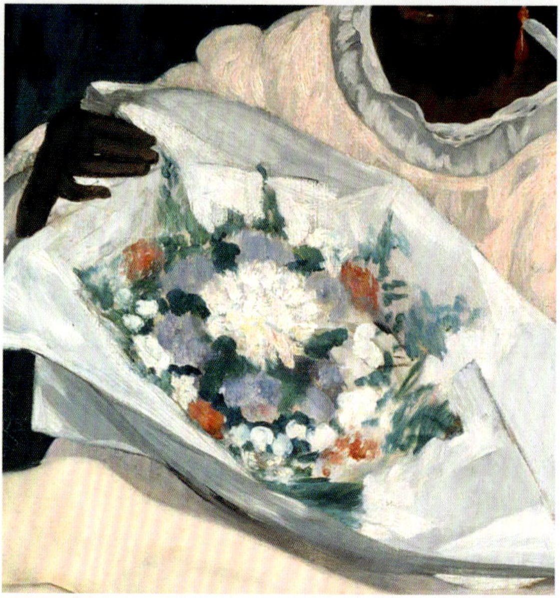

Der bunte, leicht verschwommen gemalte Blumenstrauß schürte den Skandal noch weiter, den bereits der vermeintlich hemmungslose Blick Olympias bei Publikum und Kritikern ausgelöst hatte. Er ist mutmaßlich das Geschenk eines Freiers und somit Beweis genug, dass die dargestellte Frau eine fürstlich ausgehaltene Lebedame ist.

Weitere wichtige Werke
Das Frühstück im Grünen, 1863, Paris, Musée d'Orsay
Der Balkon, 1868–1869, Paris, Musée d'Orsay
Bar in den Folies Bergère, 1881–1882, London, Courtauld Institute of Art

Édouard Manet übernahm 1863, im Paris des Zweiten Kaiserreichs, ein Bildthema der Renaissance, den liegenden weiblichen Akt, aber nicht wie traditionell üblich als überhöhte Göttin, sondern als realistisch dargestellten Körper einer jungen Prostituierten. Als das Gemälde zwei Jahre später auf dem Pariser Kunstsalon ausgestellt wurde, löste es einen Skandal aus. Nicht die Nacktheit des Modells Victorine Meurent (1844–1927) war der Stein des Anstoßes, sondern die Art, wie sie dargestellt war, nämlich ohne mythologisch oder literarisch inspirierten Hintergrund und mit einem direkten, schamlosen Blick. Damalige Betrachter waren an idealisierende Formen gewöhnt, z. B. die glatten, drallen, perlmuttfarbenen Venuskörper von Alexandre Cabanel (1823–1889). Die

IMPRESSIONISMUS UND FREILICHTMALEREI S. 32

meisten Kritiker empörten sich, darunter auch Jules Claretie in der Zeitschrift *L'Artiste* (15.5.1865): „Wer ist denn diese Odaliske mit dem gelben Bauch, dieses irgendwo aufgelesene scheußliche Modell soll Olympia darstellen? Olympia? Welche Olympia? Eine Kurtisane zweifelsohne. Man kann Herrn Manet gewiss nicht vorwerfen, törichte Jungfrauen zu idealisieren, er macht aus ihnen schmutzige Jungfrauen."

Was unser Auge heute gar nicht als schlimm wahrnimmt – diese „gelbe" und „schmutzige" Haut –, war für den Betrachter jener Zeit ein Schock. Théodore Duret verteidigte Manet und erklärte, warum die innovative Herangehensweise an Farbe und Licht auf Ablehnung stieß: „Den Schatten als ewigen Gegenspieler des Lichts gab es nicht mehr. Manet malte Hell auf Hell. Die Teile, die andere in den Schatten gestellt hätten, wurden von ihm zwar in weniger lebhaften Farbtönen gemalt, kamen aber immer noch gut zur Geltung. Das gesamte Gemälde war Farbe." *(Die Impressionisten,* deutsche Fassung 1909).

ÉDOUARD MANET (1832–1883)

Manet ist ein Mythos der Kunstgeschichte und der Moderne. Er war ein Anhänger des „Realen" und erfand die Malerei in gewisser Weise neu: Bemühen um Realismus, Desinteresse am letzten Schliff, großflächig aufgetragene, kontrastreiche Farben, mitunter dunkel umrandet, weder Farbmodulation noch -perspektive. Durch diese Umwälzungen in der Ästhetik ebnete er dem Impressionismus den Weg, auch wenn er selbst noch nicht dazu zählt.

Die zerwühlten Bettlaken im unteren Teil des Gemäldes sind ein Meisterstück der Malkunst. Nuancen aus Grau, Blau, Gelb und sogar Braun sorgen für die recht eindeutigen Falten im trotz allem weißen Stoff.

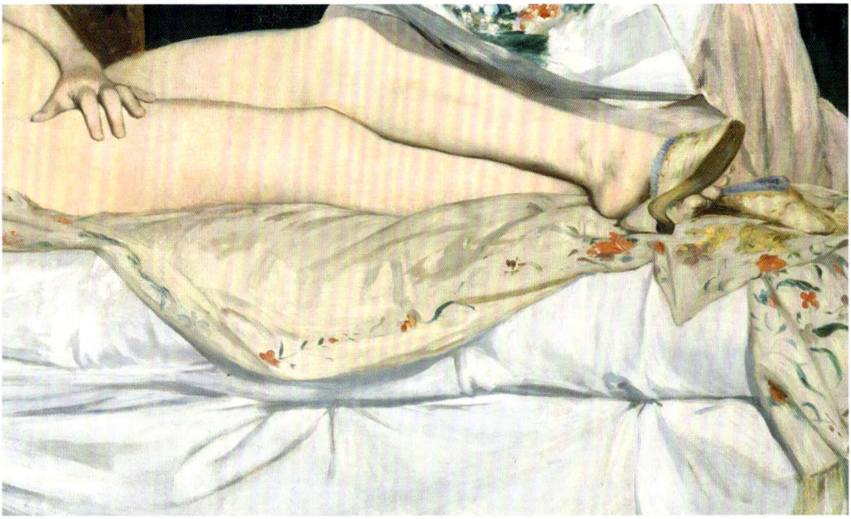

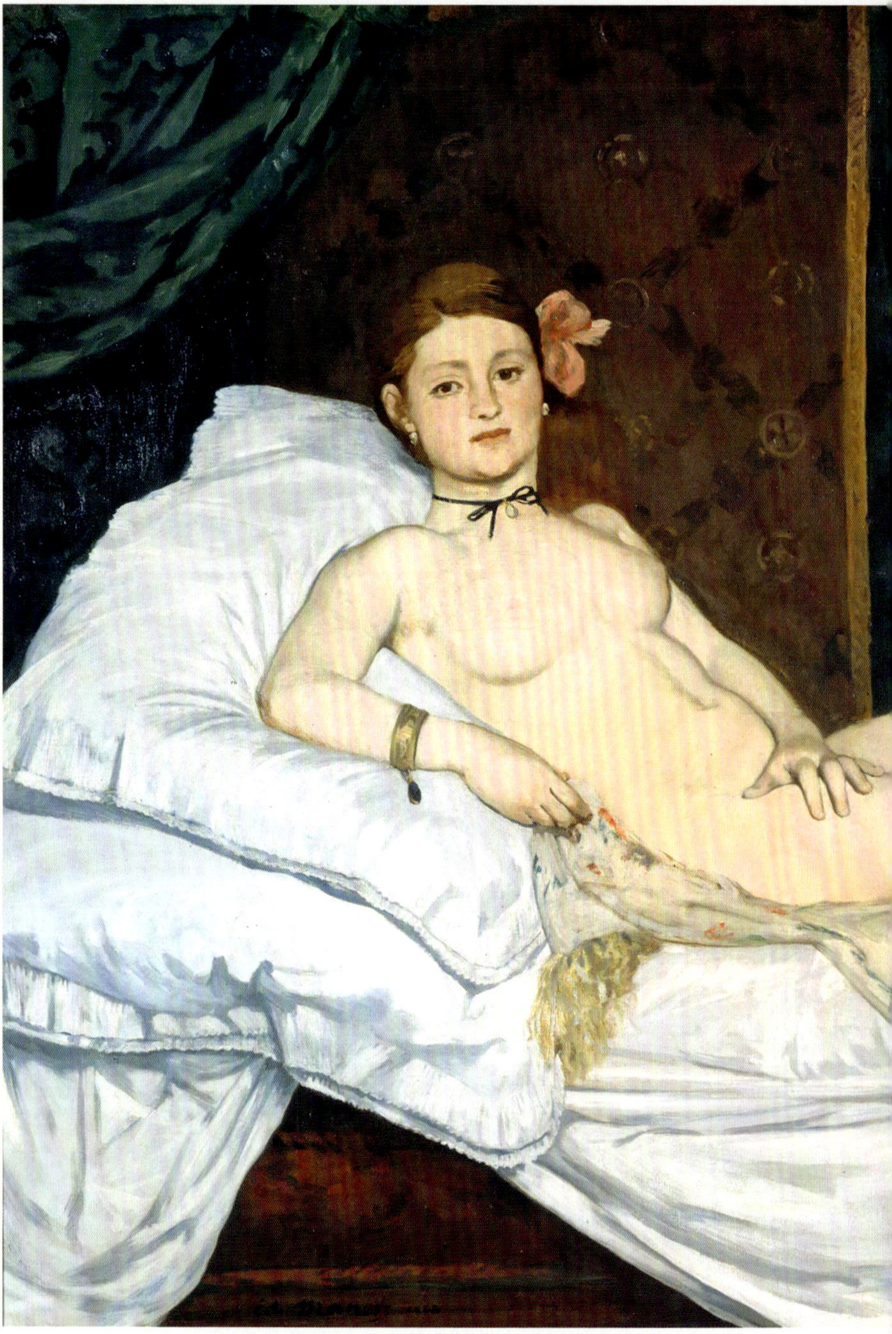

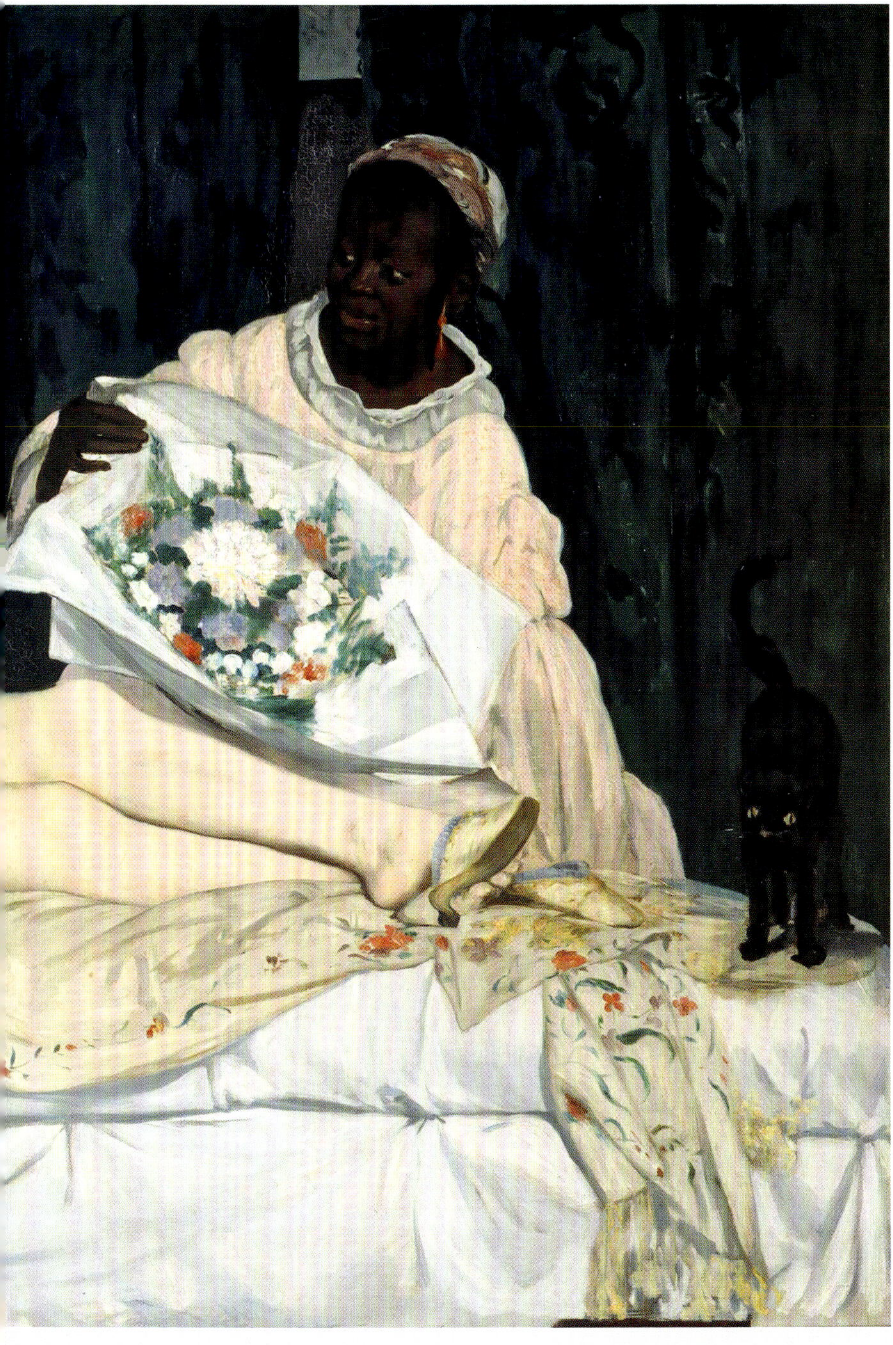

Symphony in Flesh Colour and Pink: Portrait of Mrs. Frances Leyland

1871–1874

JAMES ABBOTT MCNEILL WHISTLER • ÖL AUF LEINWAND • 195,9 × 102,2 CM • NEW YORK, THE FRICK COLLECTION

JAMES ABBOTT MCNEILL WHISTLER (1834–1903)
Der gebürtige Amerikaner Whistler lebte und arbeitete hauptsächlich in London und Paris. Er stand zunächst den Präraffaeliten nahe, später den Symbolisten, nutzte diverse Techniken und entlehnte seine Motive unter anderem der Renaissance und der japanischen Kunst. Farbe war ihm wichtiger als das Motiv. Sie war sozusagen ein poetisches Mittel, um Harmonie zu erreichen. Ganz im Sinne der Synästhesie verwandte er oft Vokabeln aus der Musik („Sinfonie", „Arrangement", „Nocturne/Notturno" usw.). Um die Wirkung seiner Farben zu verstärken, trug er eine helle, entweder gelbe oder weiße, Grundierung auf seine Leinwände auf. Seine großen Goldrahmen bemalte er selbst.

James Abbott McNeill Whistler betitelte seine Werke gern mit Farbbezeichnungen. Hier brachte er unter dem musikalischen Titel „Sinfonie" ein harmonisches Farbspiel aus Fleisch- und Rosatönen zum Schwingen.

Im Herbst 1871 bestellte der Reeder Frederick R. Leyland, einer der Hauptmäzene des Künstlers, ein Porträt seiner Gattin Frances Dawson Leyland (1834–1910) bei ihm. Whistler wählte eine ungewöhnliche Komposition, denn die junge Frau drehte ihm fast zu drei Vierteln den Rücken zu. Durch diese Ausrichtung rückte er das fließende Kleid in den Mittelpunkt seines Werkes. Das Gesicht des Modells, im Profil, wie zu Zeiten der italienischen Hochrenaissance, zieht den Blick des Betrachters erst beim zweiten Hinsehen auf sich.

Das Kleid hatte Whistler selbst entworfen, es trägt Merkmale eines Kimono und eines mittelalterlichen Gewandes. Die dunkleren aufgestickten Blumen kommunizieren mit dem zu einem dicken Knoten hochgesteckten Haar, die hellen mit Kirschblüten, eine weiterere Anlehnung an die japanische Kultur. Das Format der Leinwand erinnert an ein *kakemono,* jenes hochformatige japanische Wand-Rollbild aus Papier oder Seide. Die Rosa- und Beigetöne wirken ausgleichend und heben die Lebendigkeit der Haarfarbe hervor. Selbst das Signaturemblem des Künstlers, ein Schmetterling mit ausgebreiteten Flügeln (rechts), ist in diesen Farbtönen gehalten.

Weitere wichtige Werke
Arrangement in Grey and Black N° 1, 1871, Paris, Musée d'Orsay
Nocturne in Blue and Gold: Old Battersea Bridge, 1871–1875, London, Tate
Harmony in Blue and Silver: Trouville, 1865, Boston, Isabella Stewart Gardner Museum

BRAUN **S. 52** ROSA **S. 53**

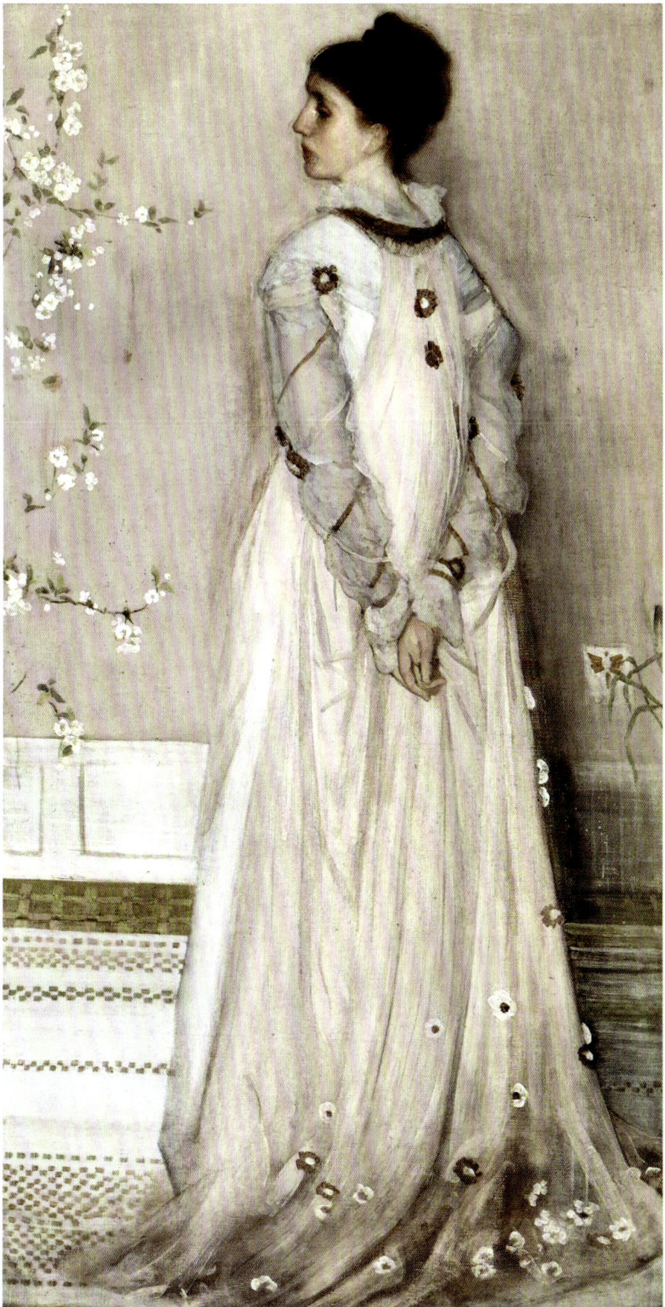

GRUNDIERUNG UND FIRNIS **S. 206**

Kachina-Puppe: Angwusnasomtaka (Krähenmutter)

19. Jh.

HOPI-VOLK • BEMALTES HOLZ, BAUMWOLLFÄDEN • 16 × 5,3 × 4,7 CM • PARIS, MUSÉE DU QUAI BRANLY-JACQUES CHIRAC

Das Volk der Hopi lebt in den USA in einem Gebiet zwischen Arizona, Utah, Colorado und New Mexico. Mit *kachina* bezeichnen sie einen Geist, der in ihrem Alltag, bei Zeremonien und Ritualen präsent ist und sie moralisch leitet, als Fürsprecher agiert für Vergangenes, Mittler für die Götter ist und es auch regnen lassen kann. Für ihre Tänze verkleiden und maskieren sich die Hopi als diese Geister.

Es gibt ungefähr 250 unterschiedliche Arten von *tithu*-Statuetten, die oft auch als „Kachina-Puppen" bezeichnet werden, wobei dieser Name nicht ganz korrekt ist. Sie verkörpern diese Geister und dienen der spirituellen Initiation der Kinder. Jede Art hat ihren eigenen Namen und eigene Farben. Die antiken *tithu* sind geometrischer als spätere Artefakte aus den ersten Jahrzehnten des 20. Jh.

Die von den Hopi verwendeten Farben, hier mineralische und pflanzliche Pigmente, stehen für die vier Himmelsrichtungen. Auch Herkunft, Funktion und Gruppe der *kachina*-Puppe können anhand der Farbe bestimmt werden: Hier beispielsweise weist Schwarz auf *nadir* (die Richtung vom Zenit zum Erdzentrum), Rot auf den Süden oder Südosten und Weiß auf den Norden oder Nordosten hin. Blau oder Grün steht für Westen oder Südwesten, Gelb für Norden oder Nordwesten und alle Farben für den Zenit (der Himmel und darüber hinaus).

Diese Puppe wurde vor 1885 gefunden. Ihre schematische Silhouette (flacher Körper und minimalistische Gesichtszüge) ist für antike Modelle typisch. Sie war für Kinder bestimmt und stellt Angwusnasomtaka, die „Krähenmutter", Mutter aller *kachina*, dar. Man erkennt sie an ihrer schwarzen geometrischen Gesichtsform und ihren vorne liegenden Händen. Sie taucht vor allem im Februar während der Powamu-Zeremonie (Bohnentanz) auf und führt die jungen Knaben in die Riten ein.

SCHWARZ **S. 44** WEISS **S. 45** ROT **S. 46** GELB **S. 47** BLAU **S. 48** GRÜN **S. 49**

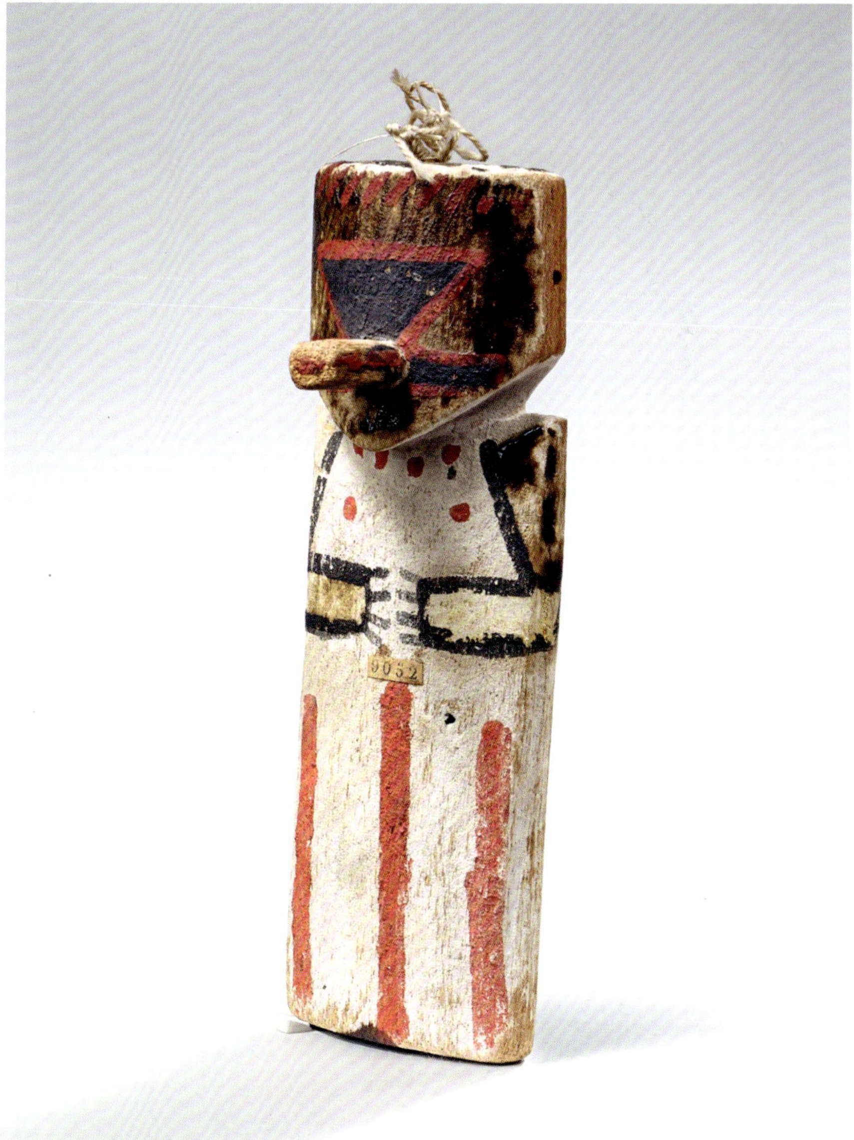

NATÜRLICHE UND SYNTHETISCHE PIGMENTE S.190

Impression, Sonnenaufgang

1872

CLAUDE MONET • ÖL AUF LEINWAND • 48 × 63 CM • PARIS, MUSÉE MARMOTTAN MONET

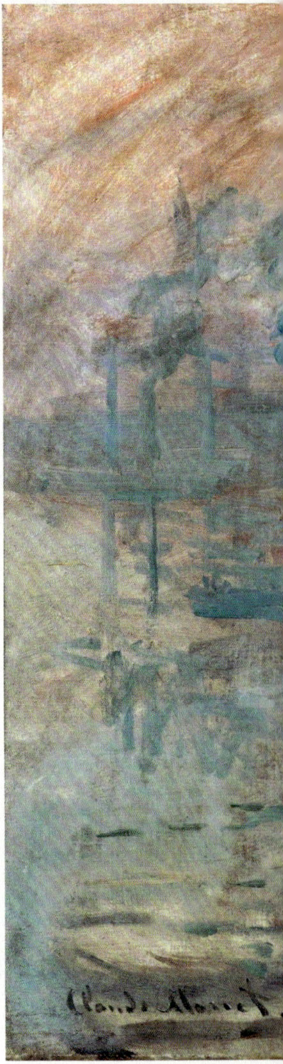

Im Jahre 1872 malte Claude Monet dieses Bild. Der Journalist Louis Leroy machte sich über den Titel lustig und nannte Monet in seinem Artikel in der Zeitschrift *Le Charivari* (25.4.1874) ironisch einen „Impressionisten", denn er sei ohne Frage beeindruckt (frz. *impressionné)* gewesen, daher müsse wohl Impression im Bild sein. Paradoxerweise blieb der Begriff „Impressionist" hängen und etablierte sich. Impressionismus bezeichnete von da an eine der innovativsten Stilrichtungen in der modernen Kunst, die später auch bei einem breiten Publikum sehr beliebt wurde.

Das Gemälde zeigt ein Fischerboot bei Le Havre in der Morgendämmerung; im dunstigen Hintergrund sieht man Schiffsmasten, Hafenkräne und rauchende Schornsteine. Monets Zeitgenossen verwirrte sein ungewöhnlicher Stil. Der Künstler drückte mit einer sehr freien Bildkomposition und der unkonventionellen Farbauswahl die Flüchtigkeit eines Sonnenaufgangs aus. Orangetöne erhellen den Himmel und der Farbauftrag für die Luft und das lilafarbene Meer mit einigen grünen Spitzen verschwimmen ineinander. Das Bild kündigt bereits die vielfältigen Farbexperimente der Impressionisten in den 1870er und 1880er Jahren an. Doch Monet ließ sich auch von älteren Werken inspirieren, beispielsweise von William Turners Meeresansichten (um 1830), die ebenfalls diffus und farbenfroh waren.

Weitere wichtige Werke
Mohnfeld bei Argenteuil, 1873, Paris, Musée d'Orsay
Seerosenteich, 1899, New York, The Metropolitan Museum of Art
Das Parlament in London bei Sonnenuntergang, 1903, London, National Gallery

IMPRESSIONISMUS UND FREILICHTMALEREI **S. 32** GRÜN **S. 49** ORANGE **S. 50** VIOLETT **S. 51**

CLAUDE MONET (1840–1926)

Monet wird als Wegbereiter der Impressionisten betrachtet und war einer der ersten Künstler, die den Schwerpunkt in der Malerei auf ihre rein subjektive Sichtweise und Empfindung legten. Er arbeitete mit Licht- und Farbeffekten, die durch den Malmittelauftrag auf Leinwand sehr lebhaft zur Geltung kamen. Er liebte es, draußen zu malen, weil er dadurch den Wechsel der Jahreszeiten und Wetterphänomene mit reinen Farben direkt aus der Tube einfangen konnte.

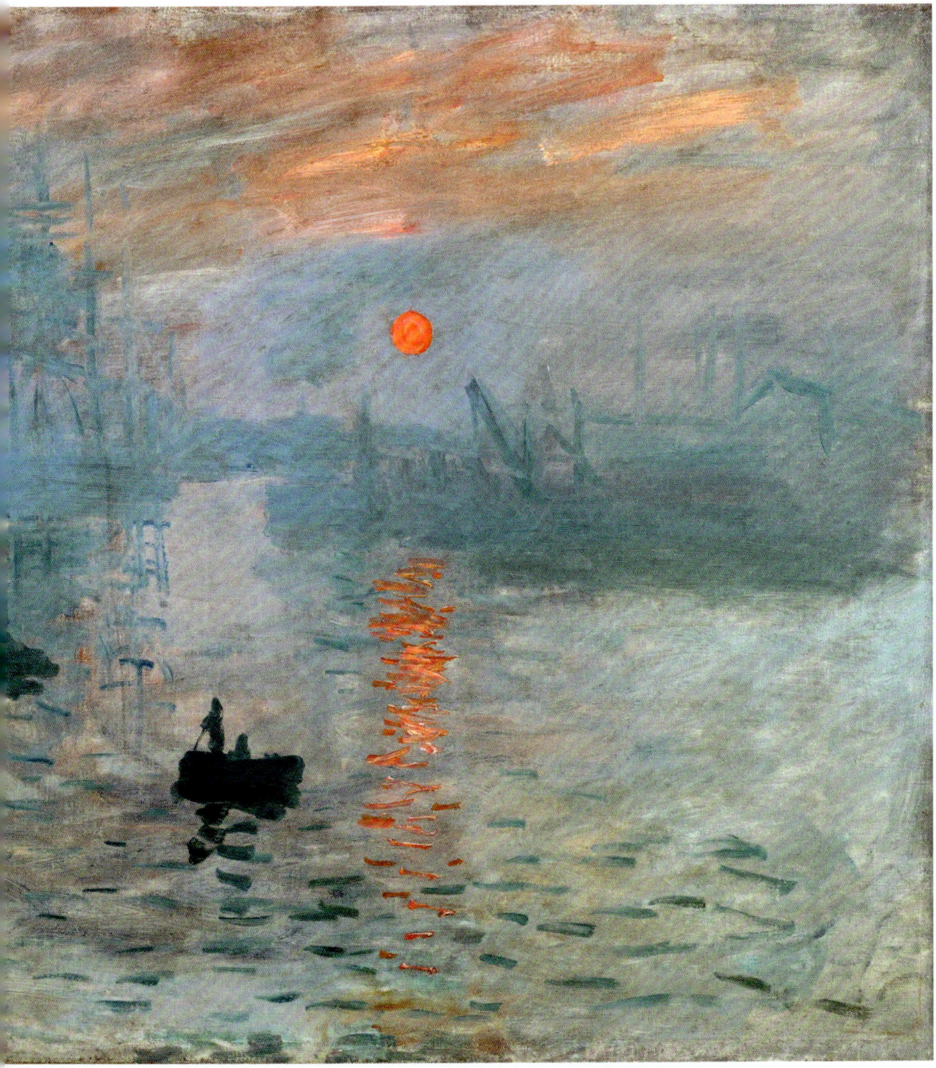

FARBE IN WEICHEN TUBEN **S. 204**

Champ aux iris près d'Arles (Irisfeld bei Arles)

1888

VINCENT VAN GOGH • ÖL AUF LEINWAND • 54 × 65 CM • AMSTERDAM, VAN GOGH MUSEUM

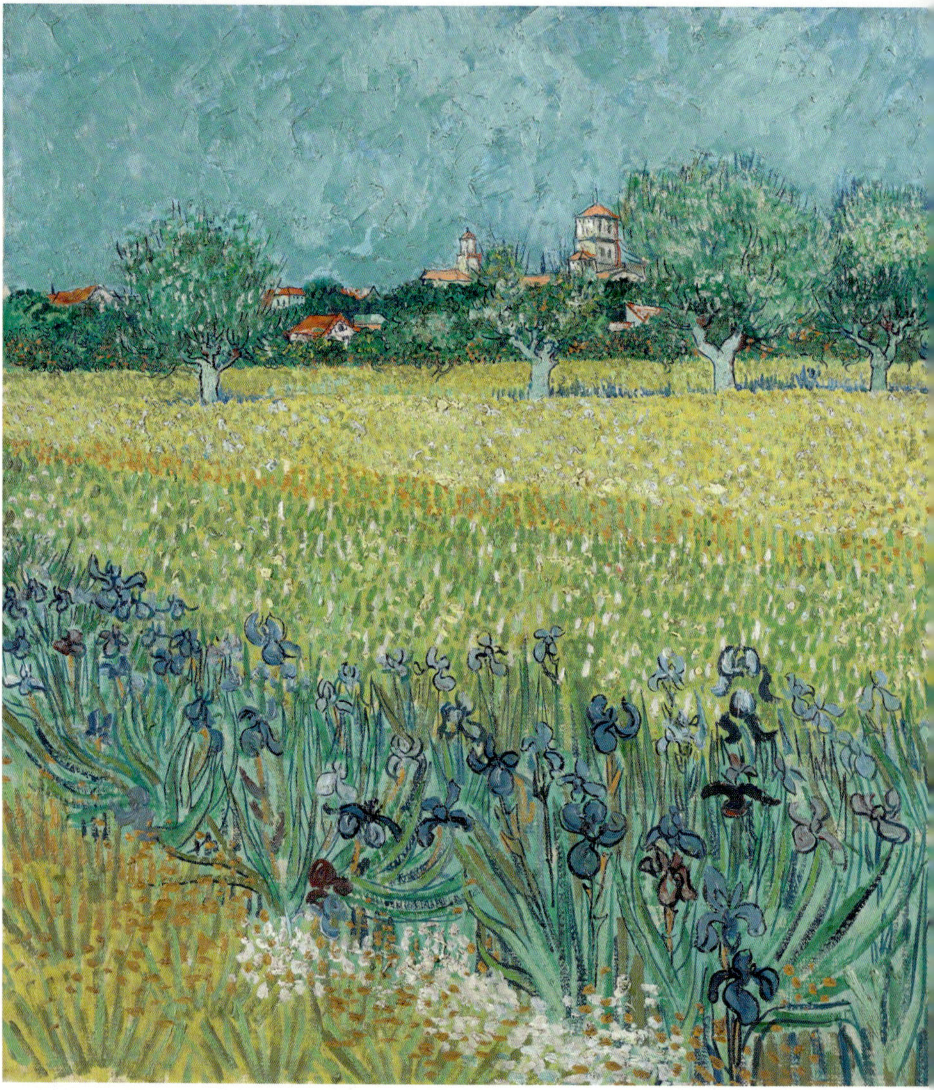

IMPRESSIONISMUS UND FREILICHTMALEREI **S. 32** GELB **S. 47** BLAU **S. 48** GRÜN **S. 49** ORANGE **S. 50** VIOLETT **S. 51**

VINCENT VAN GOGH (1853–1890)
Mit 27 Jahren fing van Gogh an zu zeichnen. Zunächst ließ er sich von der Tradition des holländischen Realismus leiten, entdeckte die Werke von Peter Paul Rubens und den japanischen Holzschnitt und wandte sich der Farbe zu. Durch seinen Kontakt zu Camille Pissarro und Paul Signac befasste er sich mit den neuen Theorien zu Farbe und Licht. Von da an wurde seine Farbpalette lebhaft und oft kontrastreich und hatte starken Symbolwert. In seinem Pinselduktus herrschten Wellenlinien vor. Sein Stil kündigte bereits den Expressionismus an.

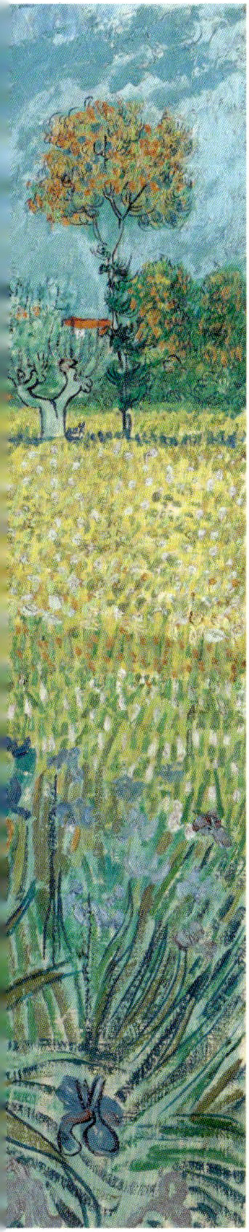

Als Vincent van Gogh im Februar 1888 in Arles ankam, war er überwältigt vom südfranzösischen Licht, was ihn erstaunlicherweise an Japan denken ließ. Als Sammler japanischer Holzschnitte war er von dieser Kunst, ihren frischen Farben, dem flächigen Farbauftrag und den asymmetrischen Kompositionen begeistert. Die überraschende Verschmelzung der Provence mit dem Reich der aufgehenden Sonne tauchte explizit in einem Brief auf, den van Gogh 1888 an den Maler Émile Bernard schrieb: „Das Land kommt mir wegen seiner klaren Luft und seiner fröhlichen Farben genauso schön vor wie Japan. Wasser formt Flecken von schönem Smaragdgrün oder sattem Blau in der Landschaft, so wie wir es auf den Holzschnitten sehen. Sonnenuntergänge in blassem Orange lassen die Böden blau erscheinen. Prachtvolle gelbe Sonnen."

So malte van Gogh im Frühjahr auf dem Land dieses von violetten Iris umrandete Feld. Grün- und Gelbtöne sind vorherrschend auf seiner strahlenden Farbpalette, unterstrichen von Blau und Violett sowie etwas Rotorange – eine Farbe, die man zu van Goghs Zeiten häufiger verwendete als in anderen Epochen. Der Pinselstrich folgt unterschiedlichen Rhythmen, für den Himmel breit, für die Landschaft schwungvoll und eng und für die Blüten wellenlinienförmig und dunkel umrandet. Diese Dynamik wird noch verstärkt durch die schrägen Fluchten, die die Komposition strukturieren. Hier nimmt van Gogh Anleihe beim japanischen Holzschnitt: große farbige Zonen, diagonale Linien und detailreicher Vordergrund.

Weitere wichtige Werke
Sternennacht, 1889, New York, Museum of Modern Art
Vincents Schlafzimmer in Arles, 1888, ***Krähen über Weizenfeld,*** 1890, beide: Amsterdam, Van Gogh Museum

→ FARBIGE DRUCKGRAFIK **S. 208**

Der Zirkus

1891

GEORGES SEURAT • ÖL AUF LEINWAND • 186 × 152 CM • PARIS, MUSÉE D'ORSAY

Der Zirkus war neben *Parade de cirque* (1888, New York, The Metropolitan Museum of Art) und *Can-Can (Le Chahut)* (1889–1890, Otterlo / Niederlande, Kröller-Müller Museum) das dritte und letzte Gemälde einer kleinen Reihe, die Georges Seurat der leichten Unterhaltung widmete. Es stellt den Auftritt einer Kunstreiterin im Zirkus Fernando dar, die als Höhepunkt des Programms galt. Die ungewöhnliche Bildunterteilung geht auf den japanischen Holzschnitt zurück, der damals in Pariser Künstlerkreisen sehr in Mode war. Die Komposition ist von zwei klar voneinander getrennten Bereichen geprägt: die Manege mit ihren Aktionen und der statisch wirkende Zuschauerraum.

Seurat wandte hier seine Methode der Farbunterteilung (Division) an, die er aus der Lektüre wissenschaftlicher Schriften entwickelt hatte. Er folgte optischen Gesetzmäßigkeiten und setzte eine Vielzahl winziger farbiger Punkte eng an eng, die im Blick des Betrachters zu flimmern scheinen. Seine Farbpalette bestand aus Weiß, laut Physiker Isaac Newton die Farbe des reinen Lichts, und den drei Grundfarben Gelb, Rot und Blau. Seurat verband die Farbwissenschaft mit der psychologischen Interpretation von Linien, die die Leinwand ordneten – aufsteigende Linien und Arabesken standen für Freude und Schaffenskraft. So wurde der Eindruck von Dynamik und Energie im Zentrum des Gemäldes noch verstärkt. Die Figuren selbst sind sehr stilisiert dargestellt. Zum Schluss schuf Seurat zunächst eine Umrandung innerhalb der Leinwand, die selbst in einem flachen Holzrahmen steckt, der ebenfalls mit unendlich vielen dunkelblauen Punkten bemalt ist und damit den Farben des Gemäldes noch mehr Ausdruckskraft verlieh.

PRIMÄR- UND KOMPLEMENTÄRFARBEN **S. 27** KUNST UND WISSENSCHAFT **S. 28**
POINTILLISMUS UND ADDITIVE FARBMISCHUNG **S. 33** WEISS **S. 45** ROT **S. 46** GELB **S. 47** BLAU **S. 48**

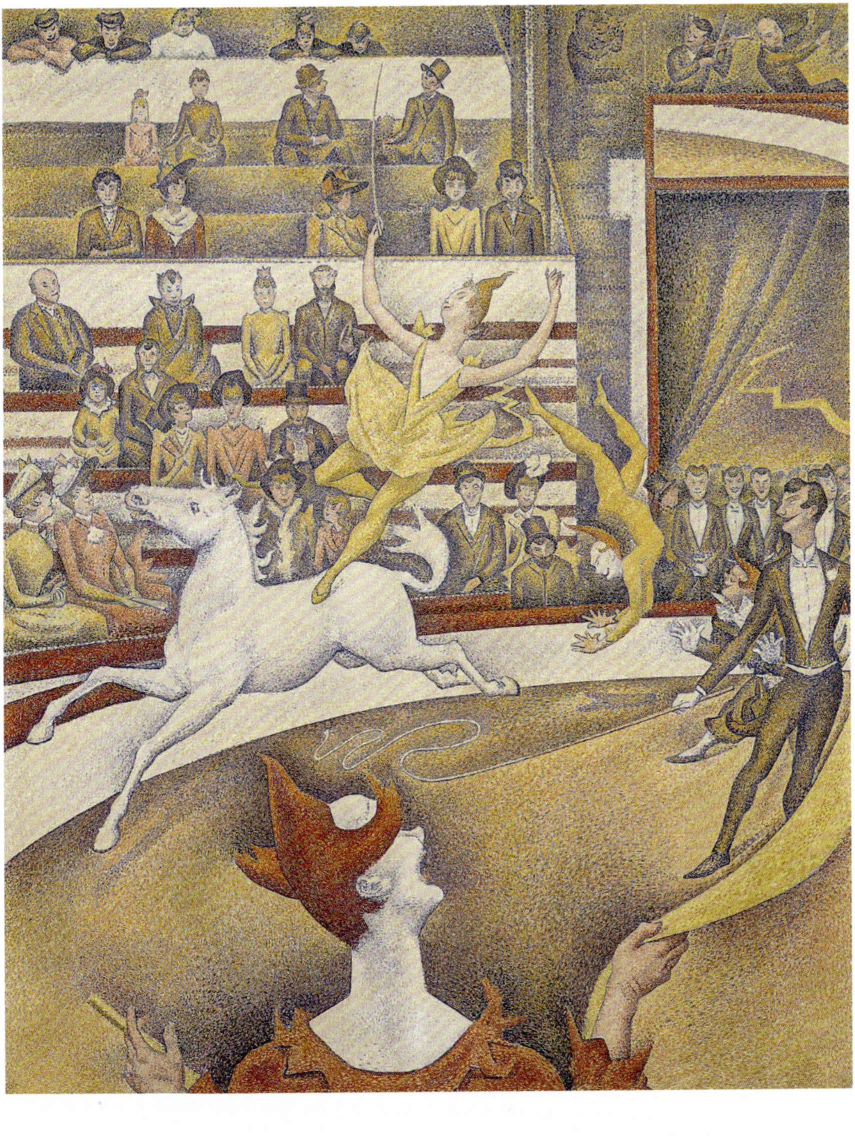

GEORGES SEURAT (1859–1891)
Schon sehr früh las Seurat Texte und Abhandlungen von Kunsthistorikern und Wissenschaftlern, etwa Charles Blanc, Michel Eugène Chevreul, Ogden Rood und Charles Henry, über Farbkontraste und deren Wahrnehmung. Anhand dieser Schriften entwickelte er den Divisionismus (oder auch Pointillismus), der sowohl Methode als auch Stil war. Im Gegensatz zur eher intuitiven Arbeitsweise der Impressionisten malte er sehr präzise Punkte aus reiner Farbe eng an eng, die beim Betrachten, zumal aus einiger Entfernung, miteinander interagierten und sich scheinbar vermischten.

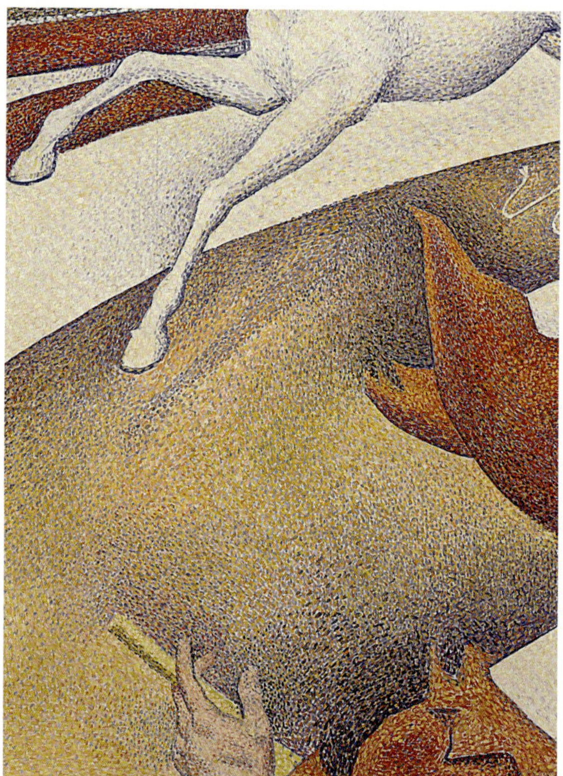

Der Maler gab die Farben direkt in kleinen, eng aneinanderliegenden Punkten auf die Leinwand und erzeugte damit einen starken Kontrast und eine enorme Leuchtkraft.

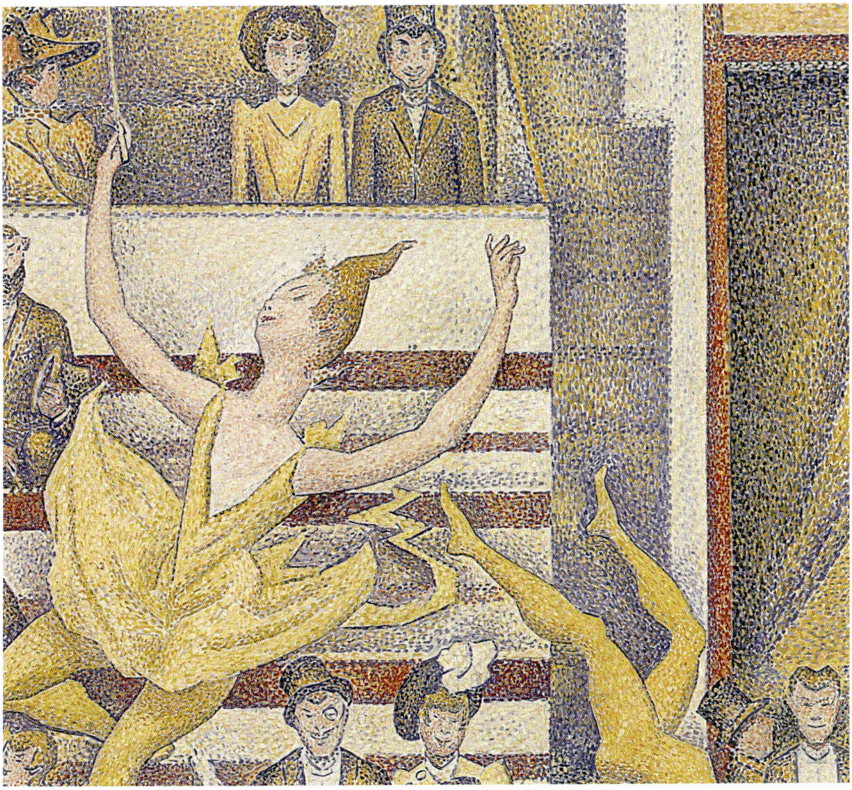

Der Vordergrund mit der gelenkigen Kunstreiterin bildet einen starken Kontrast zu den geraden Linien im Hintergrund.

Weitere wichtige Werke
Eine Badestelle bei Asnières, 1884, London, National Gallery
Ein Sonntagnachmittag auf der Insel La Grande Jatte, 1884–1886, Chicago, The Art Institue of Chicago
Der Eiffelturm, 1889, San Francisco, Fine Arts Museums

Tanz der Staubkörnchen in den Sonnenstrahlen

1900

VILHELM HAMMERSHØI • ÖL AUF LEINWAND • 70 × 59 CM • KOPENHAGEN, ORDRUPGAARD MUSEUM

VILHELM HAMMERSHØI (1864–1916)
Hammershøi gilt als einer der größten dänischen Künstler des auslaufenden 19. Jh. Vier Motive sind vorherrschend in seinen Werken: Menschen, und hier hauptsächlich Akte, Landschaften, Architektur und Interieurs. Letztere sind heute am bekanntesten. Seine Malerei ist kontemplativ und streng mit einer äußerst reduzierten Farbpalette. Eine besondere Vorliebe hegte Hammershøi für das neutrale Grau, das seine Werke geheimnisumwittert erscheinen lässt.

Zwischen 1898 und 1909 lebte Vilhelm Hammershøi mit seiner Ehefrau in einer Wohnung in der Strandgade 30 in Kopenhagen. Auf zahlreichen Gemälden bildet er sein ruhiges Zuhause ab, mitunter mit einer Person, entweder sitzend oder mit dem Rücken zum Betrachter. Sein schlicht dargestelltes häusliches Universum wurde sehr schnell zu einem Hauptmotiv seiner Malerei.

Für die Wiedergabe dieser beschaulichen Atmosphäre wählte der Künstler eine reduzierte Palette von Grau-, Ocker- und Braunschattierungen – seine Lieblingstöne. Er malte mit einem sehr nuancierten, lebendigen Pinselstrich, wodurch der mittels einer Abfolge von vertikalen und horizontalen Linien sehr strukturierte Raum weicher wirkte. Hauptdarsteller ist das durchs Fenster einfallende Sonnenlicht. Gewöhnlich beschränkt sich Hammershøi auf Innenräume, hier jedoch hat er einen Außenbereich miteinbezogen: Hinter dem Fenster erahnt man Dach und Fassade des Nachbarhauses. Helle Lichtreflexe fallen auf Fensterrahmen und Boden und bilden schräge Linien. Diese in einem blassen und doch scheinbar leuchtenden Gelb gehaltenen Zonen öffnen das Zimmer optisch. Die Staubkörnchen in der Luft verleihen den Lichtstrahlen eine sehr intensive, geometrische Stofflichkeit. In diesem Bild gibt es weder eine Anekdote noch eine ikonografische Erzählung. Ganz im Gegenteil wird hier geradezu mystisch ein nüchterner, aber spiritueller Alltag zelebriert.

Weitere wichtige Werke
Innenhof Strandgade 30, 1899, Toledo (Ohio/USA), Toledo Museum of Art
Interieur mit brieflesender Frau, 1900, Stockholm, Nationalmuseum
Selbstporträt in Spurveskjul, 1911, New York, The Metropolitan Museum of Art

WEISS **S. 45** BRAUN **S. 52** GRAU **S. 54**

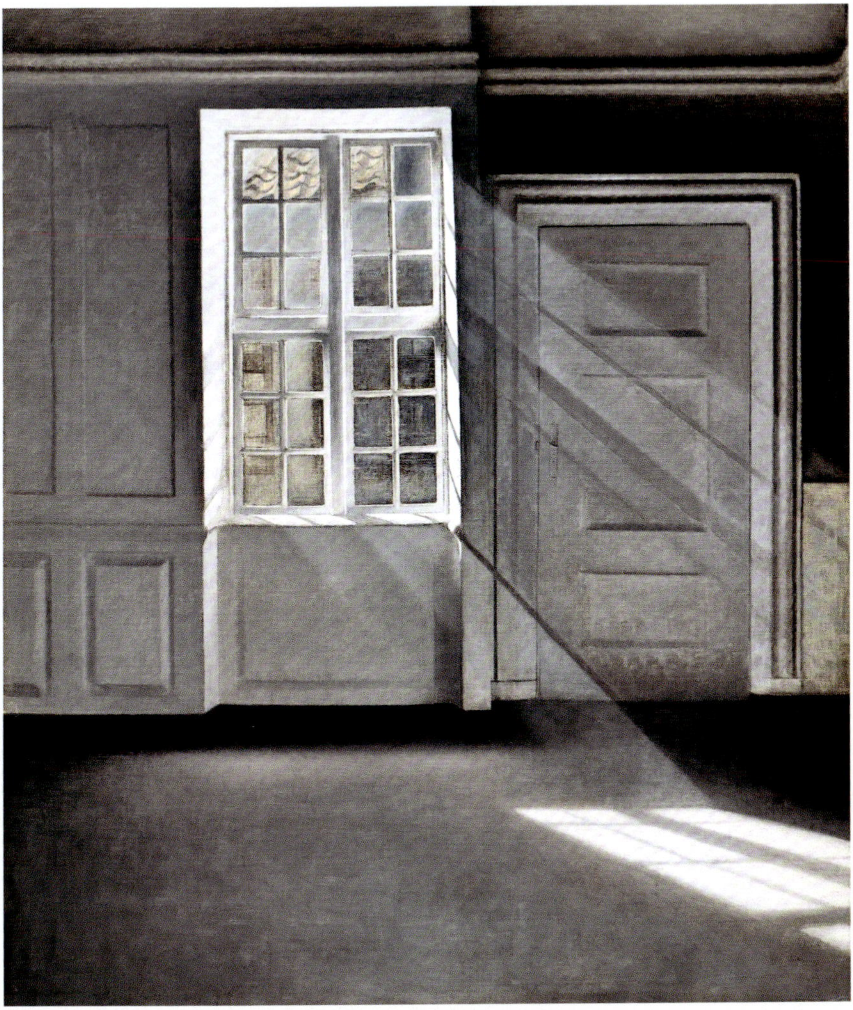

Punu-Maske

19.–20. Jh.

HOLZSKULPTUR, PIGMENTE, KAOLIN • 34,3 × 19,1 CM •
NEW YORK, THE METROPOLITAN MUSEUM OF ART

Weitere wichtige Werke
Punu-Maske, Anfang 20. Jh., Paris, Musée du Quai Branly-Jacques Chirac
Okuyi-Maske, Curitiba (Paraná/Brasilien), Museu Oscar Niemeyer
Punu-Maske, 20. Jh., Amsterdam, Nationaal Museum van Wereldculturen

Die Masken der Punu werden ausschließlich von Männern geschnitzt. Diese bleiben zwar anonym, werden aber von der Bevölkerung als Kunsthandwerker und Ausnahmekünstler betrachtet. Schon am Ende des 19. Jh. war man im Westen sehr angetan von diesen weißen Maskengesichtern, sodass sich auch zahlreiche moderne Künstler in Europa auf die Suche nach primitivistischer Authentizität machten. So besaß Pablo Picasso bereits 1910 ein Exemplar dieser Masken.

Die anthropomorphen Gesichtsmasken der in Gabun lebenden Punu (auch Bapunu) werden aus dem leichten Afrikanischen Mahagoni *(Ricinodendron)* geschnitzt und haben ein mit Kaolin geweißtes Gesicht, auf Stirn und Schläfen eingeritzte Muster und eine schwarze, helmförmige Frisur.

Das in der Sprache der Punu *pembi* genannte Kaolin ist eine rituelle Farbe, mit der sowohl Masken und Statuen als auch die Gesichter der Eingeweihten und Priester für wichtige Zeremonien der Gemeinschaft (Geburten, Begräbnisse, Trauerfeiern, Initiationen usw.) bemalt werden. In ihrem Werk *Punu* (2008) erklären Louis Perrois und Charlotte Grand-Dufay, dass dieses Weiß lange Zeit aus einer Mischung von weißer Tonerde und der Asche menschlicher Knochen gewonnen wurde. In der Gedankenwelt der Punu ruft es die Welt der Geister und der Ahnen an der Quelle des Lebens ins Gedächtnis. Bei einigen Riten wird eine weiße Maske mit Braun oder Schwarz bestrichen und in der Dämmerung als richtende Maske ausgestellt.

Im Allgemeinen haben die Masken weibliche Züge. Sie alle haben mandelförmige Augen, hohe Wangenknochen, einen markanten, häufig geschminkten Mund und sollen so die „Ahnenfrau" darstellen. Sie werden bei Volks- und akrobatischen Tänzen getragen, hier hauptsächlich dem *okuyi*-Tanz, der bei Zeremonien auf hohen Stelzen getanzt wird. Ganz pragmatisch kann der Tänzer, der als *okuyi* nicht sterblich sein darf, mit der Maske seine irdische Identität verschleiern. Nach spirituellen Gesichtspunkten stellen die Masken die Verbindung zwischen der Welt der Lebenden und der Toten her und beschwören Zauberkräfte herauf.

SCHWARZ **S. 44** WEISS **S. 45**

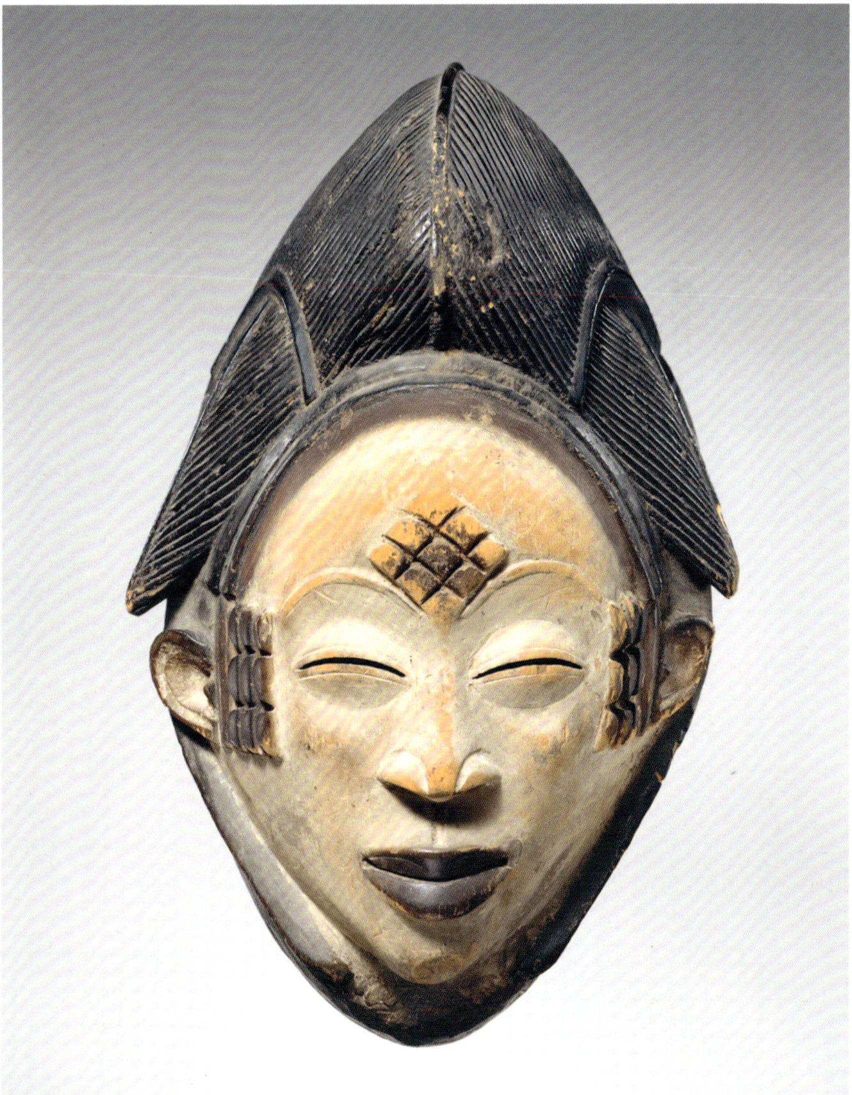

WEISSE PIGMENTE **S. 191** SCHWARZE UND BRAUNE PIGMENTE **S. 196**

La Vie (Das Leben)

1903

PABLO PICASSO • ÖL AUF LEINWAND • 196,5 × 129,2 CM •
CLEVELAND (OHIO / USA), CLEVELAND MUSEUM OF ART

PABLO PICASSO (1881–1973)
Picasso hat die moderne Kunst geprägt und ein umfangreiches und vielfältiges Werk hinterlassen. Mit der „blauen Periode“ (1901–1904), wozu auch *La Vie (Das Leben)* gehört, begann der junge Künstler, seinen Ruf zu festigen. Darauf folgte die sogenannte „rosa Periode“ (1904–1906): Picassos Farbpalette wurde weicher und weniger monochrom – Rosa wurde begleitet von Blau, Rot, Orange, Grün oder Malve. Auch die Ikonografie änderte sich hin zu Kabarett und Zirkus.

Im Jahr 1901 beging Pablo Picassos Mitbewohner und Freund, der Maler Carlos Casagemas (1880–1901), in einem Pariser Café Selbstmord, was den damals 20-jährigen Künstler in eine Depression stürzte. Er begann, an einem seiner heute berühmtesten Werkzyklen zu arbeiten, der sogenannten „blauen Periode“. Der Gemäldezyklus stach durch seine fast monochrom blaue Farbpalette heraus, mit der der Künstler drei Jahre lang arbeitete. In Picassos Augen stand Blau für Melancholie und Tod, aber auch für Nacht und Geheimnis. Er schuf Gemälde, aus denen Elend und soziale Ungleichheit sprachen – Picasso lebte in Montmartre selbst in überaus ärmlichen Verhältnissen.

1903 setzte Picasso mit *La Vie (Das Leben)*, eine allegorische Darstellung der menschlichen Existenz – von der Kindheit bis zum Tod – um, ein seit Monaten gehegtes Projekt, das vielfältig interpretiert wurde. Der junge Mann im Bild trägt Casagemas' Züge. Die junge Frau, die sich an ihn schmiegt, ist vermutlich Germaine Pichot (eigentlich Laure Gargallo / 1880–1948), in die Casagemas unsterblich verliebt war. Die Frau rechts mit einem Baby auf dem Arm ist inspiriert von stolzen Frauen in weiten Tuniken, die Picasso im Gefängnis von Saint-Lazare (Frauengefängnis und Internierungshochburg für Prostituierte) skizziert hat. Im Bildzentrum sind zwei zusammengekauerte Personen zu sehen.

In einer vorbereitenden Skizze hat Picasso zunächst eine Atelierszene mit einem Modellpaar links angelegt, mit einem bärtigen Maler rechts und einer Staffelei in der Mitte. Diese ikonografischen Unterschiede zeigen den Übergang vom anekdotischen Erzählen zur Allegorie. Die Komposition ist ausschließlich in Blautönen gehalten und legt damit einen Schleier von tiefer Traurigkeit über das gesamte Gemälde.

Weitere wichtige Werke
Das Blaue Zimmer, 1901, Washington, The Phillips Collection
Selbstbildnis, 1901, Paris, Musée national Picasso-Paris
Akrobat und junger Harlekin, 1905, Riehen (Basel / Schweiz), Fondation Beyeler

KONTRASTE **S. 25** BLAU **S. 48**

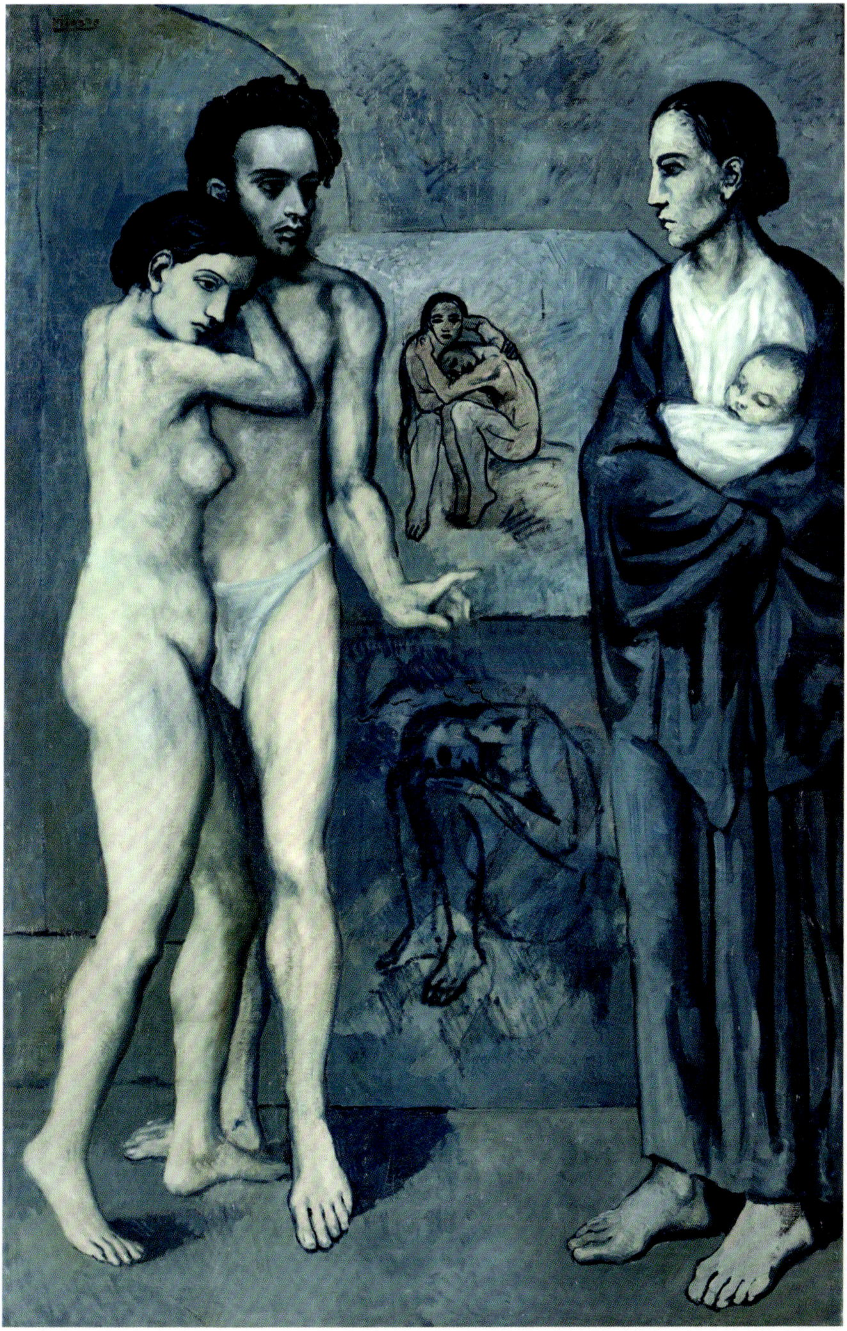

Adele Bloch-Bauer I (Goldene Adele)

1907

GUSTAV KLIMT • ÖL AUF LEINWAND MIT BLATTGOLD- UND BLATTSILBERAUFLAGEN • 138 × 138 CM • NEW YORK, NEUE GALERIE

GUSTAV KLIMT (1862–1918)
Klimt ist die bekannteste Persönlichkeit der Wiener Secession, der ersten Strömung moderner Malerei in Österreich. Mit seinem ausgeprägten Sinn für Ornamentik, die seine Porträts und Allegorien kennzeichnet und die Grenzen zwischen Kunst und Kunsthandwerk verwischt, verwirrte er seine Zeitgenossen. Mutig verschmolz er Erotik und Fremdartigkeit, mit einem Fingerzeig auf die byzantinische und ägyptische Kunst. Er interessierte sich auch für Landschaftsmalerei, interpretierte sie jedoch völlig neu.

Im Jahre 1903 bestellte der Wiener Industrielle und Kunstsammler Ferdinand Bloch-Bauer bei Gustav Klimt ein Porträt seiner Gattin Adele (1881–1925). Im selben Jahr sah der Maler zum ersten Mal die Kirche San Vitale in Ravenna, die für ihre großartigen Goldmosaiken berühmt ist: Diese Entdeckung, ja Offenbarung, hat sein Schaffen nachhaltig beeinflusst.

So bereitete er sich minutiös auf seine Porträtarbeit vor und kombinierte schließlich mehrere Techniken. Gesicht, Haar und Dekolleté, Unterarme und Hände sind naturalistisch und sinnlich mit blassen Ölfarben gemalt, lediglich die etwas kräftigeren Rosatöne für Wangen und Mund heben sich hiervon ab. Kleid und Mantel, der Sessel, auf dem sich das Modell abstützt, sowie der gesamte übrige Raum sind in Gold- oder Silberblattauflagen gearbeitet, mit nur einigen Akzenten in Rot und Indigo, und bilden quasi einen riesigen Schmuckrahmen für die Portätierte. Ein flächiges, dichtes Netz aus Augen-, Dreiecks-, Arabesken-, Kreismotiven und Schraffuren ziert die Bildfläche.

Gold beherrscht die Komposition und verleiht dem Bild Kostbarkeit und Unsterblichkeit. Die Materialqualitäten des Metalls produzieren durch Lichtreflexionen ein geradezu blendendes Bildnis. Mit Gold als Symbol für Warmherzigkeit und Freude stellt der Künstler Adele Bloch-Bauers Tugenden heraus. Das Modell erscheint wie in einer halluzinatorischen Synthese aus Realität und Traumwelt.

Dieses herausragende Werk aus der „goldenen Periode" wurde nach dem Anschluss Österreichs an das Deutsche Reich von den Nazis geraubt und den Erben von Ferdinand und Adele Bloch-Bauer erst 2006 zurückgegeben.

Weitere wichtige Werke
Die drei Lebensalter einer Frau, 1905, Rom, Galleria Nazionale d'Arte Moderna
Der Kuss, 1908, Wien, Österreichische Galerie Belvedere
Tod und Leben, 1908–1915, Wien, Leopold Museum

GOLD **S. 56** SILBER **S. 57**

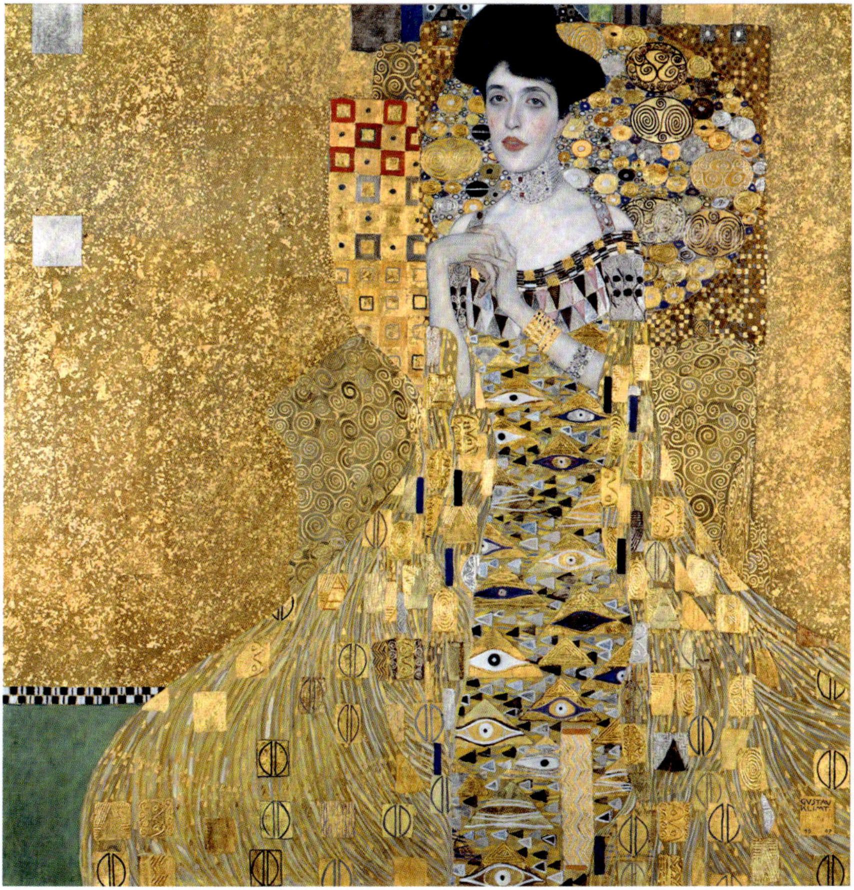

BLAUE PIGMENTE **S. 194** GOLD IN DER KUNST **S. 199** ÖLMALEREI **S. 203**

Street Light (Die Straßenlaterne)

um 1910–1911

GIACOMO BALLA • ÖL AUF LEINWAND • 174,7 × 114,7 CM • NEW YORK, MUSEUM OF MODERN ART

Weitere wichtige Werke
Bewegungsrhythmus eines Hundes an der Leine, 1912, Buffalo (New York/USA), Albright-Knox Art Gallery
Die Hand des Geigers (Der Rhythmus des Bogens), 1912, London, Estorick Collection of Modern Italian Art
Ein Kind läuft über den Balkon, 1912, Mailand, Museo del Novecento

Mit *Street Light (Die Straßenlaterne)* interessierte sich Giacomo Balla für einen ganz alltäglichen Gegenstand: eine elektrische Laterne, die kurz zuvor am Bahnhof Termini in Rom aufgestellt worden war. Als Symbol des technischen Fortschritts verströmt die Straßenlaterne ein grelles, weißes Licht, das den schwachen Schein der Mondsichel rechts auf dem Bild regelrecht überstrahlt. In einem Brief an die Konservatoren des Museum of Modern Art in New York schrieb der Künstler 1954, dass sein Gemälde darlege, wie sehr der romantische Mondschein vom elektrischen Licht der modernen Straßenlaterne verdrängt worden sei. Er propagierte das Ende der Romantik in der Kunst.

Die Darstellungsart des Lichts, das durch eine Vielzahl an Pinselstrichen – in Gelb, Weiß, Grün, Rot, Mauve und Blau – erstrahlt, wie Pfeilspitzen oder wie die Lichtkegel im Divisionismus von Georges Seurat und Paul Signac, zeigt das unaufhaltsam Drängende des modernen Lebens. Der Lichthof wird abrupt begrenzt von Dunkelheit aus verschlungenen schwarzen, nachtblauen und dunkelgrünen Wellenlinien. Man könnte in dieser Komposition eine Neuinterpretation des Farbkreises sehen. Dem Mond, der bei den Futuristen zum Symbol für das Ewige Rom und die antike Kunst geworden war, setzte Balla die Elektrizität, die neue Stadt und die Avantgarde entgegen.

GIACOMO BALLA (1871-1958)
Balla begründete neben Umberto Boccioni (1882–1916), Carlo Carrà (1881–1966), Luigi Russolo (1885–1947) und Gino Severini (1883–1966) den italienischen Futurismus. Zunächst wandte er sich dem Divisionismus mit seinen farbzerlegenden Punkten aus reinen Farben zu, später dem Raum und der Auflösung der Bewegung. Schon in den 1920er Jahren wurde er zum Anhänger des Faschismus, im darauffolgenden Jahrzehnt dann einer seiner offiziellen Künstler.

KONTRASTE **S.25** POINTILLISMUS UND ADDITIVE FARBMISCHUNG **S.33** SCHWARZ **S.44** WEISS **S.45** ROT **S.46** GELB **S.47** BLAU **S.48** GRÜN **S.49** VIOLETT **S.51**

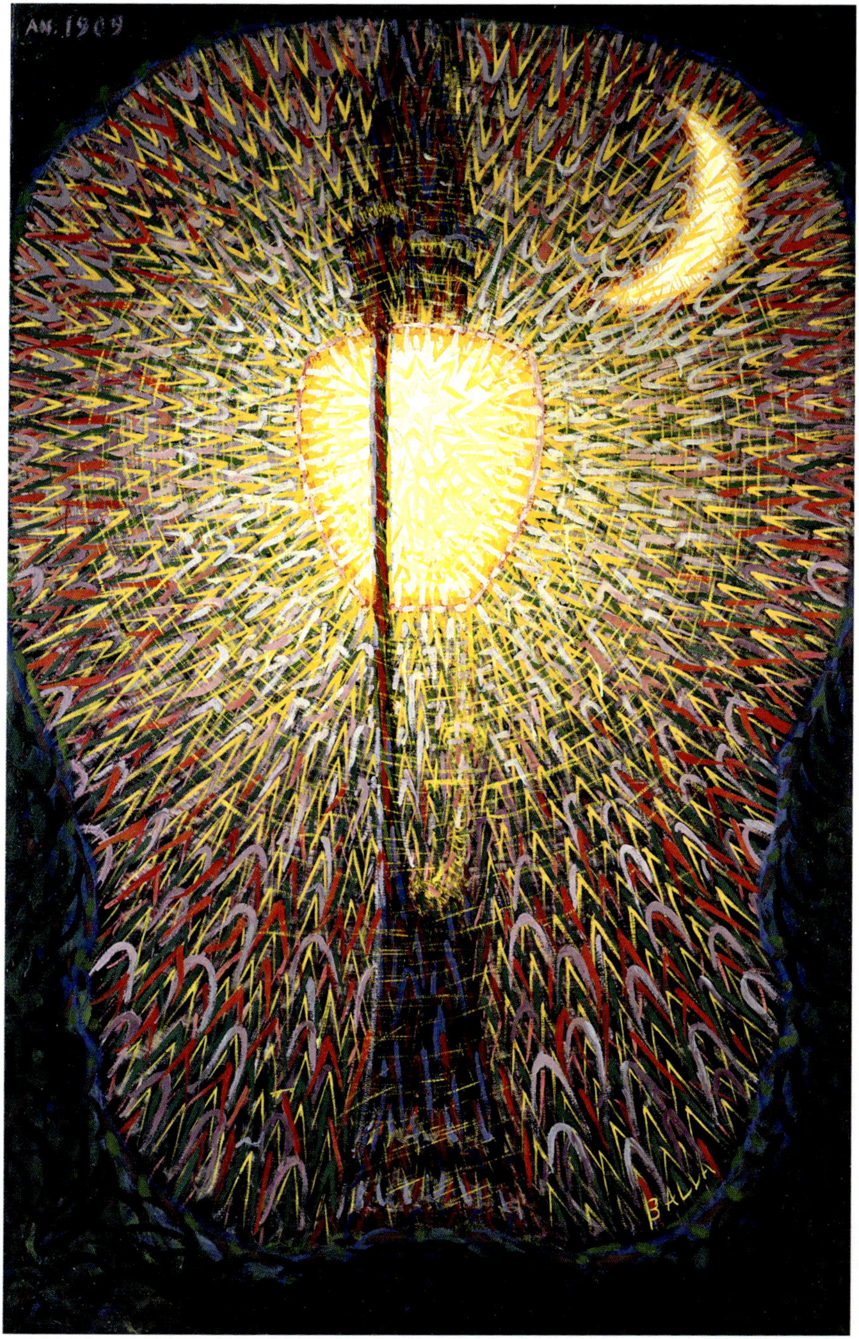
AN. 1909
BALLA

Disk of Newton
(Studie für *Fuge in zwei Farben*)

1912

FRANTIŠEK KUPKA • ÖL AUF LEINWAND • 100,3 × 73,7 CM •
PHILADELPHIA (PENNSYLVANIA / USA), PHILADELPHIA MUSEUM OF ART

FRANTIŠEK KUPKA (1871–1957)
Kupka studierte in Prag und Wien und übersiedelte 1897 nach Frankreich. Er war ein bissiger Karikaturist und genauer Beobachter sozialer Umgangsformen. Mehr und mehr interessierte er sich für die Farbe, wobei er allerdings die Verlogenheit des Realismus ablehnte. 1911 malte er seine ersten „abstrakten" (er lehnte auch diesen Begriff ab) Bilder und ließ sich dabei von einer dem Gemälde eigenen inhärenten Vitalität leiten, wobei die Leinwand in kosmischem Rhythmus widerhallte.

František Kupka gilt als einer der Pioniere der abstrakten Kunst, zwischen 1911 und 1912 malte er mehrere Bilder mit breiten, auseinanderlaufenden farbigen Streifen. Diese Werke beziehen sich auf Isaac Newtons Arbeiten zur Dekomposition des Lichts. Der britische Physiker hatte herausgefunden, dass weißes, in einem Prisma gebrochenes Licht in ein Farbspektrum zerfällt. Er zählte sechs farbige Strahlen in diesem Spektrum (Violett, Blau, Grün, Gelb, Orange und Rot) und fügte noch Indigo (Tiefblau) hinzu, da er an die Symbolik der Zahlen glaubte: Damit erhielt er also sieben Grundfarben, in Anlehnung an die Tonleiter in der Musik. Exakt diese Farbtöne plus Weiß wählte Kupka hier. Um 1910 stellte der Maler dann seine eigene Version von Newtons Farbenkreis vor, auf dem er neun Hauptfarbtöne von Orange bis Gelb wie Zeiger auf einer Uhr anordnete.

Durch die formale Nutzung der Strahlen in *Disk of Newton* wird der Betrachter wie von einem Scheinwerfer geblendet. Das Interesse des Künstlers für Astronomie ist hier abzulesen, denn man könnte das Gemälde auch als Sonne oder Sonnensystem und Planetenbewegungen sehen. Kupka war außerdem ein Anhänger der Synästhesie, bezog bei seinem Gemälde ganz im Sinne Newtons die sieben Töne der Oktave mit ein und gab seinem Werk einen musikalischen Untertitel: „Ich tappe immer noch im Dunkeln", erklärte er im Oktober 1913 einem Journalisten der *New York Times,* „aber ich glaube, dass ich ein Zwischending zwischen dem Sehen und dem Hören finden kann und dass ich eine Figur aus Farben schaffen kann, wie Bach es mit der Fuge in der Musik getan hat. Auf keinen Fall werde ich mich länger mit gefälligen Kopien zufriedengeben."

Weitere wichtige Werke
Mme Kupka among Verticals (Madame Kupka in den Vertikalen), 1910–1911, New York, Museum of Modern Art
Frau beim Blumenpflücken, 1910–1911, Paris, Centre Pompidou
Die Kathedrale (Katedrála), 1912–1913, Prag, Museum Kampa

NEWTONS FARBKREIS **S. 26** REGENBOGEN **S. 59**

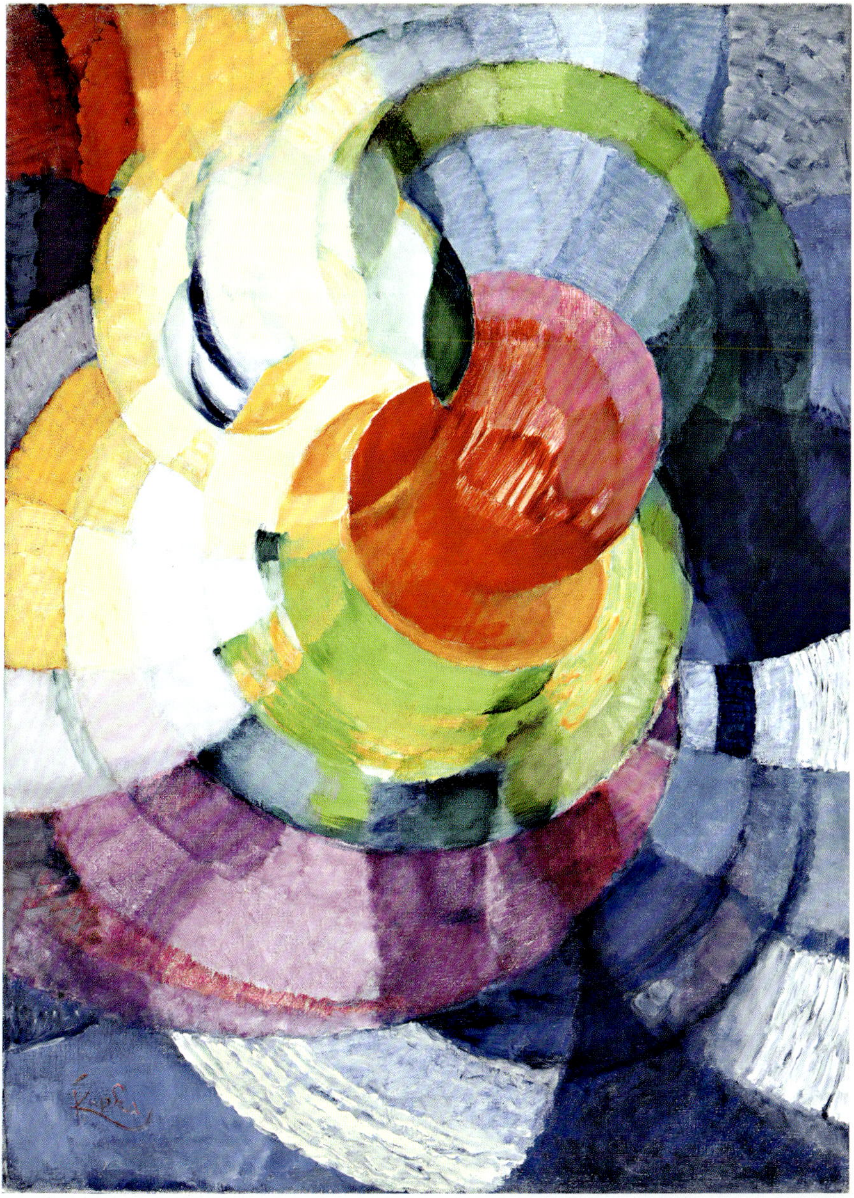

Elektrische Prismen

1914

SONIA DELAUNAY-TERK • ÖL AUF LEINWAND • 250 × 250 CM •
PARIS, CENTRE POMPIDOU MUSÉE NATIONAL D'ART MODERNE

SONIA DELAUNAY-TERK (1885–1979)
Lange Zeit standen Sonia Delaunay-Terk und ihr Werk im Schatten ihres Mannes Robert Delaunay, obwohl beide gemeinsam an einer neuen Definition der Malerei arbeiteten. Neben der Malerei interessierte sich Sonia Delaunay-Terk für angewandte Kunst (Textiles, Kleidung, Kunstgegenstände, Buchbinderei usw.) und verband auf moderne Art und Weise Kunst und Kunsthandwerk bzw. Handwerk.

Sonia Terk kam mit etwa 20 Jahren nach Paris und lernte dort Robert Delaunay (1885–1941) kennen. Gemeinsam begeisterten sie sich für die Theorie des Chemikers Michel Eugène Chevreul zu Farbkontrasten und begannen, selbst zu dem Thema zu forschen: Daraus entwickelte sich der Simultanismus. In ihren Augen besaß Farbe, so sie denn korrekt eingesetzt wurde, eine Eigendynamik zur Wiedergabe der Energie des modernen Lebens: „[…] durch die Beobachtung des Lichts", erklärte Sonia Delaunay-Terk 1963 in der Zeitschrift *XX. Siècle* (20. Jahrhundert), „kamen wir zu einer neuartigen Auffassung von Malerei. Gegenstände und Formen wurden durch Lichteinfall aufgebrochen, farbige Oberflächen entstanden und diese Phänomene brachten ganz neue Strukturen in die Malerei. Die Verbindungen zur traditionellen Kunst als solcher sind gekappt; die Farbe ist befreit, sie ist nicht mehr nur Medium, sondern sie hat ein Eigenleben, wird selbst zum Thema."

In diesem Zusammenhang spiegelt das Gemälde *Elektrische Prismen* die Faszination der Künstlerin für künstliches Licht wider. Sie kreierte vibrierende, aktive Kontraste zwischen Primär- und Sekundärfarben, die sie in Strahlen- und Viertelkreisformen auf die Leinwand brachte, so wie Künstler und Wissenschaftler seit Isaac Newton im 17. Jh. Farbkreise dargestellt haben. In einem Feld links auf der Leinwand gibt es einen Hinweis auf Blaise Cendrars' Gedicht *Die Prosa von der transsibirischen Eisenbahn und der kleinen Jehanne von Frankreich* über den gleichförmigen Rhythmus einer Zugreise, das Sonia Delaunay-Terk 1913 selbst illustriert hatte.

Weitere wichtige Werke
Le Bal Bullier (Ballhaus Bullier), 1913, Paris, Centre Pompidou
Marché au Minho (Minho-Markt), 1915, Privatbesitz
Rythme-couleur 1076 (Farbenrhythmus 1076), 1939, Lille (Hauts-de-France/Frankreich), Palais des Beaux-Arts

NEWTONS FARBKREIS **S. 26** KUNST UND WISSENSCHAFT **S. 28** REGENBOGEN **S. 59**

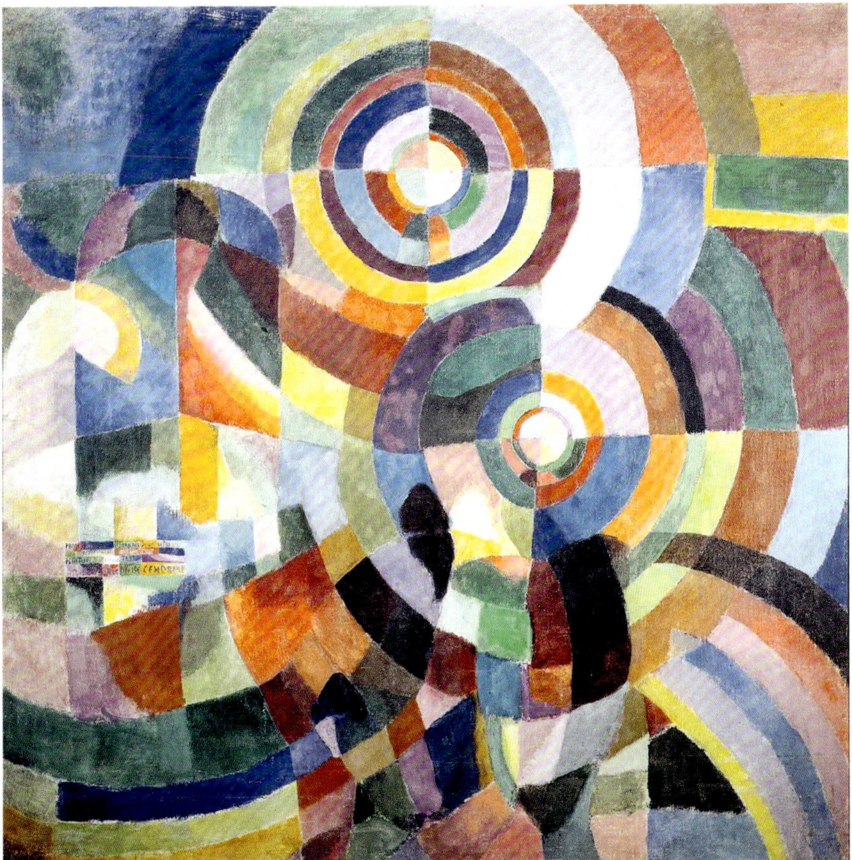

Gruppe X, Nr. 1, Altarbild

1915

HILMA AF KLINT • ÖL UND BLATTMETALLAUFLAGEN AUF LEINWAND • 237,5 × 179,5 CM • STOCKHOLM, HILMA AF KLINT FOUNDATION

HILMA AF KLINT (1862–1944)
Die Schwedin Hilma af Klint gilt heute als eine Pionierin der abstrakten Kunst. Aufgrund testamentarischer Verfügungen wurde ihr mystisches und esoterisches Werk jedoch erst in den 1980er Jahren der Öffentlichkeit zugänglich gemacht. Nach ihrer akademischen Ausbildung malte sie zunächst Landschaften und Porträts, durch spirituelle Erfahrungen entwarf sie später parallel dazu kühne, farbintensive nichtgegenständliche Gemälde.

Gruppe X, Nr. 1, Altarbild gehört zu einer Reihe von drei Gemälden aus dem Jahr 1915. Neun Jahre zuvor hatte sich Hilma af Klint der abstrakten Kunst zugewandt. Diese Reihe gehört zu ihrer *Tempelserie* (1906–1908 sowie 1913–1915), welche 193 Gemälde umfasst, die für einen theosophischen Tempel gedacht waren, den sie selbst entworfen hatte. Während einer Séance mit Künstlerfreundinnen hatte sie nämlich den Auftrag erhalten, sowohl Tempel als auch Innenausstattung zu gestalten.

Unter dem Titel „Altarbild" nach mittelalterlicher Tradition stellte sie die weltanschaulichen Theorien der Theosophischen Gesellschaft dar, deren Mitglied sie war. Nach den Lehren dieser religiösen Strömung gab es eine Wechselbewegung zwischen der physischen und der göttlichen Welt, und diese schuf die Weltordnung. Af Klint stellte diese Weltordnung in Form einer Pyramide dar. Die Farben des Dreiecks werden zum goldenen Kreis hin immer heller, es entsteht eine perspektivische Wirkung, die durch die allmählich kleiner werdenden geometrischen Formen noch verstärkt wird. Auf der linken Seite reihen sich die warmen, weiblichen Farbtöne aneinander, auf der rechten Seite die kalten, männlichen. Außerdem produzierte af Klint hier durch Auflagen aus Blattmetall Lichtreflexionen und steigerte dadurch noch die spirituelle Symbolwirkung.

Altarbilder müssen im Zentrum des Tempels aufgestellt werden. Der Tempel ist ein fast rundes Bauwerk mit drei Ebenen, die durch eine Wendeltreppe verbunden sind und an deren oberem Ende sich der Altar befindet. Gebäude und Ausstattung, so notierte Hilma af Klint 1931, sollten „eine gewisse Kraft und Ruhe" ausstrahlen.

Weitere wichtige Werke
Gruppe IV, Die zehn Größten, Nr. 7, Erwachsenenalter, 1907, Stockholm, Hilma af Klint Foundation
Gruppe IV, Die zehn Größten, Nr. 2, Das Kindesalter, 1907, Stockholm, Moderna Museet
Serie *Taube,* 1915, Stockholm, Hilma af Klint Foundation

GOLD **S. 56** REGENBOGEN **S. 59**

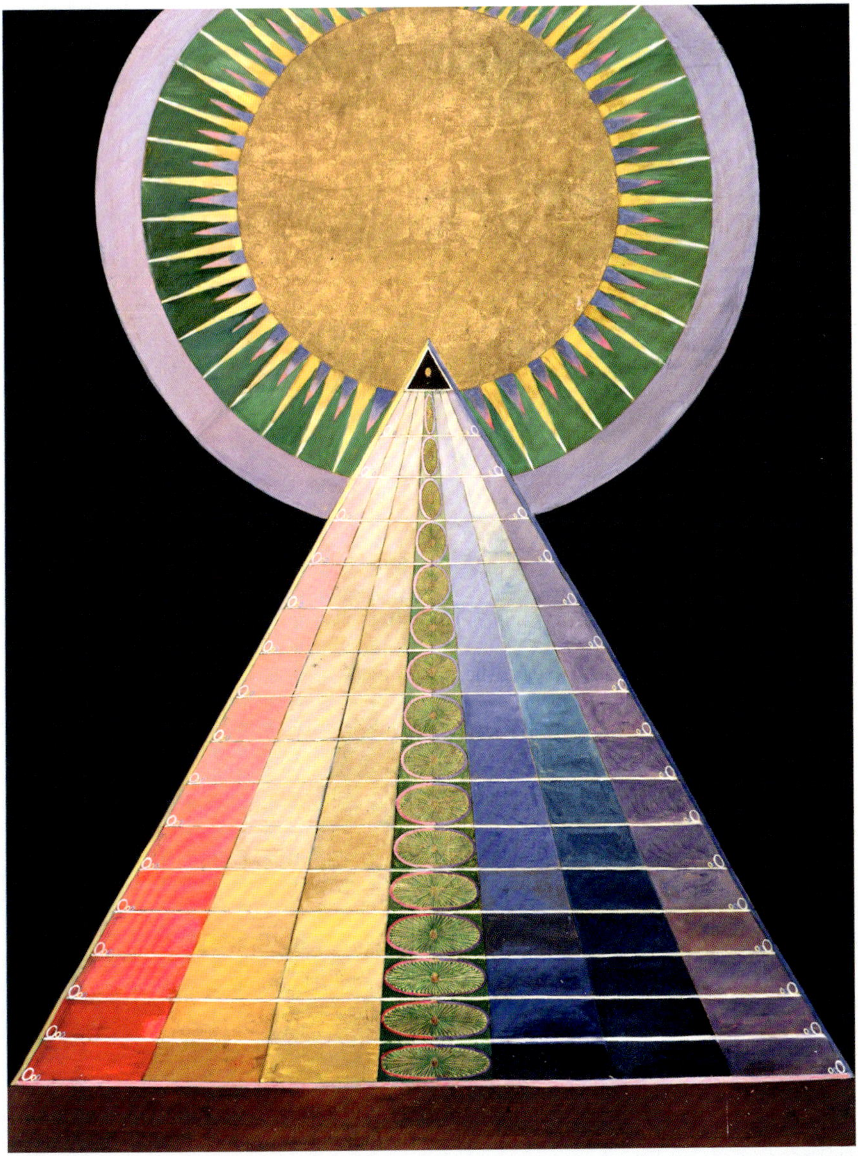

Tapisserie dada (Dada-Tapisserie)

1916

Komposition aus Dreiecken, Rechtecken und Kreissegmenten

SOPHIE TAEUBER-ARP • TAPISSERIE AUS WOLLE • 41 × 41 CM • PARIS, CENTRE POMPIDOU

SOPHIE TAEUBER-ARP (1889–1943)
Sophie Taeuber-Arp wuchs bei ihrer feministischen Mutter auf, die ihre Kreativität sehr früh förderte. Sie studierte Gestaltung und Kunst, nahm mit Hans Arp (1886 – 1966), Francis Picabia (1879–1953) und Tristan Tzara (1896–1963) an Aktivitäten der Dada-Gruppe teil und experimentierte mit unterschiedlichen Kunsttechniken. Zum Ende der 1920er Jahre wurden ihre Werke immer geometrischer – Quadrate, Rechtecke, Kreise in reinen Farben –, und griffen dem von Theo van Doesburg (1883–1931) geprägten Begriff der konkreten Kunst vor.

Im Jahr 1916 erhielt Sophie Taeuber-Arp eine Stelle als Lehrerin in der Schule für angewandte Kunst in Zürich. Im selben Jahr stellte sie ihre ersten Tapisserien mit geometrischen Formen her, verweigerte sich aber der Symmetrie und schuf eine Art dynamischen Rhythmus, weil sie ihre Formen leicht versetzt anordnete oder umkehrte. Verstärkt wird dieser Rhythmus durch den Einsatz von mal lebhaften, mal grellen und mal gebrochenen Farben (Rot, Orange / Rosa, Blassblau, Violett / Grau, Taupe, Braun) in unterschiedlichen Schattierungen, die sich deutlich vom cremefarbenen Untergrund abheben.

Ihre *Dada-Tapisserie* war in zweifacher Hinsicht ungewöhnlich. Taeuber-Arp schuf eine gewagte abstrakte Komposition, allerdings nicht mit den üblichen, ja fast geheiligten Mitteln eines Staffeleimalers (Leinwand, Farbe, Pinsel), sondern mit dem Webstuhl, mit dem bis dahin üblicherweise nur dekorative Inneneinrichtung gefertigt wurde. Die Künstlerin wollte die Trennung zwischen Kunst und Kunsthandwerk, den schönen Künsten und dem Handwerk aufheben. Daher entwickelte sie eine Praxis, in der gleichwertig alles nebeneinander existieren durfte: Tapisserie, Theaterkostüme, Mobiliar, Dekor, Skulptur, Malerei, Relief, Zeichnung, Kleidung und Accessoires, Marionetten und Choreografie: „Der natürliche Impuls für Dekoratives", schrieb sie 1927, „sollte nicht ausgerottet werden. Das ist ein ganz wesentliches und tief verwurzeltes Bedürfnis des Menschen. Die primitiven Völker verzierten ihre Werkzeuge und Kultgegenstände, um sie zu verschönern und aufzuwerten … aus dem Wunsch nach Perfektion und kreativer Erfüllung."

Weitere wichtige Werke
Composition de cercles et d'angles superposées (Komposition von Kreisen und überlappenden Winkeln), 1930, New York, Museum of Modern Art
Composition à cercles (Komposition mit Kreisen), 1938
Composition dans un cercle (Komposition in einem Kreis), 1938, beide: Paris, Centre Pompidou

PRIMÄR- UND KOMPLEMENTÄRFARBEN **S. 27**

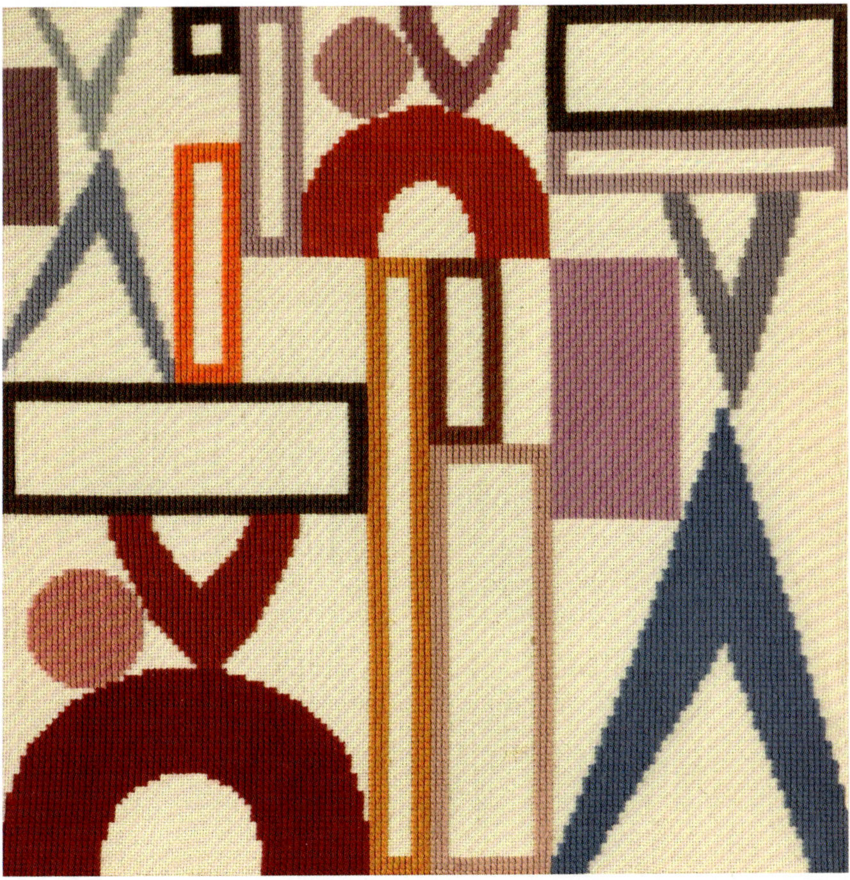

Komposition mit Rot, Gelb, Blau und Schwarz

1921

PIET MONDRIAN • ÖL AUF LEINWAND • 59,5 × 59,5 CM • DEN HAAG, KUNSTMUSEUM

PIET MONDRIAN (1872–1944)
Das Werk von Piet Mondrian lässt sich in zwei Phasen einteilen: bis 1910 ausgereifte gegenständliche Darstellungen, danach seine abstrakte Periode. Auch wenn beide in krassem Gegensatz zueinander stehen, haben sie doch auch Gemeinsamkeiten, etwa die Frontalausrichtung, der Schwerpunkt auf vertikale und horizontale Linien und die Arbeit in Serien. In *Natürliche und abstrakte Realität* (1920) stellte Mondrian seine Ideen vor: „Alles bedingt sich gegenseitig. Eine Farbe existiert nur aufgrund einer anderen Farbe, eine Dimension definiert sich durch eine andere, eine Position kann es nur durch Opposition gegen eine andere Position geben. Daher sage ich, dass alles mit allem in Beziehung gesetzt werden muss."

Zu Beginn der 1920er Jahre definierte Piet Mondrian seine Malerei neu. Die Entdeckung von Paul Cézanne und des Kubismus im Jahr 1911 hatte eine Art Schockwirkung auf ihn und in der Folge bemühte er sich, den bildlichen Illusionismus, wie er seit der Renaissance Bestand hatte, abzuschütteln. Kompromisslos wandte er sich von lokal üblichen Farbtönen ab, setzte auf die reine Farbe und löste das Gegenständliche nach und nach auf. Daraus entstand der Neoplastizismus. Mondrian reduzierte seine Malerei auf einige binäre Elemente, die er für allgemeingültig hielt: die Grundfarben Rot, Blau, Gelb plus die Nichtfarben Grau, Weiß, Schwarz, die er flächig auftrug, sowie gerade horizontale und vertikale Linien. Auf der Leinwand verband er all diese Elemente endlos ohne Hierarchie und Mittelpunkt miteinander.

Das quadratische Format *Komposition mit Rot, Gelb, Blau und Schwarz* ist eines von Mondrians ersten neoplastizistischen Werken. Besonders flach wirken seine Leinwände durch die schwarzen Linien und die Vierecke in Weiß, Gelb, Rot, Blau, Grau und Schwarz. Bis in die 1930er Jahre nutzte er dieses System in zahlreichen Kompositionen und entwickelte auch Theorien dazu. 1940 floh er vor dem Krieg ins Exil in die Vereinigten Staaten und ließ sich dort von der Umtriebigkeit der Metropole New York mitreißen. Er veränderte seinen Malstil hin zu roten, gelben, blauen und grauen Linien auf weißem Grund, manchmal auch segmentierten Linien in ebendiesen Farbtönen nebst farbigen Rechtecken.

Weitere wichtige Werke
Der rote Baum, 1910, Den Haag, Kunstmuseum
Komposition mit Rot, Blau und Gelb, 1927, Otterlo (Niederlande), Kröller-Müller Museum
Broadway Boogie Woogie, 1942–1943, New York, Museum of Modern Art

PRIMÄR- UND KOMPLEMENTÄRFARBEN **S. 27** KÜNSTLERATELIER UND AUSSTELLUNGSRAUM **S. 40** SCHWARZ **S. 44** WEISS **S. 45** ROT **S. 46** GELB **S. 47** BLAU **S. 48** GRAU **S. 54**

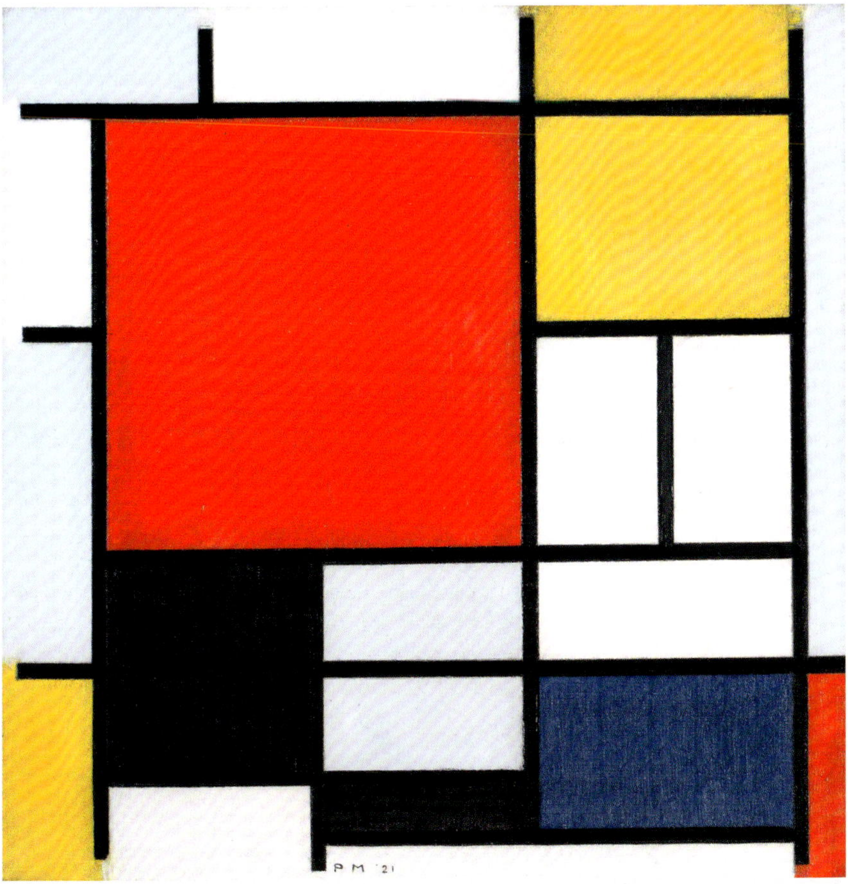
PM '21

Der Page

1925

CHAÏM SOUTINE • ÖL AUF LEINWAND • 98 × 80,5 CM • PARIS, CENTRE POMPIDOU

CHAÏM SOUTINE (1893–1943)
Soutine verließ sein Heimatland Russland 1913 und übersiedelte nach Paris. Sehr stark beeinflusst von Rembrandt (1606–1669) und später von Vincent van Gogh, hatte er eine Schwäche für dick aufgetragene Farbe, die auf der Leinwand mäanderte: „Alles hängt davon ab", erklärte er, „wie man die Farbe mischt, sie wahrnimmt und sie arrangiert." Er malte traditionelle Motive – Porträt, Stillleben, Landschaft –, doch in einer starken Expressivität, sodass die Farbe selbst Thema des Werkes wurde.

Im Jahr 1925 fertigte Chaïm Soutine ein Porträt eines Pagen an, dessen Aufgabe es war, den Gästen des berühmten Pariser Restaurants Maxim's die Tür aufzuhalten. Das Gemälde gehört zu einer einige Jahre zuvor begonnenen Reihe mit Geschäfts-, Haus- und Hotelangestellten: Anonyme Konditoren, Etagenjungen und Hausbedienstete bevölkern die Bilder des Malers mit einer oft regelrecht gequälten Präsenz.

So erscheint auch dieser Hoteljunge gleichzeitig traurig und misstrauisch. Er posiert frontal, sitzend, breitbeinig, die Hände auf den Hüften, in einer den bürgerlichen Regeln widersprechenden Attitüde. Sein Blick geht ins Vage und vermittelt eine tiefe Niedergeschlagenheit, wahrscheinlich hervorgerufen durch seine Lebensumstände. Die blutrote Livree aus Hose, Jacke mit Goldknöpfen und kleiner Kopfbedeckung, in der ein ausgemergelter Körper steckt, bildet einen starken Kontrast zum dunklen, von bläulichen Lichtreflexen durchzogenen Hintergrund. Das Rot kehrt auch als Nuance auf der Haut (Lippen, Lider, Wangen, Ohren, Hände) des jungen Mannes wieder. Diese Farbe faszinierte Soutine wegen ihrer tragischen Symbolik, die unlösbar mit Leben und Tod verbunden ist. Sie dominiert viele seiner Gemälde, vor allem bei den gehäuteten Ochsen. Die gewundene Pinselführung, das verzerrte Gesicht und die dicke Farbschicht verleihen der gesamten Komposition des Pagen eine expressive, dramaturgische Kraft, die Soutine sehr wichtig war.

Weitere wichtige Werke
Selbstbildnis, circa 1918, Princeton (New Jersey/USA), Princeton University Art Museum
Stillleben mit Rochen, circa 1924, New York, The Metropolitan Museum of Art
Carcass of Beef (Schlachtkörper vom Rind), 1925, Minneapolis (Minnesota/USA), Minneapolis Institute of Art

FARBINTENSITÄT **S. 35** ROT **S. 46**

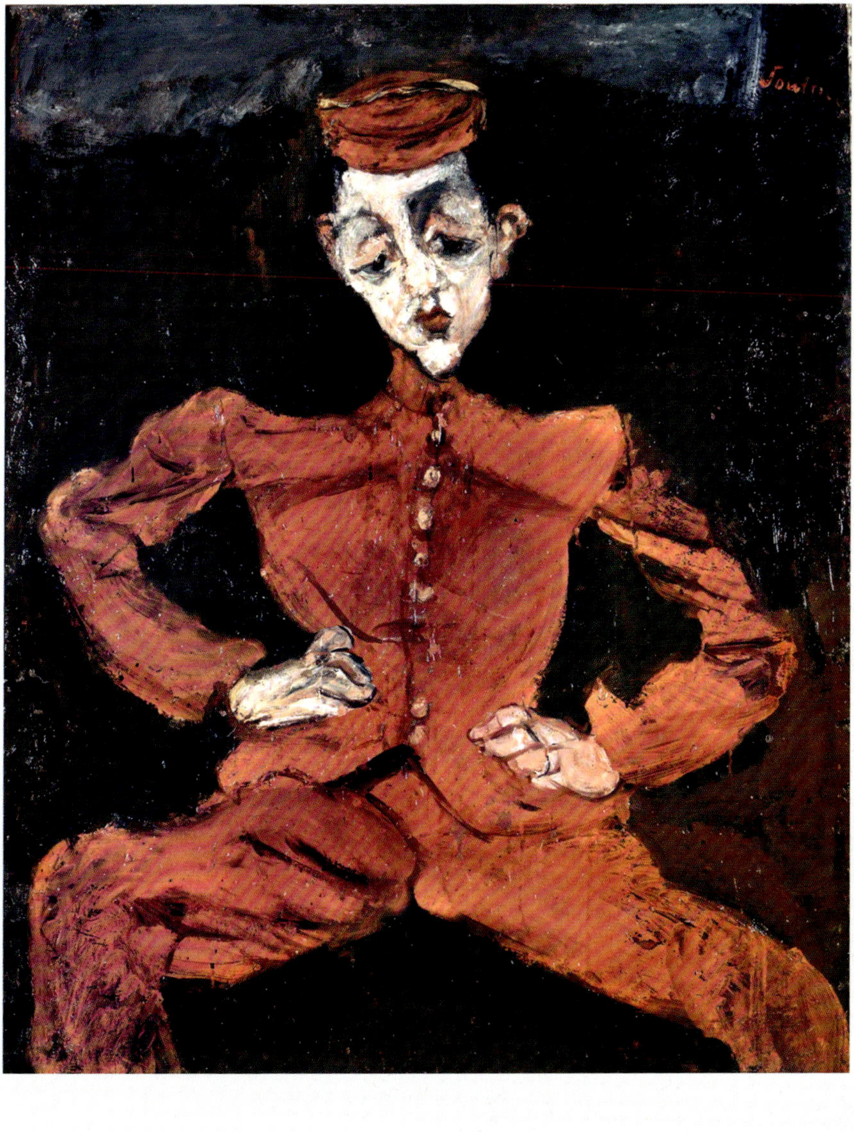

Mehrere Kreise

1926

WASSILY KANDINSKY • ÖL AUF LEINWAND • 140,7 × 140,3 CM •
NEW YORK, SOLOMON R. GUGGENHEIM MUSEUM

WASSILY KANDINSKY (1866–1944)
Kandinsky gilt als ein Pionier der abstrakten Kunst. Er kam erst spät zur Malerei, interessierte sich für die Befreiung der Farbe, die Vereinfachung der Formen und ließ sich von Spiritualität und Utopie leiten. Er schrieb zahlreiche Texte zur Farbtheorie. So vereinte er acht „elementare" Farben zu vier sehr symbolischen Kontrasten: Blau – Gelb (Nähe – Entfernung), Weiß – Schwarz (Ausbreitung – Verdichtung), Rot – Grün (Aktivität – Passivität) und Orange – Violett (Körper – Geist).

Während der 1920er Jahre war Wassily Kandinsky Lehrer am Bauhaus in Dessau und interessierte sich zu dieser Zeit für farbige geometrische Formen auf dunklem Grund. In *Mehrere Kreise* schuf der Maler eine Anordnung von Kreisen, bei der sich manche überschneiden, manche sind opak, andere wiederum verschmelzen miteinander und sind durchscheinend und wieder andere sind mit einem Halo in einem anderen Farbton versehen. In seinem Werk *Über das Geistige in der Kunst* (1911) legt er dar, dass Farbe beim Betrachter sowohl eine physische Reaktion auslöst („Das Auge ist angetan") als auch „die Seele zum Schwingen bringt."

Diese beiden Ansätze sorgen für einen komplexen Rhythmus innerhalb der Komposition. Der Kreis ist Kandinskys Lieblingsform. Warum er vom Kreis so eingenommen ist, erläuterte er 1930 seinem Biografen Will Grohmann: „Weil er 1) die einfachste und bescheidenste Form ist und sich dennoch skrupellos in den Mittelpunkt drängt; 2) präzise und doch unbegrenzt wandelbar ist; 3) sowohl beständig als auch unbeständig ist; 4) sowohl schweigsam als auch mitteilsam ist; 5) eine Spannung, die in sich unzählige weitere Spannungen trägt. […] Von den drei Grundformen (Dreieck, Quadrat, Kreis) weist der Kreis am eindeutigsten in Richtung der vierten Dimension."

So verleiht die Arbeit an der Komposition dem Gesamtwerk eine nahezu kosmische Kraft, verstärkt noch durch ein subtiles Spiel mit der Farbe (Blau, Gelb, Rot, Grün, Schwarz) und den Halbfarben Orange, Rosa, Violett und Braun. Kandinsky brach nämlich nicht mit dem „Realen" und akzeptierte durchaus sowohl eine gegenständliche als auch eine abstrakte Interpretation, mit viel Raum für das Empfinden von Form und Farbe.

Weitere wichtige Werke
Farbstudie, Quadrate mit konzentrischen Ringen, 1913, München, Lenbachhaus
Komposition 8, 1923, New York, Solomon R. Guggenheim Museum
Gelb, Rot, Blau, 1925, Paris, Centre Pompidou

KONTRASTE **S.25** PRIMÄR- UND KOMPLEMENTÄRFARBEN **S.27** SCHWARZ **S.44** ROT **S.46** GELB **S.47** BLAU **S.48**
GRÜN **S.49** ORANGE **S.50** VIOLETT **S.51** BRAUN **S.52** ROSA **S.53**

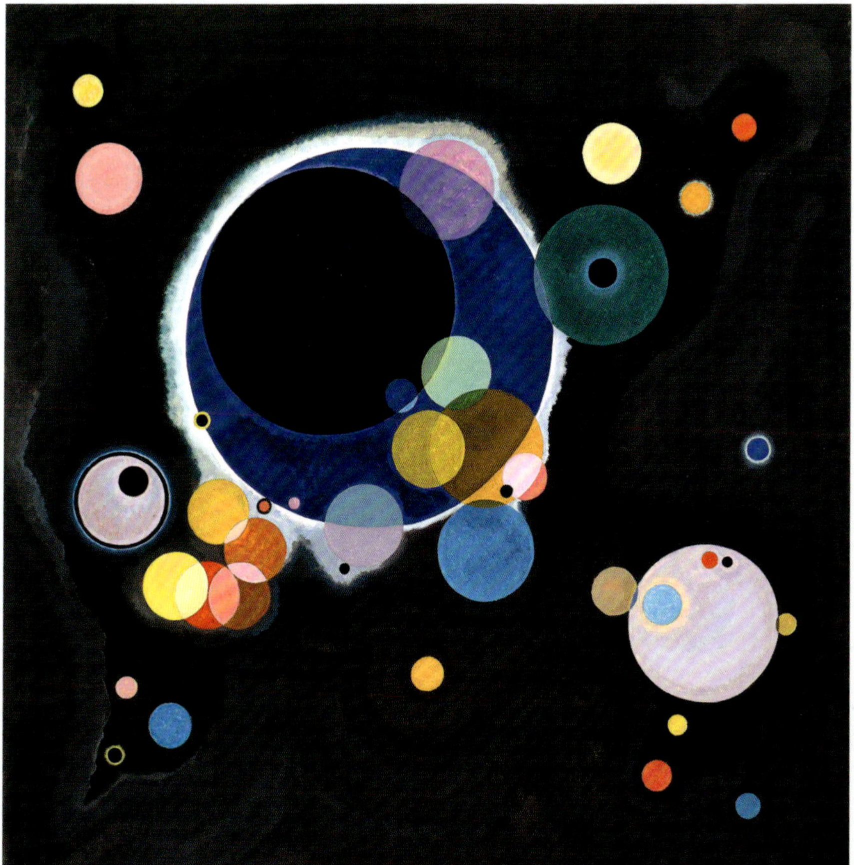

Black Abstraction (Schwarze Abstraktion)

1927

GEORGIA O'KEEFFE • ÖL AUF LEINWAND • 76,2 × 102,2 CM • NEW YORK, THE METROPOLITAN MUSEUM OF ART

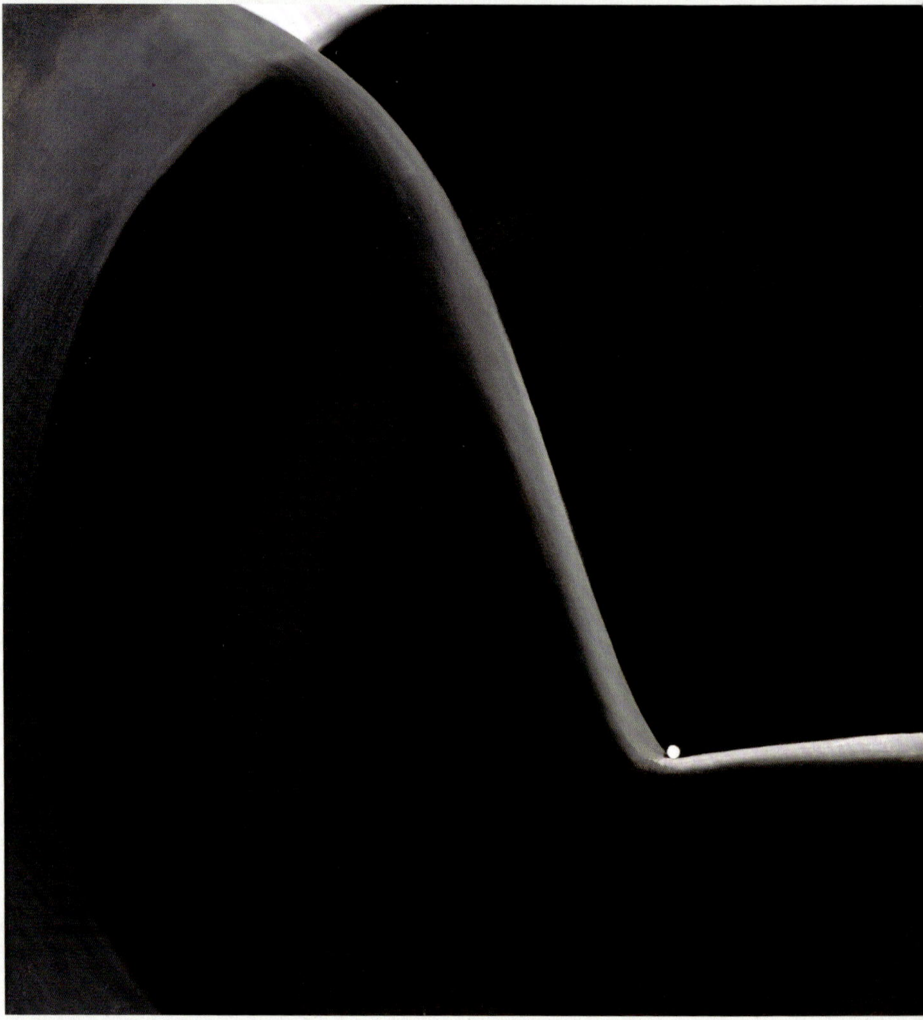

KÜNSTLERATELIER UND AUSSTELLUNGSRAUM **S. 40** SCHWARZ **S. 44** WEISS **S. 45** GRAU **S. 54**

Weitere wichtige Werke
Black Iris III (Schwarze Iris III), 1926, New York, The Metropolitan Museum of Art
Cow's Skull with Calico Roses (Kuhschädel mit Calico-Rosen), 1931
Sky above Clouds IV (Himmel über Wolken IV), 1965, beide: Chicago (Illinois/USA), The Art Institute of Chicago

GEORGIA O'KEEFFE (1887–1986)

Georgia O'Keeffe war eine der bedeutendsten amerikanischen Künstlerinnen des 20. Jh. Schon 1915 ersann sie in einer Serie von Kohlezeichnungen eine abstrakte und gleichzeitig organische Bildsprache, die sie in den darauffolgenden Jahren weiterentwickelte. Parallel dazu malte sie gegenständliche Bilder. Ihr Interesse für Fragen des Maßstabs (Groß-, Nah- und Fernansicht) führte zu einer tiefgreifenden Reflexion über die Wahrnehmung, bei der Farbe, entweder in subtilen Abstufungen oder in flächigen Dissonanzen, eine wesentliche Rolle spielte.

1927 malte Georgia O'Keeffe dieses ganz erstaunliche Bild, komplett in Grau- und Schwarzschattierungen mit einem hellen, leicht ins Gelbe tendierenden Punkt. Ein unvollständiger Kreis, umgeben von Halos, nimmt den Großteil der Fläche ein. Eine gewellte Form durchquert die Komposition, mit dem kleinen leuchtenden Tupfen in einer Wellenvertiefung. Die Künstlerin setzte Gegenständliches und Abstraktes eigentlich kaum in einen Gegensatz zueinander und wie so oft hat auch dieses Gemälde seinen Ursprung in der Realität. Es stellt mit absichtlich reduzierten Mitteln die Bewusstseinseintrübung während einer Anästhesie dar: „Ich hatte beschlossen, so lange wie möglich klar zu bleiben", schrieb O'Keeffe 1976 in ihrer Autobiografie. „[...] Das Tageslicht begann, umherzuwirbeln und langsam einem schwarzen Raum zu weichen. Ich habe meinen rechten Arm darüber gehoben und ihn dann wieder fallen gelassen. Als das Licht nur noch ein kleiner heller Fleck in einem schwarzen Zimmer war, habe ich meinen linken Arm über den Kopf gehoben. Als er dann langsam wieder herabsank und der weiße Punkt klitzeklein geworden war, dämmerte ich weg."

Oft waren die Werke der Malerin farbig, doch hier bleibt sie bei einer Palette aus Grau- und Schwarztönen, die fast so umfangreich war wie bei einem polychromen Gemälde. Man findet diese achromatischen Schattierungen mehrfach bei O'Keeffe, mit Parallelen zur Fotografie (damals meist in Schwarz-Weiß), was nicht verwunderlich war, denn sie war mit Alfred Stieglitz (1864–1946) verheiratet und mit Fotografen wie Paul Strand (1890–1976) und Ansel Adams (1902–1984) gut befreundet.

Sculpture with Colour (Deep Blue and Red)

1940

BARBARA HEPWORTH • GIPS, DÜNNE SCHNUR • 11,5 × 15,2 × 10,7 CM • ST. IVES (CORNWALL / ENGLAND), BARBARA HEPWORTH MUSEUM AND SCULPTURE GARDEN

DAME BARBARA HEPWORTH (1903–1975)
Barbara Hepworth gilt als eine der größten britischen Bildhauerinnen der Moderne. Sie hat zwar eine akademische Ausbildung genossen, wandte sich aber schon zu Beginn ihres Schaffens davon ab, vereinfachte ihre Formen stark und löste sich nach und nach von der gegenständlichen Darstellung. Außerdem versah sie ihre mal geometrischen, mal organischen Skulpturen mit Öffnungen, wodurch sie mit Konzepten wie Fülle und Leere, Außen und Innen, Licht und Schatten spielen konnte.

Sculpture with Colour (Deep Blue and Red) / Skulptur mit Farbe (Tiefblau und Rot) gehört zu einer Serie von sechs Werken, die Barbara Hepworth 1939 begonnen hatte. Die ersten fünf waren aus Gips, die letzte aus Holz. Die Skulptur besteht aus zwei zusammengesetzten konischen Teilen mit organischen Linien. Dazwischen sind rote Schnüre gespannt, die von einem einzigen Loch ausgehen und auf der gegenüberliegenden Seite aufgefächert werden. Das Werk ruht auf einer Platte aus weißem Gips und Sperrholz.

Die Künstlerin hatte London zu dieser Zeit den Rücken gekehrt und sich am Meer bei St. Ives niedergelassen. Sie arbeitete aus Platz-, Zeit- und Materialmangel vorzugsweise mit kleinen und mittleren Gipsformaten. Das hier vorgestellte Werk ist jedoch nicht Barbara Hepworths erster Versuch einer bemalten Skulptur. Kurz bevor sie die britische Hauptstadt verließ, hatte sie bereits ein weiteres Stück in bemaltem Gips mit roter Schnur, jedoch in einer anderen Form, gearbeitet.

Die Linien der Schnüre und Oberflächen erinnern an Tori und Zykliden aus der Geometrie („Donutformen"), die die Künstlerin wie auch ihren Freund Naum Gabo (1890–1977) faszinierten. Sie kombinierte gern Grundfarben mit Weiß, was sie sich bei Piet Mondrian abgeschaut hatte, mit dem sie seit den 1930er Jahren in Kontakt stand. Die Polychromie erweckt die biomorphe Struktur erst zum Leben und stellt laut Hepworth die Verbindung zur Landschaft her: „Die Farbe der Konkavitäten", erklärte sie, „lässt mich in tiefe Gewässer, Höhlen, dunkelste Schatten abtauchen, und das mehr als die Wölbungen selbst. Die Bänder stehen für die Spannung, die ich zwischen mir und Meer, Wind oder Hügeln verspürte."

Weitere wichtige Werke
Three Forms (Drei Formen), 1935, London, Tate Modern
Sphere with Inner Form (sechs identische Exemplare 1963, zwei weitere 1965), u. a. St. Ives, Barbara Hepworth Museum and Sculpture Garden (Tate)
Spring (Frühling), 1966, St. Ives, Barbara Hepworth Museum and Sculpture Garden (Tate)

PRIMÄR- UND KOMPLEMENTÄRFARBEN **S. 27** WEISS **S. 45** ROT **S. 46** BLAU **S. 48**

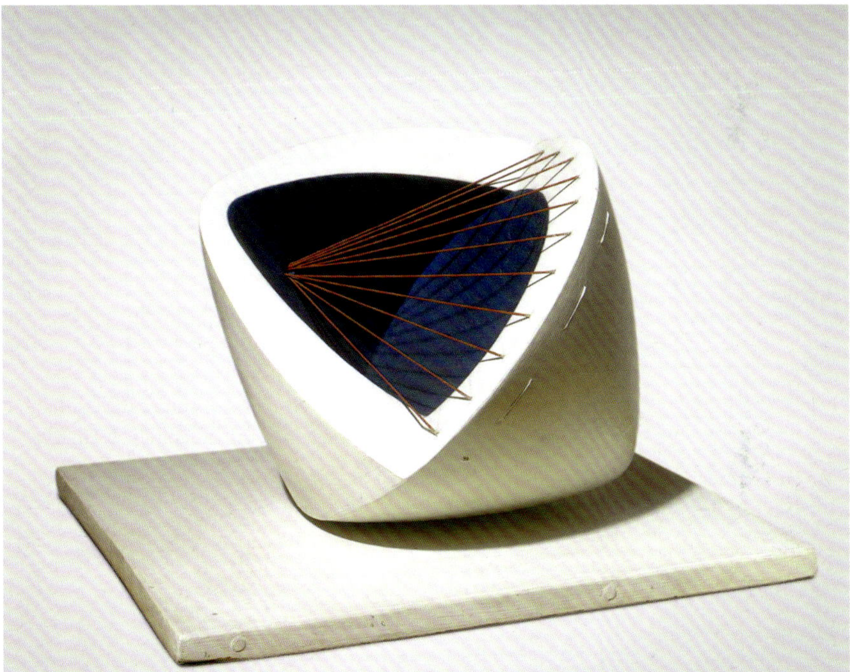

Selbstbildnis als Tehuana

1943

FRIDA KAHLO • ÖL AUF ISOREL (HOLZFASERPLATTE) • 75,5 × 61 CM • THE JACQUES AND NATASHA GELMAN FOUNDATION, CUERNAVACA / MEXIKO, MUSEO DE ARTE MEXICANO MODERNO Y CONTEMPORÁNEO

Im Laufe der 1940er Jahre malte Frida Kahlo zwei Selbstporträts mit einer Tehuana-Haube (aus Oaxaca, Mexiko), die im Spanischen als *resplandor* (wörtlich Schimmer, im übertragenen Sinne Heiligenschein) bezeichnet wird. In dieser ersten Version, die auch den Titel *Diego in meinen Gedanken* trägt, weil sie auf ihrer Stirn ein kleines Porträt ihres Ehemannes Diego Rivera (1886–1957) eingefügt hatte, stellte die Künstlerin ihr eigenes, von Spitze, Tüll und Satin in Creme, Rosa und Blassgrau eingerahmtes Gesicht dar.

Die gefältelte Spitze erinnert an eine Blütenkrone. Diese Anspielung wird durch die Stickereimotive und mehr noch durch das Blumendiadem auf dem Kopf verstärkt. Der Blütenkranz besteht vermutlich aus Bougainville, Arnika und mexikanischen Veilchen, die auch in der traditionellen Medizin zum Einsatz kommen. Zudem gehen von dem Kranz feine Wurzeln aus, die wie Blutadern aussehen und sich mit den aus dem *resplandor* herausquellenden weißen Drähten verflechten. Der erdfarbene Hintergrund bleibt unspezifisch.

Das gesamte Gemälde strahlt Elan, Lebens- und sexuelle Energie aus, wofür das Bild des geliebten Menschen in Kahlos Gedanken ein Indiz ist, aber auch künstlerische und spirituelle Energie. Das Ensemble verknüpft Verweise an die mexikanische Kultur und Elemente aus der Natur. Die Palette aus zarten, frischen Farben lässt die Lebhaftigkeit des Werkes weich wirken. „Das pflanzliche Wunder meiner körperlichen Landschaft ist die gesamte Natur in Dir," schrieb sie an ihren Mann. […] Es ist keine Liebe, weder Zärtlichkeit noch Zuneigung, es ist das Leben selbst, mein Leben […]."

WEISS **S. 45** BLAU **S. 48** GRÜN **S. 49** VIOLETT **S. 51** BRAUN **S. 52** ROSA **S. 53**

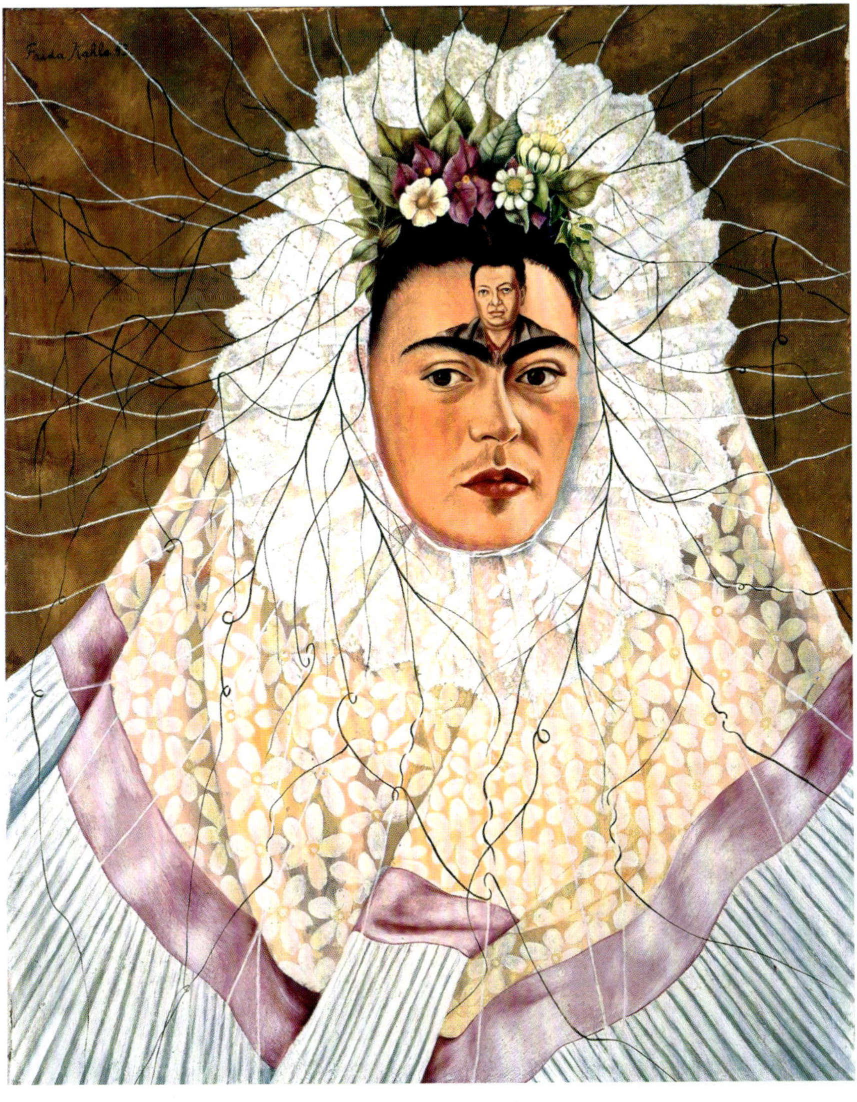
Frida Kahlo 43

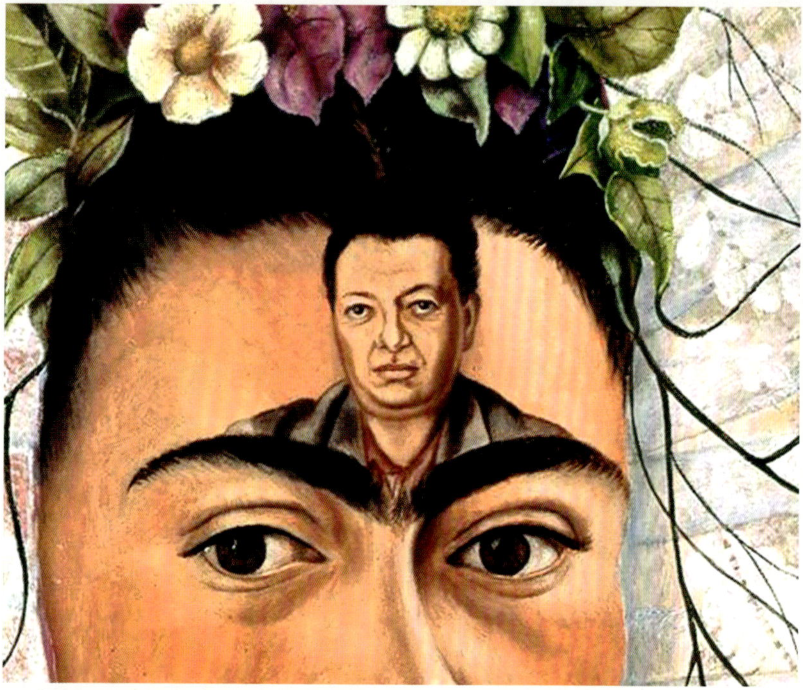

In ihrer Stirnmitte stellte sie ihren Gatten, den Maler Diego Rivera, in Form einer Tätowierung dar. Sein Oberkörper ruht auf der breiten schwarzen Linie ihrer Augenbrauen, die er gern mit den beiden Flügeln eines Vogels verglich.

FRIDA KAHLO (19071954)

Frida Kahlo war die Tochter eines deutsch-jüdischen Fotografen und einer Mexikanerin. Der Schwerpunkt ihres Werks lag auf Porträts und Selbstbildnissen. Sie verband in ihren häufig autobiografisch geprägten Gemälden komplexe Einflüsse miteinander – indianische, mexikanische und volkstümliche. Farbe nahm darin einen wichtigen Platz ein: Kahlo hatte einen starken Hang zu lebhaften Farben (Rot, Blau, Grün, kräftiges Rosa) und Ockertönen. Auch die Fassade des Hauses, in dem sie in Mexiko mit Diego Rivera lebte, die Casa Azul, das später Museum wurde, ist strahlend blau. Hiervon heben sich die roten Konturen und die grünen Türen und Fenster ab.

Weitere wichtige Werke

Die zwei Fridas, 1939, Mexiko-Stadt, Museo de Arte Moderno

Die gebrochene Säule, 1944, Mexiko-Stadt, Museo Dolores Olmedo

Der verletzte Hirsch, 1946, Privatbesitz

Der *resplandor*, den Frida Kahlo trägt, scheint unter ihrem Pinsel ein Eigenleben zu entwickeln. Die wie lange schwarze Haare aussehenden, aus dem Blumenkranz sprießenden zarten Wurzeln verflechten sich mit den aus dem Spitzengewebe herausragenden weißen Drähten. Dieses Gespinst symbolisiert Kahlos gedankliche Verwurzelung in der mexikanischen Geschichte und ihre aus der volkstümlichen Tradition stammende Ästhetik.

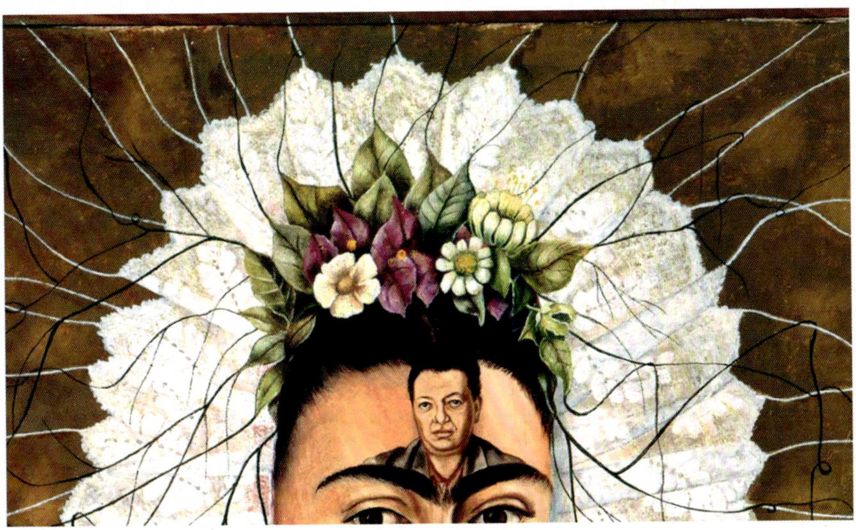

Vertical Constellation with Bomb

1943

ALEXANDER CALDER • LACKIERTER STAHLDRAHT, LACKIERTES HOLZ UND HOLZ • 77,5 × 75,6 × 61 CM • WASHINGTON, NATIONAL GALLERY OF ART

ALEXANDER CALDER (1898–1976)
Calders Werk ist sowohl genial als auch poetisch. Angefangen von seinem Miniaturzirkus aus Eisendraht und wiederverwendeten Materialien bis hin zu seinen Konstrukten in Bewegung (Mobiles) revolutionierte er die Geschichte der Bildhauerei. Die Umgebung des jeweiligen Werkes war ihm wichtig und damit zeigte er seine tiefe Verwurzelung in der „Realität", was man auch an seinen monumentalen Skulpturen für den öffentlichen Raum nach dem Zweiten Weltkrieg und sogar in seinen abstraktesten Kreationen erkennen kann.

Ende 1930 besuchte Alexander Calder das Atelier von Piet Mondrian, was ihn nachhaltig beeindruckte. Er entwarf seine ersten kinetischen Skulpturen, die „Mobiles", und bald danach statische Skulpturen, die „Stabiles". Die Reihe der Konstellationen aus dem Jahr 1943, also auch diese hier, gehört zur zweiten Gruppe.

Eigentlich arbeitete der Künstler besonders gern mit Metall, doch im Verlauf des Zweiten Weltkriegs wurde dieses knapp, daher verlegte er sich auf einen anderen Werkstoff: Holz. Er schnitzte es und fügte es mit steifen Stäben zusammen. Manche dieser oft organischen, manchmal auch geometrischen Formen sind in kontrastierenden Farben lackiert: Schwarz, Weiß, Rot, lebhaftes Blau, Orange, Gelb. Die Skulpturen waren sowohl zum Aufstellen, wie beispielsweise *Vertikale Konstellation mit Bombe,* als auch zum Aufhängen an der Wand gedacht.

Der Begriff „Konstellation", den auch sein Freund Marcel Duchamp (1887–1968) nutzte, spiegelt, wie schon die zehn Jahre zuvor entstandene Skulpturenreihe *A Universe,* Calders Interesse am Kosmos wider. Dieser Terminus verweist aufs Raumgreifen. Auch wenn das Gebilde statisch ist, so deuten die Wiederholung mancher Formen auf verschiedenen Ebenen und die energiegeladene Farbgebung doch auf Bewegung hin.

„Wie Kunst ausführen?", fragte Calder sich 1932. „Masse, Richtung, begrenzter Raum im weiten Raum, dem Universum. Verschiedene Arten von Masse, leicht, schwer, mittelschwer, dargestellt durch Veränderung in Größe und Farbe – Richtungen – Vektoren für Tempo, Geschwindigkeit, Beschleunigung, Kraft usw. […] Abstraktionen, die dem Leben in nichts ähnlich sind, außer in ihrer Reaktionsart."

Weitere wichtige Werke
Calder's Circus (Cirque Calder), 1926–1931, New York, Whitney Museum of American Art
Romulus and Remus, 1928, New York, Solomon R. Guggenheim Museum
Reims, Croix du Sud, 1969, Lille (Hauts-de-France / Frankreich), LaM (Lille Métropole, Musée d'art moderne, d'art contemporain et d'art brut)

PRIMÄR- UND KOMPLEMENTÄRFARBEN **S.27**

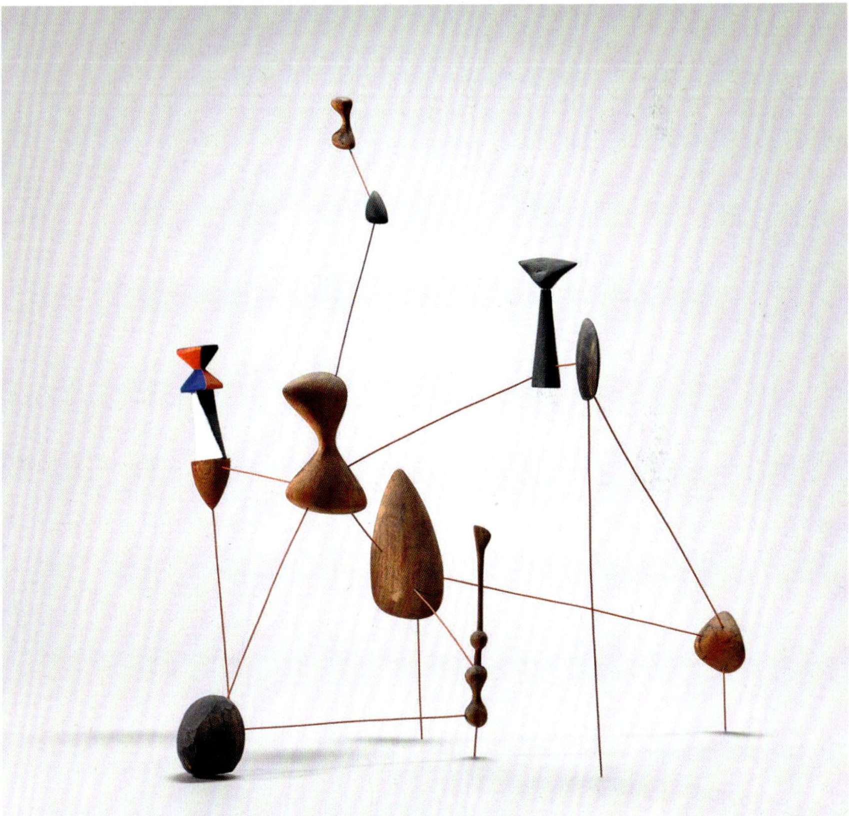

Rosenkranzkapelle

1948–
1951

HENRI MATISSE • VENCE (PROVENCE-ALPES-CÔTE D'AZUR/FRANKREICH), CHAPELLE DU ROSAIRE

Im Jahr 1948 wohnte Henri Matisse in Vence in der Villa Le Rève (der Traum) und entwarf dort Architektur, Innenausstattung und liturgische Gegenstände für die Rosenkranzkapelle. Das Gebäude, die Fenster, Weihwasserbecken, Messgewänder, Leuchter, Messkelche usw. – alles ersann der schon recht alte Künstler mit Unterstützung des Architekten Auguste Perret (1874–1954) sowie des Glasermeisters Paul Bony (1911–1982). Es war ein Gesamtkunstwerk und seine künstlerische Hinterlassenschaft, der krönende Abschluss seiner Forschungen zu Farbe, Synthese und Raumkunst.

Matisse setzte auf klare Linien und überließ dem Licht die Hauptrolle. Für die Pflanzenmotive auf den Fenstern im Chor, abstrakte Blätter in Form eines Lebensbaumes, ebenso wie für das Fenster am Altar mit Kaktusformen, wählte er drei reine Farben, Blau, Grün und Gelb, als Symbol für den mediterranen Himmel, die Natur und das Sonnen- bzw. das göttliche Licht. Das einfallende Tageslicht lässt die weiß gestrichenen Wände strahlen und belebt auch die an Wandmalereien erinnernden weißen Keramiktafeln mit ihren schwarzen Pinselzeichnungen (der Heilige Dominikus, die Jungfrau mit Kind und der Leidensweg Christi). Das Dach ist mit blau lackierten Ziegeln gedeckt, außerdem zieren zwei Keramiken die Fassade, ein Tympanon (wieder der Heilige Dominikus und eine Jungfrau) und ein Rundbild, nochmals Maria mit dem Jesuskind.

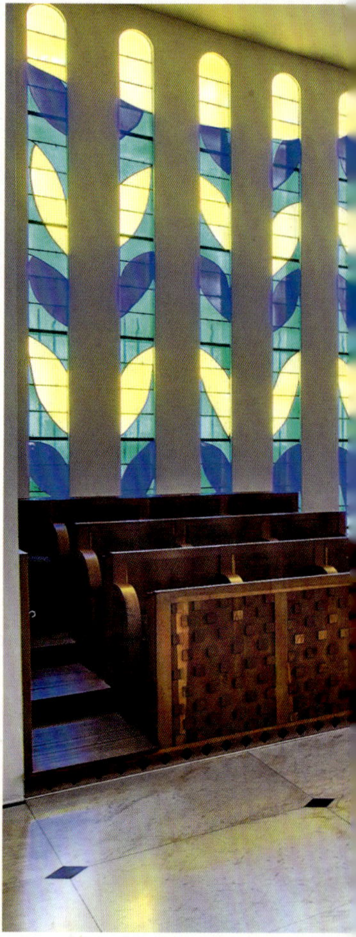

Als die Kapelle 1951 geweiht wurde, schrieb Matisse dem Bischof von Nizza: „An diesem Werk habe ich vier Jahre angestrengt und ausschließlich gearbeitet, und es ist das Ergebnis meiner gesamten beruflichen Laufbahn. Ich betrachte es trotz seiner Unvollkommenheiten als mein Meisterwerk. […] Es ist das Ergebnis einer lebenslangen Suche nach der Wahrheit."

GELB **S. 47** BLAU **S. 48** GRÜN **S. 49**

Weitere wichtige Werke
La Danse II (Der Tanz II), 1910, St. Petersburg, Eremitage
Nu bleu II (Blauer Akt II), 1952, Paris, Centre Pompidou
La Tristesse du roi (Die Trauer des Königs), 1952, Paris, Centre Pompidou

HENRI MATISSE (1869–1954)
Die Farbe stand bei Matisse immer im Vordergrund, und zwar von seiner überschwänglichen fauvistischen Periode zu Beginn des 20. Jh. bis zu seinen Scherenschnitten aus den 1940er Jahren, deren schlichte Form direkt aus der Farbe entstand. So konnte er seine Emotionen ausdrücken: „Meine Farbwahl beruht auf keiner wissenschaftlichen Theorie. Sie basiert auf Beobachtung, Gefühl, auf meiner Erfahrung von Empfindsamkeit."

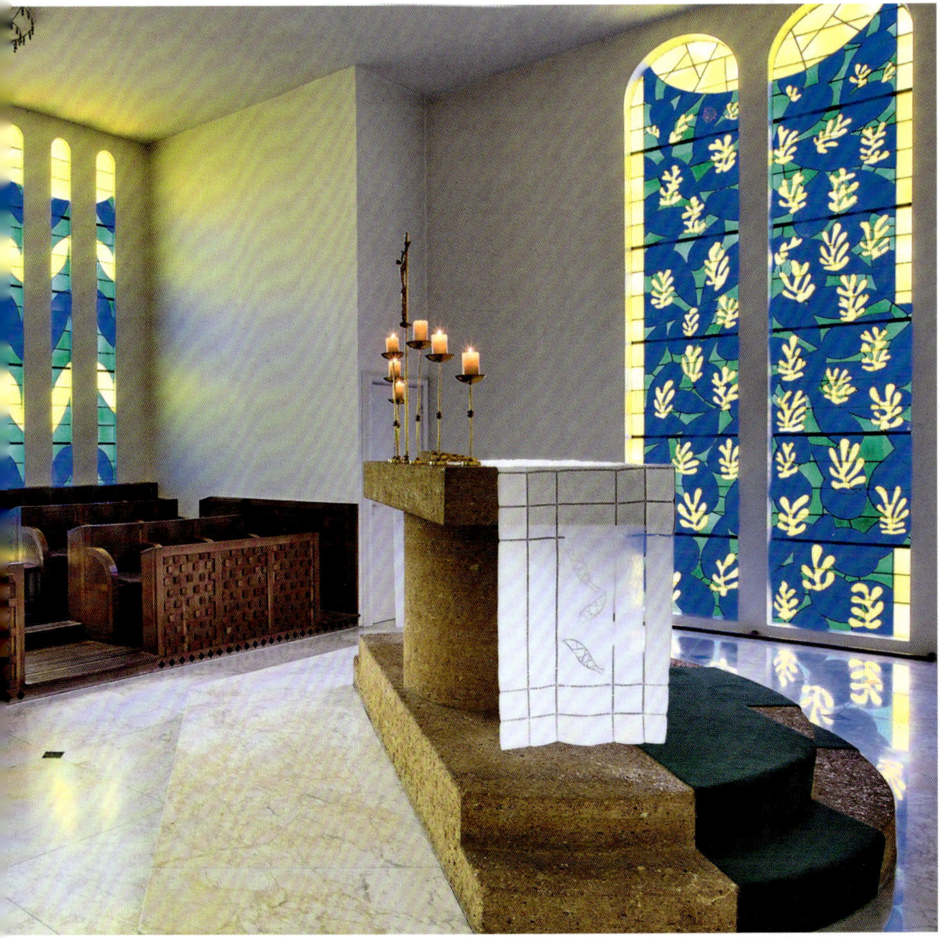

BUNTGLAS S. 207

White Center (Yellow, Pink and Lavender on Rose)

1950

MARK ROTHKO • ÖL AUF LEINWAND • 230,6 × 152,7 CM • PRIVATBESITZ

Weitere wichtige Werke
Nº 61 (Rust and Blue), 1953, Los Angeles, The Museum of Contempory Art
Orange, Red, Yellow, 1961, Privatbesitz
Untitled (Black on Grey), 1969–1970, New York, Solomon R. Guggenheim Museum

Als Mark Rothko *White Center* 1950 malte, beschäftigte er sich bereits seit einigen Jahren mit der Farbe in abstrakten Kompositionen aus einfachen Formen. Häufig wiederholte sich dasselbe Prinzip: eine Anordnung von farbigen Quadraten oder Rechtecken in vertikaler Ausrichtung.

Oft trug der Künstler mehrere Schichten einer Grundierung aus mit Hasenleim gemischtem Pigmentpulver auf und erhielt so eine matte Oberfläche. Mit einem dicken Anstreicherpinsel fuhr er die Rechtecke in einer anderen Farbnuance nach, hier Gelborange und Rosa, und erzeugte so unscharfe Konturen.

Rothko spielte mit den optischen Eigenschaften der Farben, indem er Opazität und Transparenz variierte und so eine unterschiedliche Tiefenwirkung erzeugte. Der wie in Dunst eingehüllte Aufbau erzeugt bei jedem Gemälde eine ganz eigene Leuchtkraft. Auch wenn Rothko mit diesen abstrakten Werken endgültig mit der gegenständlichen Malerei brach, so versuchte er doch, Phänomene aus der Erfahrungswelt des Menschen darzustellen: „Ich interessiere mich ausschließlich für den Ausdruck der einfachen menschlichen Regungen – Tragödie, Ekstase, Unglück usw. Und die Tatsache, dass viele Leute regelrecht zusammenbrechen und weinen, wenn sie vor meinen Gemälden stehen, zeigt doch, dass ich diese einfachen Emotionen kommunizieren kann. Wenn nur die Beziehung der Farben untereinander Sie berührt, entgeht Ihnen das Wesentliche."

FARBE IM REINZUSTAND **S. 37** ROT **S. 46** GELB **S. 47** ORANGE **S. 50** ROSA **S. 53** ←

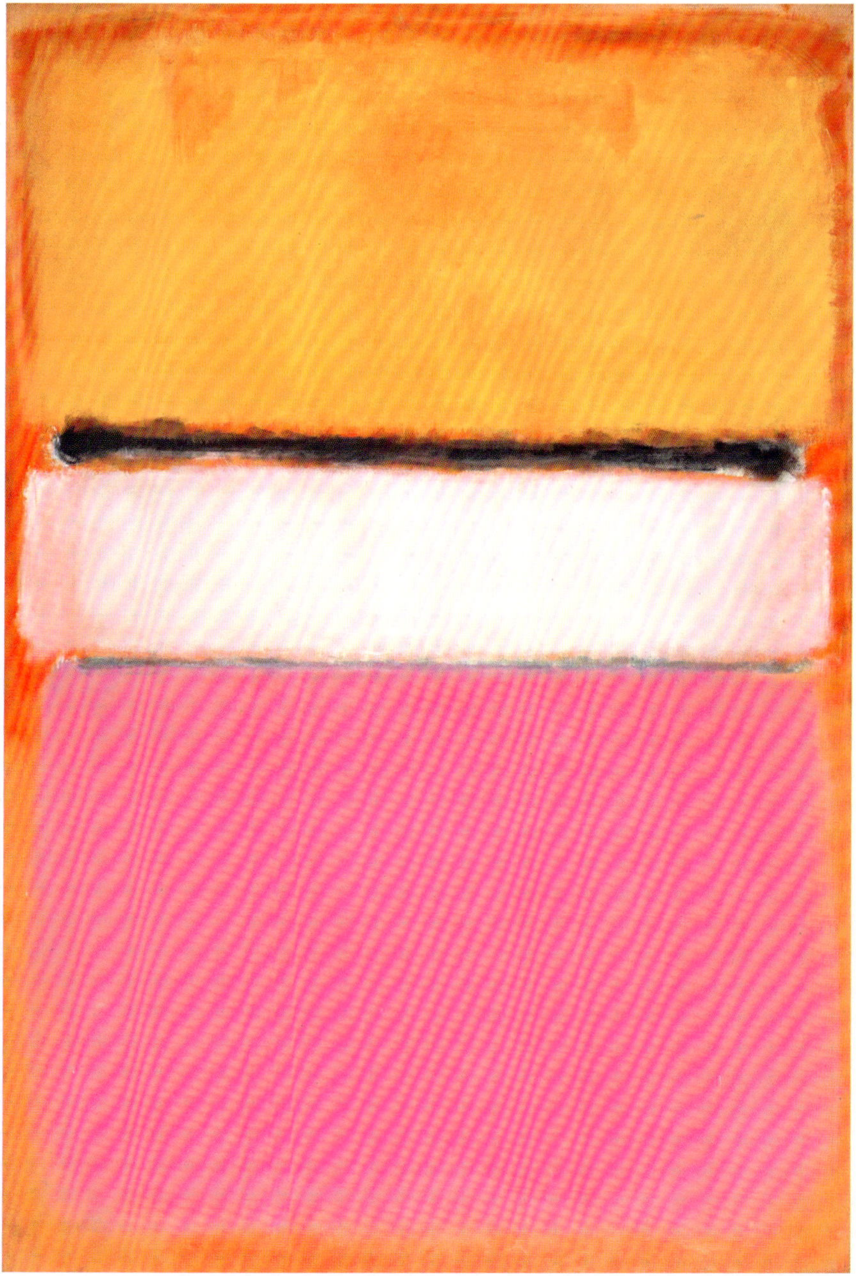

MALWERKZEUGE S. 197 GRUNDIERUNG UND FIRNIS S. 206

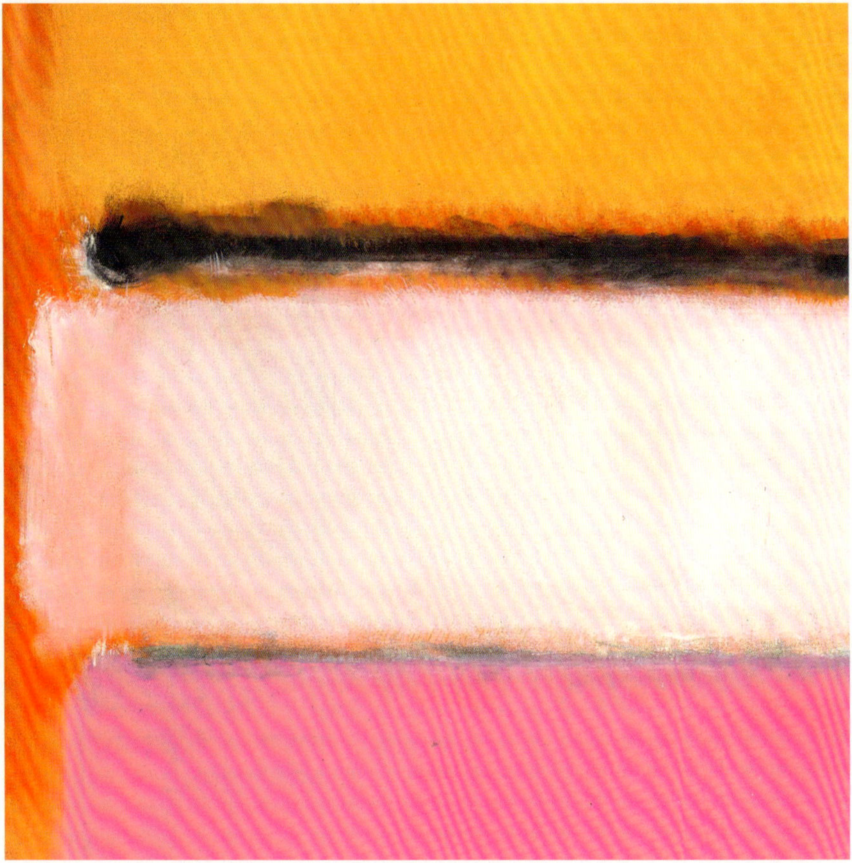

Bei Rothko sind die Farben glatt und rein aufgetragen. Sie geraten gern mit den benachbarten Farben in Schwingung, wie z. B. Weiß und Schwarz, die hier beide auf Rot aufgetragen wurden, Weiß grenzt außerdem an Rosa und Schwarz an Gelborange. Die unscharfen Konturen der farbigen Rechtecke verstärken die Kraft der Vibrationen noch.

MARK ROTHKO (1903–1970)
Der russischstämmige Rothko malte, wie andere amerikanische Künstler seiner Generation auch, zunächst gegenständlich. Erst waren es expressionistische, später vom europäischen Surrealismus beeinflusste Bilder. Gegen Ende der 1940er Jahre veränderte Rothko Ansatz und Ästhetik vollkommen und begeisterte damit Kritiker und Kunsthändler. Unermüdlich ordnete er zwei, drei oder vier farbige Rechtecke auf der Leinwand an, die vor dem Auge verschwimmen und in einer überraschenden Leuchtkraft vibrieren. Erst durch die Befreiung von der Gegenständlichkeit konnte Rothko eine direkte Beziehung zwischen Gemälde und Betrachter herstellen. Seine Großformate begünstigen die eintauchende Betrachtungsweise, was diese Beziehung noch verstärkt.

Mark Rothkos Gemälde lädt zur Kontemplation ein. Durch nacheinander auf die Leinwand aufgetragene Farbschichten entfaltet die Farbe ihre ganze Fülle. Hier lässt das recht verdünnt aufgetragene Gelb teils den orangefarbenen Untergrund durchscheinen.

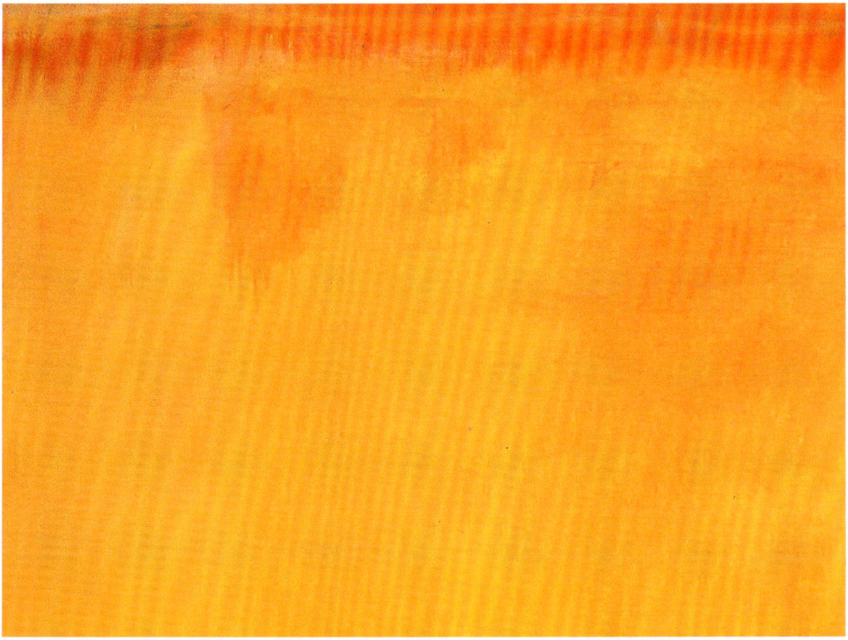

Sky Cathedral

1958

LOUISE NEVELSON • LACKIERTES HOLZ • 343,9 × 305,4 × 45,7 CM • NEW YORK, MUSEUM OF MODERN ART

LOUISE NEVELSON (1899–1988)
Nevelson war stark vom Kubismus beeinflusst, und davon, wie dort mit Schatten und Licht umgegangen wurde und wie wichtig Struktur war. Wegen schlechter Verfügbarkeit an Materialien während des Zweiten Weltkriegs entdeckte sie Holz für sich. Von den 1950er Jahren an beschäftigte sie sich bei ihren monochromen Assemblagen eingehend mit Linienführung, Eindimensionalität und Oberfläche, so wie es ihre Zeitgenossen – Barnett Newman (1905–1970), Mark Rothko oder Clyfford Still (1904–1980) – unter dem Sammelbegriff abstrakter Expressionismus in der Malerei taten.

Himmelskathedrale gehört zu einem Zyklus von monumentalen Wandskulpturen, den Louise Nevelson Ende der 1950er Jahre begonnen hatte. Die komplexen, heterogenen Assemblagen bestehen aus Altholz, das die Künstlerin auf den Straßen New Yorks gesammelt hatte.

So entstanden aus Kästen, Obst- und Weinkisten Abteile, in denen Stuhlbeine, Radkränze und andere Gegenstände aus gedrechseltem Holz befestigt wurden. In einem zweiten Arbeitsgang verband die Künstlerin diese Einheiten miteinander – und manchmal baute sie sogar ein Teil aus einem bereits fertigen Kunstwerk aus, um es in ihrem neuen noch einmal zu verwenden.

Zwischen Leere und Fülle, Schatten und Licht, Oberfläche und Tiefe wurde ein Rhythmus geschaffen, den die monochrome Farbe, meist Schwarz, mitunter Weiß und hin und wieder auch Gold oder Silber, zu einer Einheit verband; dabei trat die ursprüngliche Funktion dieser Gegenstände in den Hintergrund. „[…] ich denke nicht, dass ich das Schwarz gewählt habe", erklärte Nevelson 1976. „Ich denke, es hat mich gewählt, um etwas auszudrücken. Sehen Sie, meiner Meinung nach sagt es mehr aus als irgendetwas sonst. In den Kunstschulen war man der Ansicht, dass Schwarz und Weiß gar keine Farben seien, aber ich lehne diese Lehrmeinung ab und behaupte, dass [Schwarz] die absolute Farbe ist. Es bedeutet Gesamtheit. Das heißt, es enthält alles andere."

Der Werktitel zeigt Nevelsons Neigung zur Spiritualität. Ihr Werk ist streckenweise widersprüchlich, doch in den Augen der Künstlerin ist es eine Brücke zwischen der irdischen und der himmlischen Welt.

Weitere wichtige Werke
Atmosphere and Environment X (Atmosphäre und Umgebung X), 1969–1970, Princeton (New Jersey/USA), Princeton University Art Museum
Dawn's Presence (Morgendämmerung), 1972–1975, Norfolk (Virginia/USA), Chrysler Museum of Art
Full Moon (Vollmond), 1980, Winston-Salem (North Carolina/USA), Reynolda House Museum of American Art

SCHWARZ **S. 44**

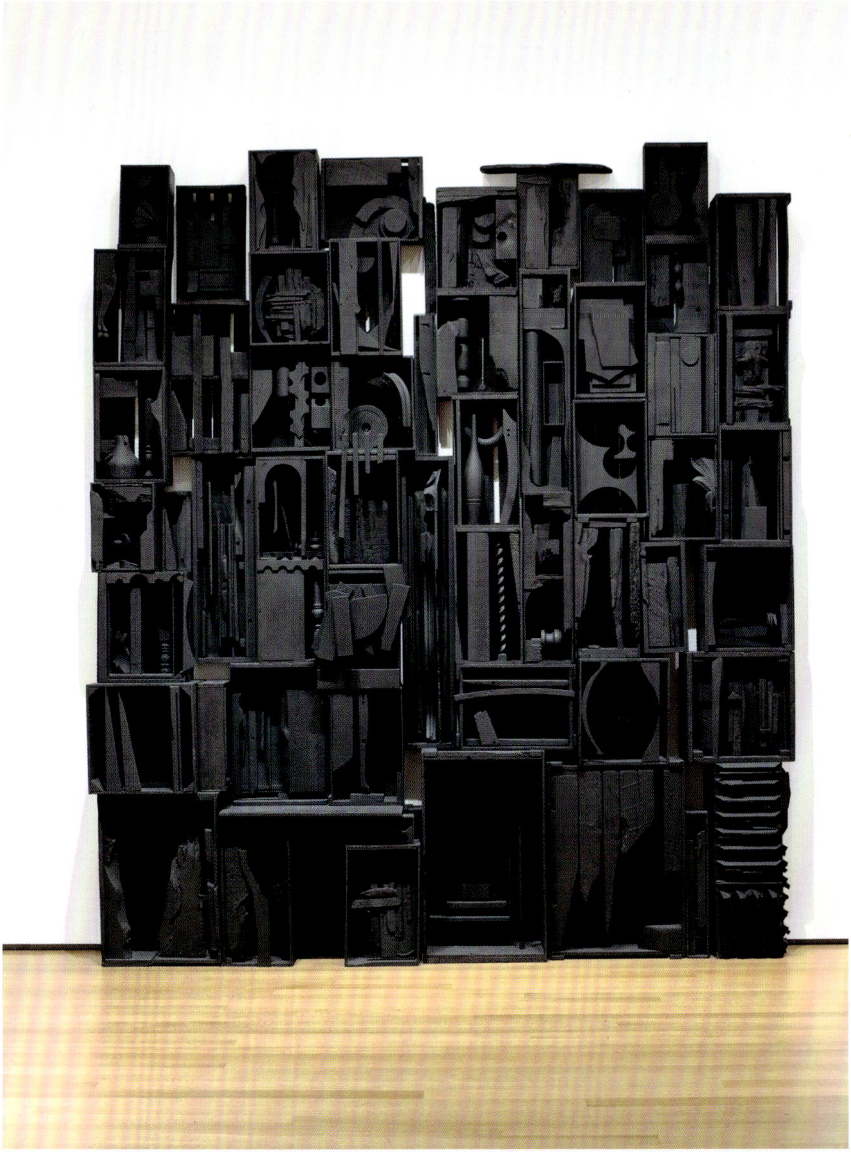

Concetto spaziale. Attese (T.104)

1958

LUCIO FONTANA • VINYLFARBE AUF LEINWAND • 125 × 100,5 CM • PARIS, CENTRE POMPIDOU

LUCIO FONTANA (1899–1968)
Fontana stellte den Raum in den Mittelpunkt seiner Arbeit. Mit verschiedenen Mitteln, beispielsweise Licht, Farbe und Spalt, ließ er die Umgebung in sein Werk – ob nun Gemälde, Skulptur oder Objekt – eindringen und sich gleichzeitig von Mystik und dem Wunsch, sich von jeglicher Stofflichkeit zu befreien, leiten.

Lucio Fontana experimentierte bei verschiedenen Bildträgern (Leinwand und Papier, später auch Rhodoid und Plexiglas) mit der Perforation und schuf 1958 unter dem Oberbegriff Concetto spaziale (Raumkonzept) seine ersten Schnitte *(tagli):* vertikale oder manchmal auch leicht schräg gesetzte Spalte, die die monochrome Oberfläche eines Gemäldes wie nach einem gewaltsamen Messerangriff (zer)stören. Der Kontrast zwischen der uni flächig bemalten Leinwand und dem düsteren Einschnitt steht sowohl im Schaffensprozess als auch in der Wirkung für eine gewisse Gewalttätigkeit. Diese Aktion unterstreicht die Dreidimensionalität des Gemäldes, das durch seine Öffnung in den Raum hinein zum bildhauerischen Objekt wird. In Fontanas Augen kann man durch diese minimale und doch radikale Geste in eine Art Vakuum wie bei dem sich ausdehnenden Universum gelangen. Der Untertitel Attese (Erwartung) weist auf die dem Künstler wichtige Suche nach Spiritualität und Kontemplation hin. Das blasse Rosa, eine Vinylfarbe mit stark deckender Eigenschaft, verleiht dem Doppelspalt etwas Sinnliches.

Die Raumkonzepte beschäftigten Fontana ein ganzes Jahrzehnt lang, bis zu seinem Tod im Jahr 1968. Sie ordnen sich in seine 1946 begonnene Forschungsreihe mit mehreren Manifesten über den Raum ein. „Künstler, die dem *Movimento spaziale* (Raumkunst) angehören", erklärte er 1947, „wollen mit der Tradition brechen und eine Vision oder Vorstellung von Raum vermitteln."

Weitere wichtige Werke
Concetto spaziale sferico (Dreidimensionales Raumkonzept), 1957, Faenza (Emilia-Romagna / Italien), Museo Internazionale delle Ceramiche
Concetto spaziale. Attese, 1960, Buffalo (New York / USA), Albright-Knox Art Gallery
Concetto spaziale. La fine di Dio (Das Ende Gottes) (63-FD.17), 1963, Paris, Centre Pompidou

MONOCHROMIE **S. 36** ROSA **S. 53**

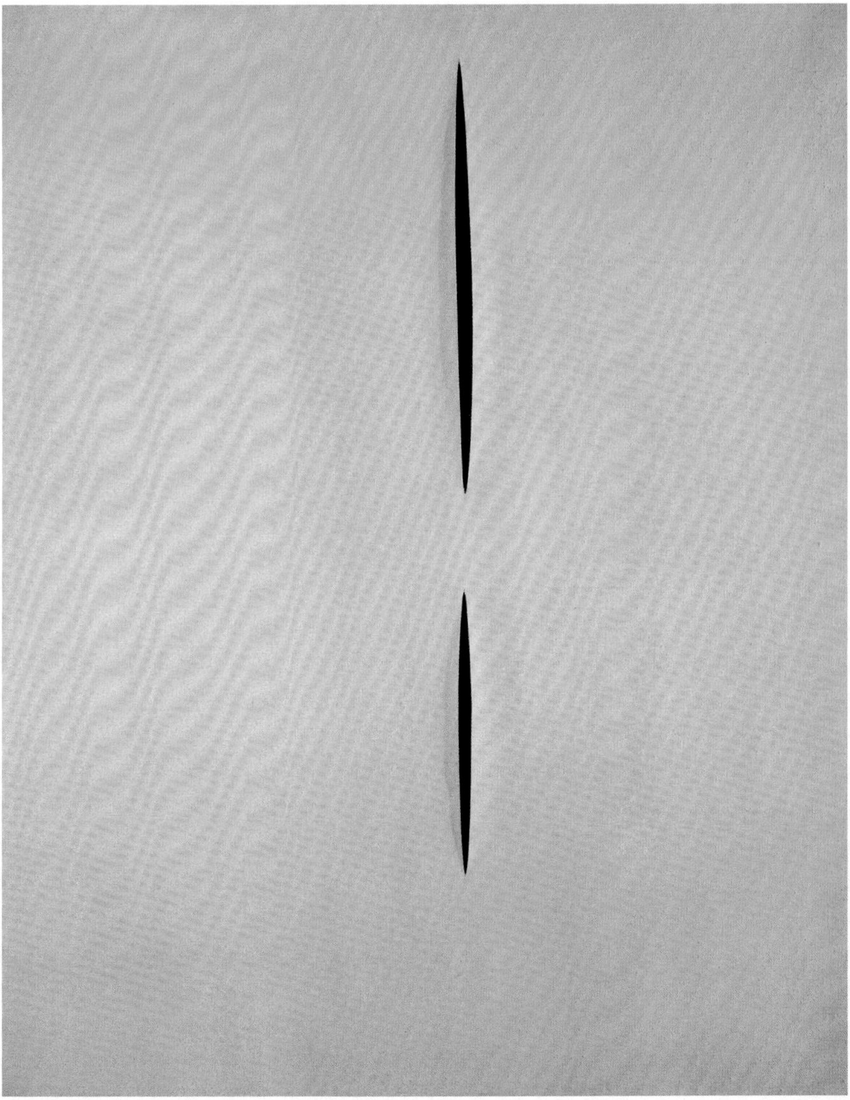

ACRYL UND VINYL S. 205

Monochrom Blau

1961

YVES KLEIN • REINE FARBPIGMENTE UND KUNSTHARZ AUF LEINWAND, AUF HOLZ AUFGEZOGEN • 195,1 × 140 CM • NEW YORK, MUSEUM OF MODERN ART

YVES KLEIN (1928–1962)
Klein begann 1949 monochrome Bilder in verschiedenen Farben zu malen und widmete sich später intensiv dem Blau. 1960 fügte er seiner Farbpalette in nahezu alchimistischer Weise das mit Blut assoziierte Rosa und das für stoffliche Verwandlung stehende Gold hinzu.

Yves Klein hinterlegte 1960 beim französischen Institut für geistiges Eigentum sogenannte Soleau-Umschläge (eine französische Besonderheit – behelfsmäßige und vereinfachte Registrierung von Erfindungen mit dem Namen des Erfinders – und kostengünstiger als ein regulärer Patentantrag) und ließ sich seine chemische Formel für das Bindemittel, mit dem er die Pigmente seines lebhaften Blaus fixierte, registrieren. Damit hieß dieses in seinen monochromen Gemälden so oft dargestellte Blau offiziell International Klein Blue (IKB). Dank dieser Formel verlieh Klein der mit der Rolle aufgetragenen Farbe ihre charakteristische samtartige Textur. Mit der Zeit trug er immer feinere, ebenmäßigere Farbschichten auf. Hier rundete er die Ecken ab, um die Wahrnehmung des Werks auf der Wand im Hintergrund leicht zu verändern.

Zwischen 1950 und seinem Tod im Jahr 1962 malte Klein 194 monochrom blaue Bilder. „Blau hat keine Dimension“, erklärte er 1959. „Es liegt außerhalb von Dimensionen, andere Farben haben jedoch eine Dimension. Das sind psychologische Räume. […] Alle Farben bringen Assoziationen zu konkreten Vorstellungen mit, materieller Natur oder psychologisch fassbar. Blau aber erinnert höchstens an das Meer oder den Himmel, was letztendlich das Abstrakteste in der Realität ist.“ Dieses Blau gehört also zum rein spirituellen Raum. In seiner künstlerischen Praxis setzte Klein auch seine Judokenntnisse ein, denn es handelt sich hier um einen Sport, der traditionell auf den Kräften der Natur (Luft, Wasser, Feuer, Erde) beruht. Er selbst war der erste Franzose in der Geschichte, der den Grad des schwarzen Gürtels, vierter Dan, erreichte. Außerdem stand er unter dem Einfluss des esoterischen Gedankenguts der Rosenkreuzer. Klein war wohl der mystischste Künstler der Neuen Realisten.

Weitere wichtige Werke
M 72. Monochrome jaune »violet«, 1957
Chéquier (Schachbrett), 1959, beide: Paris, Centre Pompidou
Le Rose du bleu (The Pink of Blue) (RE 22), 1960, Privatbesitz

MONOCHROMIE **S. 36** POP-ART **S. 39** BLAU **S. 48**

BLAUE PIGMENTE S. 194 INDUSTRIEWERKSTOFFE S. 209

Tir (Schießbild)

1961

NIKI DE SAINT PHALLE • GIPS, FARBE, METALL, VERSCHIEDENE OBJEKTE AUF PRESSHOLZ • 175 × 80 CM • PARIS, CENTRE POMPIDOU

NIKI DE SAINT PHALLE (1930–2002)
Niki de Saint Phalle wurde zunächst durch ihre Assemblage- und ihre Schießbilder bekannt. Sie stand den Neuen Realisten nahe und schuf eine „Attentats"-Kunst, die gegen Konventionen, Normen und männliche Vorherrschaft opponierte. Bald entwickelte sie auch ihre ersten Nanas: sinnliche, farbige Frauenfiguren. Laut dem Kunsthistoriker Thierry Dufrêne waren diese nun ein Anschlag auf den guten Geschmack, mit den Nanas wurde sie jedoch sehr berühmt.

Zwischen 1961 und 1963 fertigte Niki de Saint Phalle zwölf „Schießbilder" an. Ihr Ansatz war hierbei immer gleich: Sie entwarf erst „vorbereitete Tafeln", die aus einer Platte bestanden, auf der sie gebrauchte Gegenstände (Shampooflaschen, Spielzeugwaffen, Kanister usw.), Nahrungsmittel sowie Farbbeutel befestigte und dann alles mit weißem Gips überzog. Während der Performance schoss sie selbst mit einem Gewehr oder ließ andere Künstler schießen, sodass die Farbbeutel platzten und die Farbe am Bild hinunterlief. Inszenierungen schätzte sie sehr und so erschien sie oft in einem weißen Overall und mit schwarzen Stiefeln. Mit ihrer Waffe ging sie, einer Amazone gleich, sehr geschickt um, womit sie Revolte und Gewaltausübung ausdrücken wollte.

Mit ihren Aktionen feuerte die Künstlerin gegen ihr persönliches Leid, wie sie selbst erklärte, aber auch gegen gesellschaftliche Heuchelei, Institutionen, Kriege und natürlich die Kunstgeschichte und das Konzept eines Gemäldes: „Ich schoss, weil es mir Spaß machte und eine außergewöhnliche Empfindung in mir auslöste. Ich schoss, denn es faszinierte mich, das Bild bluten und sterben zu sehen. […] Weiße Reinheit. Opfer. Auf die Plätze! Fertig! Feuer! Rot, Gelb, Blau, das Gemälde weint, das Gemälde ist tot. Ich habe das Gemälde getötet. Und es ist doch auferstanden." So parodierte sie manch künstlerische Ansätze ihrer Zeitgenossen, insbesondere den abstrakten Expressionismus aus den Vereinigten Staaten und die lyrische Abstraktion in Frankreich.

Weitere wichtige Werke
Strawinski-Brunnen, 1983, Paris, Place Igor Stravinski am Centre Pompidou
Nana sur un dauphin (Nana on a Dolphin), 1998
Les Trois Grâces (The Three Graces), 1999, beide: Washington, National Museum of Women in the Arts

POP-ART **S. 39** WEISS **S. 45**

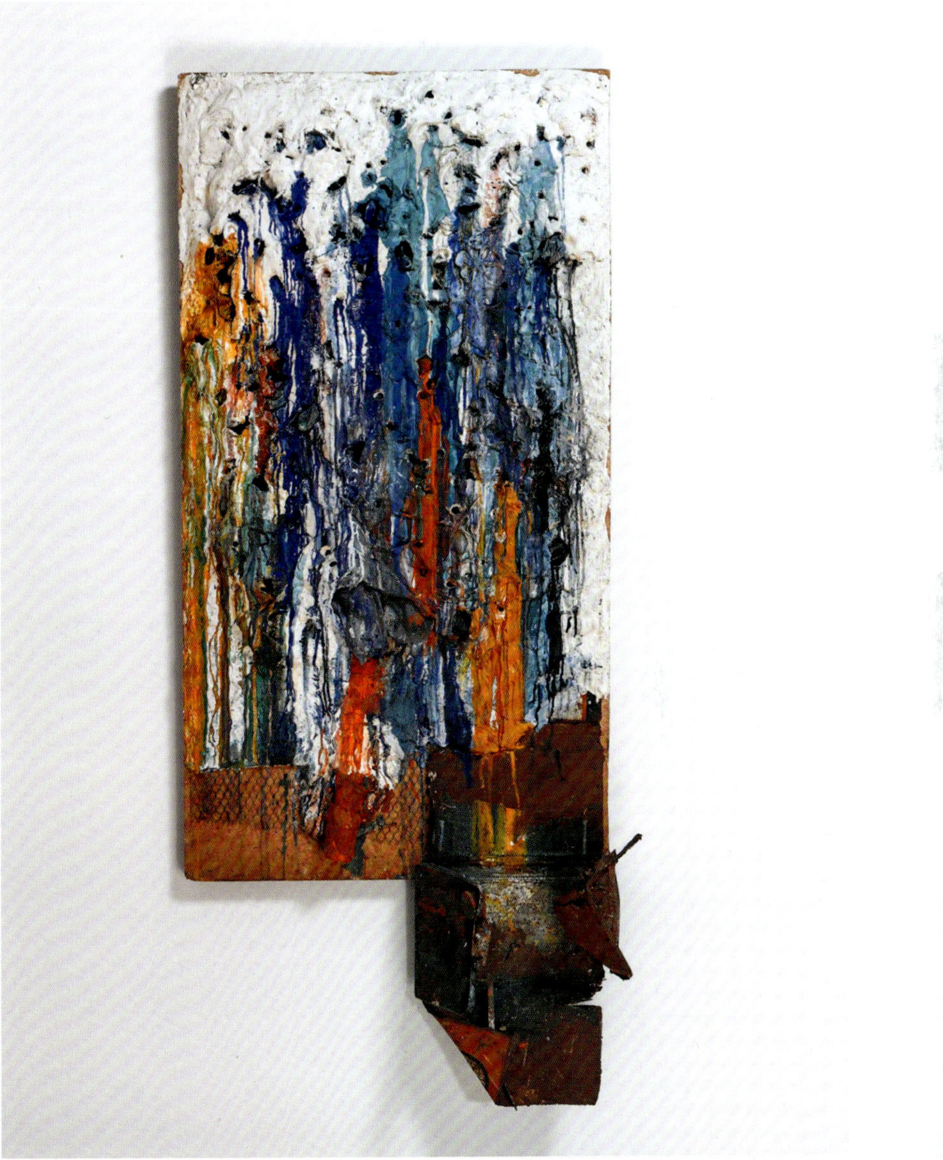

INDUSTRIEWERKSTOFFE S. 209

Gold Marilyn Monroe

1962

ANDY WARHOL • SIEBDRUCKTINTE UND ACRYLFARBE AUF LEINWAND • 211,4 × 144,7 CM • NEW YORK, MUSEUM OF MODERN ART

ANDY WARHOL (1928-1987)
Andy Warhol war der postmoderne Künstler schlechthin – ironisch und ein Tausendsassa. Er war zugleich Maler, Rockproduzent, experimenteller Cineast und sogar Zeitschriftenverleger, umgab sich mit Möchtegernaussteigern, Poeten, Musikern und Mannequins, die an Veranstaltungen in der „Fabrik" (The Factory / Silver Factory) teilnahmen. Die Silver Factory war ein Loft, das der Fotograf und Regisseur Billy Name (1940–2016) vollständig mit Aluminiumfolie ausgekleidet und silbern gestrichen hatte – inklusive Fenster. Er bezog sich damit auf die Eroberung des Weltraums, Spiegelrückseiten aus Silber und Kinoleinwände (im Englischen *silver screen* genannt).

Im August 1962 fertigte Andy Warhol anlässlich des Todes von Marilyn Monroe (1926–1962) die ersten Siebdrucke von ihr an. Vorlage war ein Schwarz-Weiß-Foto, das Gene Kornman (1897–1978) neun Jahre zuvor als Werbung für Joseph L. Mankiewiczs (1909–1993) Film *Niagara* gemacht hatte. Er bearbeitete das Original (Cambridge / Boston / Massachusetts / USA, MIT Libraries) und begann dann mit der Pinselarbeit. Der Künstler trug zunächst Bereich für Bereich Farbe auf die Leinwand auf: Türkis für die Augenlider und den Kragen, Rosa für die Haut, Rot für die Lippen und Gelb für die Haare. Danach erstellte er einen Siebdruck der Gesichtszüge. Den Rest malte er golden aus. Diese Technik machte aus dem Porträt des größten Kinostars Hollywoods zwar eine Ikone im byzantinischen Sinne des Wortes, aber diese Ikone war wie Massenware mit aus der Werbung stammenden schreienden Farben hergestellt worden. Warhol beleuchtete hier durch die Reproduktion und Farbgebung eines Bildes die Vermarktung von Berühmtheiten. Allerdings war er selbst eher fasziniert als kritisch.

Warhol konnte mit seinen industriellen und genormten Herstellungsmethoden eine große Anzahl verschiedener Versionen des Gesichts der Schauspielerin anfertigen. Damit änderte sich das Bild vom Maler als Held des Kunstgeschehens, das bereits seit einem Jahrzehnt vor allem durch den abstrakten Expressionismus wieder ganz aktuell war. Warhol stellte das Kunstwerks als Ausdruck von Originalität radikal infrage. In *Die Philosophie des Andy Warhol von A bis B und zurück* von 1975 merkte Andy Warhol an: „Ich finde, dass alle Gemälde gleich groß sein und die gleiche Farbe haben sollten, sodass sie austauschbar wären und niemand das Gefühl hätte, ein gutes oder schlechtes zu haben."

Weitere wichtige Werke
Campbell's Soup Cans, 1962, New York, Museum of Modern Art
Marilyn Diptych, 1962, London, Tate Modern
Dollar Sign, 1981, Amsterdam, Moco Museum

POP-ART **S. 39** ROT **S. 46** GELB **S. 47** BLAU **S. 48** ROSA **S. 53** GOLD **S. 56**

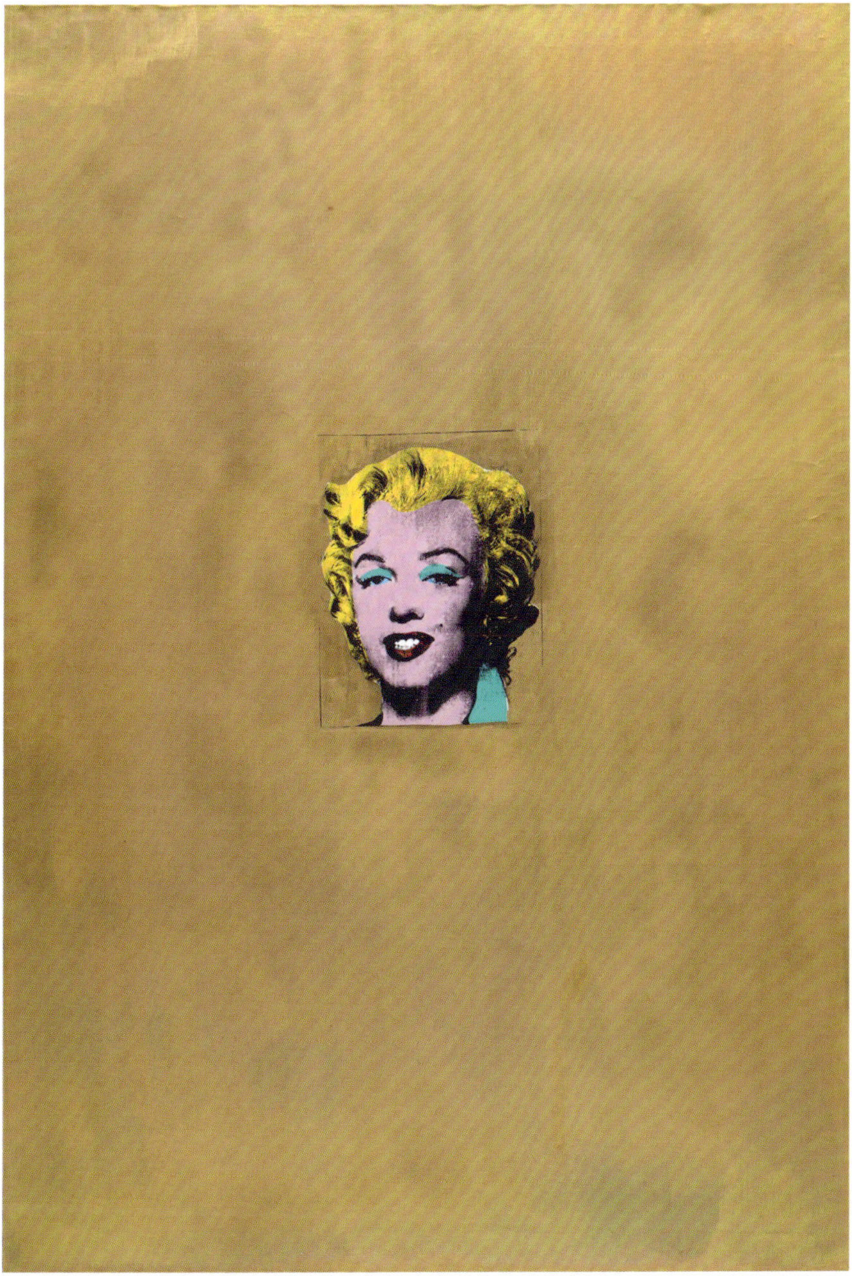

FARBIGE DRUCKGRAFIK **S. 208**

Homage to the Square: (Huldigung an das Quadrat:) Joy (Freude)

1964

JOSEF ALBERS • ÖL AUF FASERPLATTE • 76 × 76 CM • PRIVATBESITZ

Im Jahr 1950 gab Josef Albers seinen Arbeiten zur Farbe, die seit seinen Anfängen in all seinen Werken omnipräsent ist, mit seiner Gemäldereihe *Huldigung an das Quadrat* eine neue Wendung. Bis zu seinem Tod 1976 malte er mehr als 2000 solcher Huldigungen, fast täglich eine.

Alle Werke beruhen auf dem gleichen Prinzip: drei oder vier opake, übereinanderliegende Quadrate in verschiedenen Farben, die zur Bildmitte hin allmählich ansteigen. Warum? Er wollte durch verschiedene Farbkombinationen und ihre Interaktionen die Relativität von Farbe erforschen, er nannte es seine Täuschung. Die Farben wurden direkt aus der Tube mit dem Messer auf eine mit weißem Gesso bestrichene Isorel-Platte (Holzfaserplatte) aufgetragen, vom kleinsten Quadrat hin zum größten. Auch wenn alle Bilder gleich aufgebaut sind, variiert ihre Wirkung, abhängig von den jeweils gewählten Farbtönen: Mitunter scheinen die Quadrate dem Betrachter näherzukommen, ein anderes Mal scheinen sie sich zu entfernen oder zu schrumpfen und wieder ein anderes Mal vibrieren sie in einem ganz einzigartigen Licht. So erzeugt das gelbe Quadrat bei *Huldigung an das Quadrat: Freude* in der Bildmitte eine leicht verschleierte Öffnung.

1952 schrieb Albers: „Ohne spezifische Hilfsmittel sehen wir eine Farbe nie einzeln oder für sich allein (wie man einzelne Töne hören kann), doch mit vielen Parametern können wir unser Sehen dahingehend beeinflussen und unsere physiologische optische Wahrnehmung in eine psychologische verwandeln.“ Hinter der Huldigung an das Quadrat verbirgt sich nämlich in Wahrheit eine leidenschaftliche Hommage an die Farbe.

Weitere wichtige Werke
Homage to the Square: With Rays (Huldigung an das Quadrat: Mit Streifen), 1959, New York, The Metropolitan Museum of Art
Homage to the Square: Gradation (Huldigung an das Quadrat: Abstufung), 1963, Ottawa, National Gallery of Canada
Manhattan, 1963/2019, New York, MetLife Building

JOSEF ALBERS (1888–1976)

Albers war sowohl ein begnadeter Pädagoge als auch Kunsttheoretiker und Vorläufer des Minimalismus. Zunächst war er Dozent, später Professor am Bauhaus, 1933 ging er mit seiner Ehefrau Anni, ebenfalls Künstlerin und Lehrerin, ins Exil in die USA. Über Vincent van Gogh und Edvard Munch (1863–1944) entdeckte Albers die Farbe für sich. Sein Interesse lag bei der Glasmalerei, bei Mobiliar, typografischer Gestaltung, Falzen und natürlich Malerei. Er war sich der Tatsache bewusst, dass Wahrnehmung immer nur subjektiv sein kann.

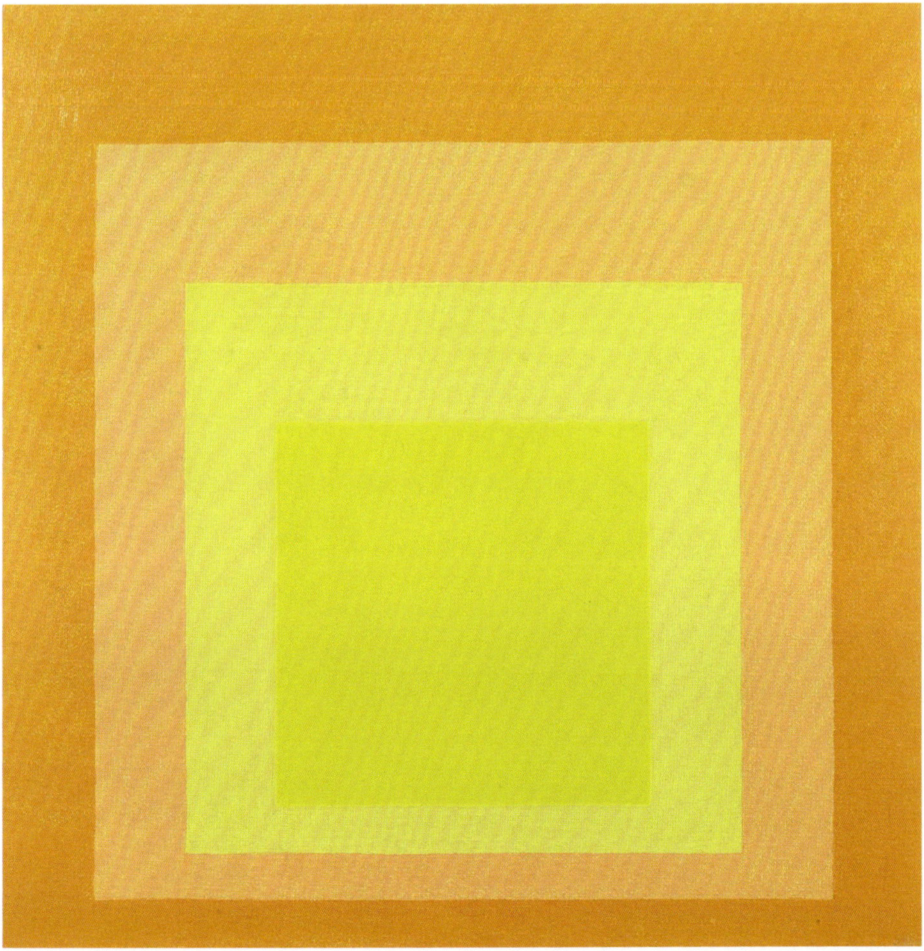

Flood

1967

HELEN FRANKENTHALER • ACRYL AUF LEINWAND • 315,6 × 356,9 CM • NEW YORK, WHITNEY MUSEUM OF AMERICAN ART

HELEN FRANKENTHALER (1928–2011)
Helen Frankenthaler war eine der bedeutendsten Vertreterinnen des abstrakten Expressionismus. Schon in den 1950er Jahren trug sie Farbe direkt und flächig auf ihre meist großformatigen Leinwände auf, damit sie, wie sie es ausdrückte, „die Künstlergeste“ besser außen vorlassen konnte: „Ich beginne nicht mit einer Anordnung von Farben, sondern ich finde die Farbe so nach und nach“, erklärte sie 1965. „Ich erlebe lieber eine unangenehme Überraschung, als mich nur mit Dingen zu beschäftigen, die ich sowieso schon kann.“ Später arbeitete sie mit übereinandergemalten Farben und stärkeren Kontrasten. In den 1980er Jahren ließ sie die Einflüsse des Kubismus wieder aufleben.

In Helen Frankenthalers *Flood (Flut)* fließen Farben regelrecht auf die Leinwand: Ocker, Blau, Grün, Beige, Mauve, durch Beige hervorgehobenes Gelb und Rosa. Seit den 1950er Jahren verwandte die Künstlerin die Soak-Stain-Technik (Einfärbetechnik). Diese eröffnete wiederum einen neuen Weg zugunsten des abstrakten Expressionismus, einen weniger heroischen, männlich geprägten Zugang: die Color Field Painting (Farbfeldmalerei). Auf der auf dem Boden ausgebreiteten Leinwand goss Frankenthaler mit Terpentin verdünnte Pigmente aus. Die dadurch sehr volatile Farbe zog wie bei einer Batikfärbung durch Kapillarwirkung tief in den nicht grundierten Stoff ein.

Wie die meisten Künstler des abstrakten Expressionismus sprach auch Helen Frankenthaler sich für eindimensional wirkende Gemälde aus, lehnte den aus der Renaissance stammenden Illusionismus als Bildsprache ab und hatte einen starken Hang zur Farbigkeit, mit der sich genau diese Eindimensionalität der Oberfläche besonders gut darstellen ließ. Doch im Gegensatz zu einigen ihrer Kollegen blieb sie im „Realen“ verhaftet, insbesondere in der Natur. 1968 erklärte sie: „Ich betrachte meine Gemälde als aufbrechende Landschaften, Welten und Distanzen auf einer ebenen Fläche.“ So schildern die verschiedenen Farben in *Flood* zusammenfassend und vergleichend eine dieser Landschaften, mit ihren Bestandteilen Erde, Wasser, Wald, Hügeln und wolkenverhangenem Himmel.

Weitere wichtige Werke
Mountains and Sea, 1952, Washington, National Gallery of Art
Small's Paradise, 1964, Washington, Smithsonian American Art Museum
Cameo, 1980, Canberra, National Portrait Gallery

FARBE IM REINZUSTAND **S. 37** GELB **S. 47** BLAU **S. 48** GRÜN **S. 49** VIOLETT **S. 51** ROSA **S. 53**

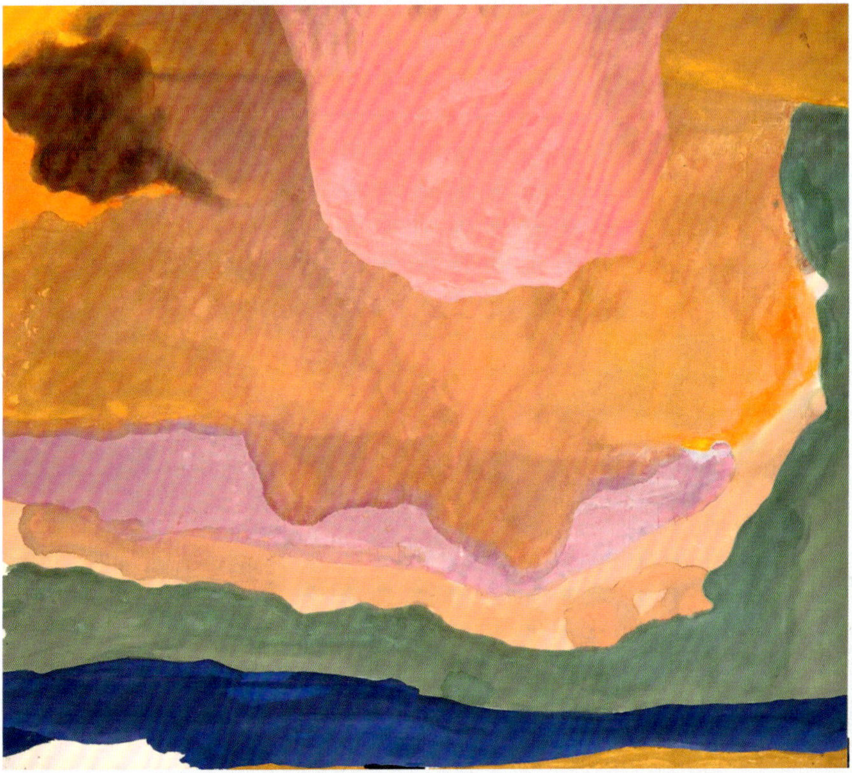

ACRYL UND VINYL S. 205 GRUNDIERUNG UND FIRNIS S. 206

Einfärbung des Canale Grande in Venedig

1968

NICOLÁS GARCÍA URIBURU • FOTOGRAFIE • 76 × 50,5 CM • NEW YORK, THE METROPOLITAN MUSEUM OF ART

NICOLÁS GARCÍA URIBURU (1937–2016)
Uriburu war ein früher Vertreter der Land Art. Er wollte das Kunstwerk von den üblichen formalen, ikonografischen und ästhetischen Konventionen befreien und schuf „hydrochromatische" Performances, bei denen er rund um den Globus Flüsse und Bäche mit Fluorescein einfärbte. Grün, unterstrich er, sei die Farbe der Hoffnung.

Am 19. Juni 1968, drei Tage vor der Eröffnung der 34. Biennale in Venedig, bestieg Nicolás García Uriburu, der nicht offiziell an der Ausstellung teilnahm, eine Gondel und gestaltete ein monumentales Kunstwerk der besonderen Art. Mithilfe seines Gondoliere Memo goss er 30 Kilogramm des ökologisch unbedenklichen und biologisch abbaubaren Farbstoffs Fluorescein in den Canale Grande. An der Luft ist dieser Farbstoff rot und färbt sich im Kontakt mit Wasser fluoreszierend grün. Auf einer Länge von drei Kilometern verfärbte sich die Lagune und sah aus wie giftige Säure. Die Dogenstadt eignete sich erstklassig für diese spektakuläre Aktion, mit der der Künstler das Zusammenspiel von Natur und Zivilisation sichtbar machen und auf die dramatischen ökologischen Auswirkungen hinweisen wollte. Für einige Stunden nach der Einleitung der Farbe schienen die venezianischen Kanäle unter einer furchtbaren Verschmutzung zu leiden.

Es ist auch eine radikale Art, Farbe von ihrem üblichen Umfeld, dem Gemälde, abzuziehen und ihre Wirkung einer großen Menschenmenge zugänglich zu machen. In einem zu diesem Anlass redigierten Manifest schrieb García Uriburu: „Die Kunst hat keine autonome Dimension mehr. Sie nimmt das Aussehen der Natur an: fließend und dynamisch. Die Kunst hat außerhalb der Natur keinen Platz mehr (in Galerien, Museen), ihr Platz ist in der Natur. […] sie ist umweltabhängig: Städte, Wasserläufe. […] sie überrascht die Öffentlichkeit in ihrem eigenen Lebensraum. […] Die Kunst hat dort ein Eigenleben: einen Anfang und ein Ende. Die Kunst wechselt Ort, Form und Ausdehnung (sie verändert sich mit den Wetterbedingungen, Gezeiten, Strömungen)."

Weitere wichtige Werke
Einfärbung des East River, 1970, New York
Einfärbung der Seine, 1970, Paris
Einfärbung des Rio de la Plata, 1970, Buenos Aires

GRÜN **S. 49**

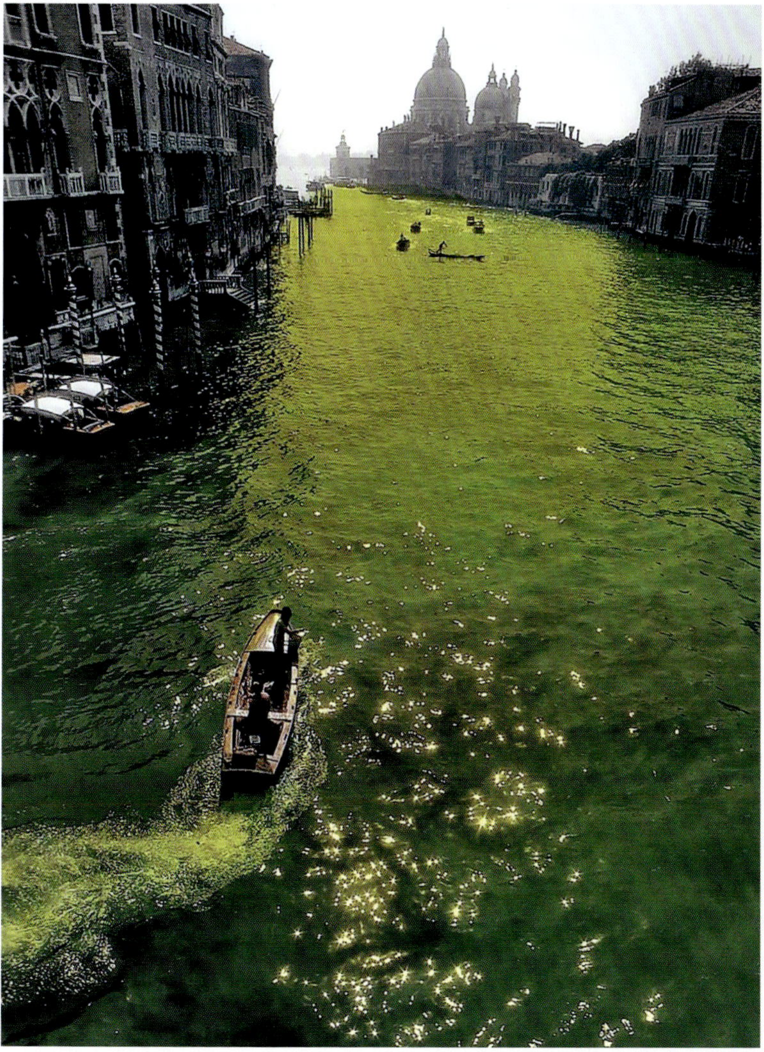

INDUSTRIEWERKSTOFFE S.209

The Studio

1969

PHILIP GUSTON • ÖL AUF LEINWAND • 121,9 × 106,7 CM • PRIVATBESITZ

PHILIP GUSTON (1913–1980)
Guston war künstlerisch breit aufgestellt: In seiner Jugend absolvierte er eine Ausbildung zum Comic-Zeichner, er wurde zunächst zum Anhänger des sozialistischen Realismus und später der abstrakten Malerei. Irgendwann wandte er sich auch von der abstrakten Kunst ab und ließ seinen Vorstellungen von gegenständlicher Malerei freien Lauf.

In einem Atelier malt ein Künstler, auf dem Kopf eine Kapuze à la Ku-Klux-Klan (KKK), dem amerikanischen Geheimbund für weiße Vorherrschaft, eine Zigarette rauchend ein Selbstporträt. Gegen Ende der 1960er Jahre knüpfte Philip Guston, bislang eine herausragende Persönlichkeit des abstrakten Expressionismus, plötzlich wieder – welch ein Verrat – an die gegenständliche Darstellung an: „Ich hatte diese Reinheit einfach satt!", erklärte er im Oktober 1970 in der Zeitschrift *ARTnews*. „Wollte wieder Geschichten erzählen."

Die Kapuzengestalt wurde fortan zu einem wiederkehrenden Motiv seiner Werke, sie war ein Hinweis auf die amerikanische Geschichte, aber auch Ausdruck einer persönlichen Erinnerung, denn als Jugendlicher war er in Los Angeles Zeuge von Zusammenkünften des KKK geworden. Als Symbol für dogmatisches Denken und Angst vor Veränderung wurde der „Klansman" zu Gustons groteskem Doppelgänger. Nach Meinung des Kunsthistorikers Craig Burnett ist diese Maske für den Maler ein Mittel, sich einen Platz in der Geschichte der gegenständlichen Malerei zu verschaffen, und zwar zwischen Sozialkritik und derber Komik, zwischen Goya und James Ensor (1860–1949); gleichzeitig konnte er hiermit seine eigenen künstlerischen Ängste besiegen. Neben der Maske erscheinen auch auf den späteren Bildern einige dieser gewöhnlichen Alltagsgegenstände: Zigarette, Hand, Wanduhr und die nackte Glühlampe.

Eine weitere wichtige Komponente dieser Atelierszene ist die rote Farbe, die mit Weiß gemischt eine reiche Palette an Rosatönen ergibt. Guston stellte Rot oft kleinen Flächen von Grün, Blau, Schwarz und Orange zur Seite. Rosa entwickelte sich zu seiner Lieblingsfarbe. Sowohl Farbe als auch Pinselführung sind sinnlich und erinnern damit an Cartoons. Guston hatte sich endgültig für gegenständliche Darstellungen entschieden.

Weitere wichtige Werke
Last Piece, 1958
City Limits, 1969, beide: New York, Museum of Modern Art
Painting, Smoking, Eating, 1973, Amsterdam, Stedelijk Museum

SCHWARZ **S.44** WEISS **S.45** ROT **S.46** BLAU **S.48** GRÜN **S.49** ROSA **S.53**

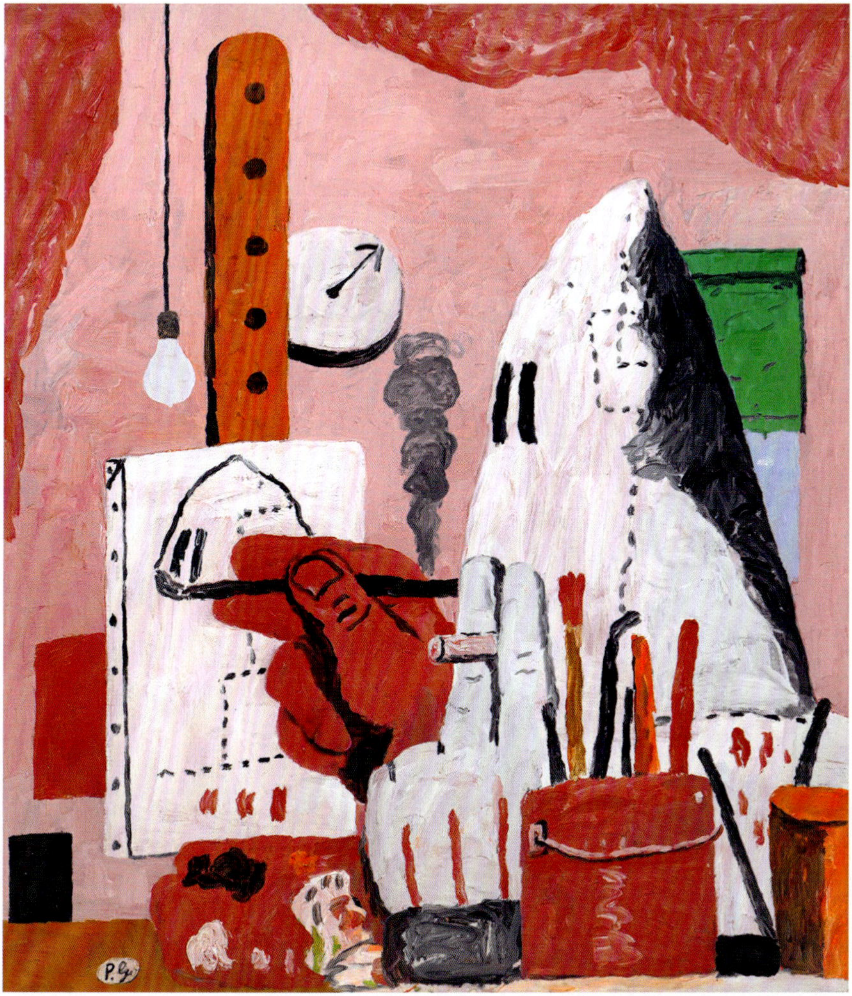

MALWERKZEUGE S. 197

Purple Atmosphere

1969

JUDY CHICAGO • PYROTECHNIK • PERFORMANCE AM STRAND VON SANTA BARBARA (KALIFORNIEN / USA)

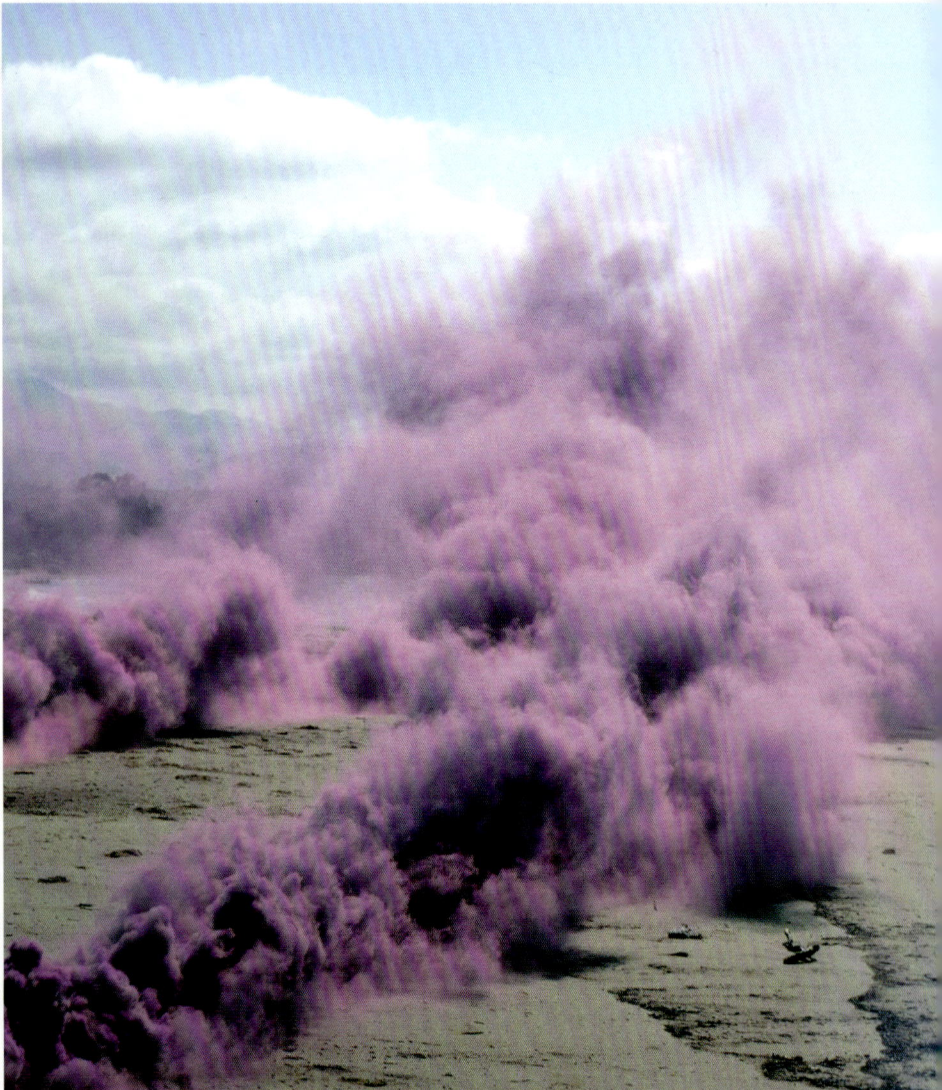

VIOLETT **S. 51**

Weitere wichtige Werke
Rainbow Pickett, 1965, Privatbesitz
Pasadena Lifesavers Red #5, 1970, Washington, National Museum of Women in the Arts
The Dinner Party, 1974–1979, New York, Brooklyn Museum

JUDY CHICAGO (*1939)

Judy Chicago ist eine der wichtigsten Frauen in der feministischen Kunst Amerikas. Schon in den 1960er Jahren galt sie als Aktivistin und wurde durch ihr Werk *The Dinner Party* (1974–1979), einer riesigen Gemeinschaftsinstallation und eine Hommage an die „großen Frauen" in der Geschichte, berühmt.

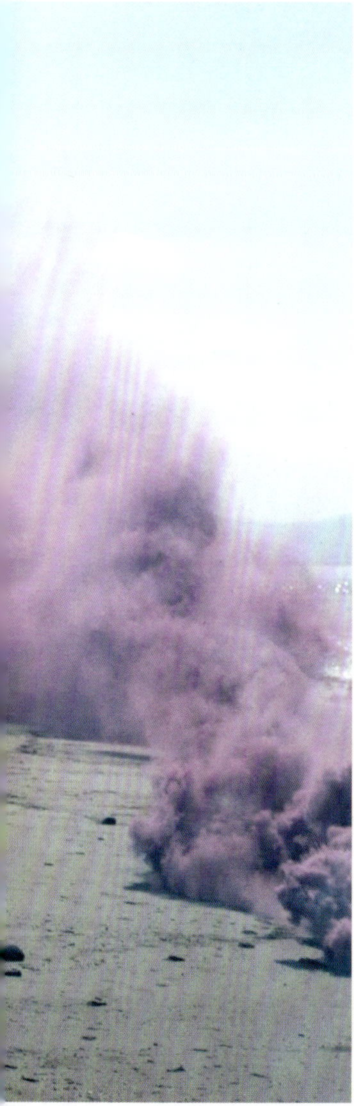

Gegen Ende der 1960er Jahre hatte die junge Künstlerin Judy Chicago an einer kalifornischen Universität ihr Diplom abgelegt und stellte fest: Die lokale Kunstszene war von Männern dominiert. Als Antwort darauf entwarf sie zwischen 1968 und 1974 eine Serie von etwa 30 Performances im Freien, deren Hauptanliegen es war, die „Atmosphäre weiblicher zu gestalten". Sie schuf mithilfe von Pyrotechnik sanfte, farbige Rauchsäulen über städtischen, Wüsten- und Badegebieten und beschwor so die Erinnerung an traditionell typisch weibliche Aktivitäten herauf, etwa das Hüten des Feuers und die Anbetung der Götter. Hierzu merkte die Kunstkritikerin Géraldine Gourbe in *Judy Chicago: To Sustain the Vision* (2020) an, dass Sanftheit und Sinnlichkeit dieser Performance gleichzeitig die Kraft von Aufstand und Revolution in sich trügen.

Diese Aktionen zeichneten sich durch ihren flüchtigen Charakter aus und die Künstlerin beschritt einen noch neuen Weg im weiten Feld der Land Art. „Meine Arbeit stellt die Arbeit vieler meiner männlichen Altersgenossen infrage, deren Intervention […] die Landschaft mit einer unauslöschlichen Narbe zeichnet", erklärte sie 2020 in der Zeitschrift *Dazed*. „Im Gegensatz dazu nutze ich umweltfreundlichen Rauch, der Momente intensiver Schönheit erzeugt, jedoch keine Spuren hinterlässt."

1969 formte die violette Pyrotechnik am Strand von Santa Barbara eine flüchtige Skulptur und hüllte für einen Augenblick die Landschaft in ihre Rauchschwaden – ein farbiges Ereignis, das sich schnell im grandiosen Panorama wieder auflöste. Die Farbfindung stand im Mittelpunkt bei Chicagos Befreiung der Kunst: Hier wählte sie sattes Violett, aber sie nahm für diese Perfomance-Reihe auch durchaus Orange, Rot und Grün, alles lebhafte, intensive Farben, und stellte sich damit gegen das minimalistische Primat der neutralen Farbtöne.

→ INDUSTRIEWERKSTOFFE **S. 209**

Odalisque: Hey, Hey Frankenthaler

1969

LYNDA BENGLIS • LATEX, EINGEFÄRBT UND ZERFLOSSEN • 101 × 87,63 CM • DALLAS (TEXAS/USA), DALLAS MUSEUM OF ART

LYNDA BENGLIS
(*1941)
Lynda Benglis war bereits in den frühen 1960er Jahren empfänglich für Materialien und ihre Formen und widersetzte sich mit ihren *Wax Paintings, Fallen Paintings* und bald auch *Expansions* der Akkuratesse des Minimalismus. Sie interessierte sich außerdem für Video, Fotografie und Träger von Inhalten wie Werbung, Einladungskarten und Plakate. Sie setzte sich so kritisch mit den Auswüchsen des Konsums auseinander.

1969 besuchte Lynda Benglis im Whitney Museum of American Art die Retrospektive von Helen Frankenthaler, die für ihre Soak-Stain-Technik (Einfärbetechnik) bekannt war. Diese Technik bestand darin, verdünnte Pigmente auf die auf dem Boden ausgebreitete Leinwand zu gießen. Als Reaktion auf diese Gemälde experimentierte Benglis mit durchgefärbtem Latex, den sie auf dem Boden zerfließen ließ.

Die auf diese Weise entstandenen Werke brachen mit einer besonderen Konvention: Bis dahin war Kunst für die Wand oder zum Aufstellen auf einen Sockel gedacht und auch die Maler des abstrakten Expressionismus aus Frankenthalers Generation und die Bildhauer arbeiteten noch so. Benglis veränderte also mit ihren riesigen Fließwerken in reinen, strahlenden Farben – Rot, Gelb, Blau, Grün – die Beziehung und Position des Betrachters zum Werk. Der Terminus „Odaliske“ verweist auf diesen Archetyp einer liegenden, lasziven weiblichen Gestalt und auch auf die neue künstlerische Praxis von Benglis und Frankenthaler, horizontal zu arbeiten – auf dem Boden.

Auch Ironie war der Künstlerin wichtig, so versah sie ihre Werke mit dem Oberbegriff *Fallen Paintings*, was einerseits „Gefallene Gemälde“ bedeutet, aber auch „Missratene Gemälde“, in Analogie zu *Fallen Woman* (gefallene Frau). Außerdem läutete sie mit ihren Arbeiten das Ende des Malens an der Staffelei ein. Benglis' Werke aus zerflossenem Latex, die den aseptischen Raum eines Museums oder einer Galerie in einem sich wälzenden Strom und auf leicht vulgäre Weise einnehmen, waren auch eine Antwort auf den damals in der Kunstszene vorherrschenden strengen Minimalismus.

Weitere wichtige Werke
Contraband, 1969, New York, Whitney Museum of American Art
Quartered Meteor, 1969–1975, London, Tate
Amazing Grace, 1980, Privatbesitz

FARBE IM REINZUSTAND **S. 37** ROT **S. 46** GELB **S. 47** BLAU **S. 48** GRÜN **S. 49**

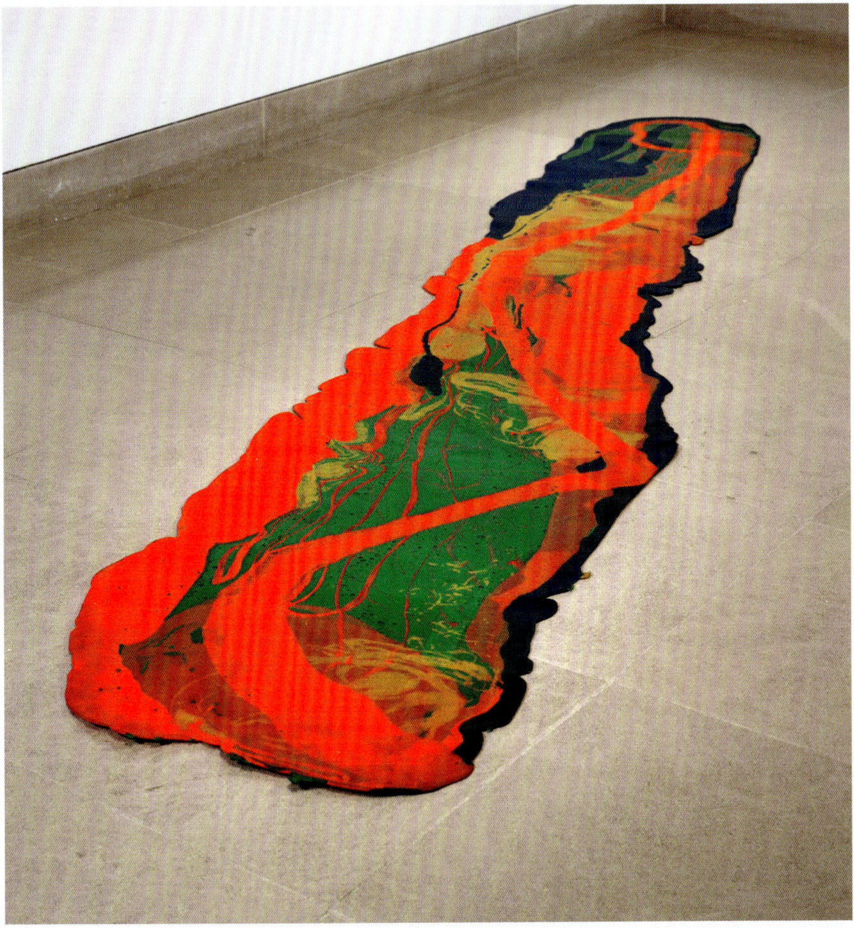

INDUSTRIEWERKSTOFFE **S. 209**

My Parents

1977

DAVID HOCKNEY • ÖL AUF LEINWAND • 182,9 × 182,9 CM •
LONDON, TATE

DAVID HOCKNEY (*1937)
Schon zu Beginn der 1960er Jahre betonte David Hockney immer wieder die Bedeutung der gegenständlichen Malerei – zu einer Zeit, in der die abstrakte Malerei die Kunstszene beherrschte. Er hingegen interessierte sich für traditionelle Genres: Porträt, Landschaft, Stillleben, häusliche Szenen. Seine Bilder sind häufig autobiografisch geprägt, und Farbe spielt eine wichtige Rolle.

Im Laufe der 1970er Jahre versuchte David Hockney mehrmals, seine Eltern zu porträtieren, jedoch zunächst ohne befriedigendes Ergebnis. Er wollte nämlich, wie auf diesem Bild zu sehen, unbedingt die Einzigartigkeit ihrer beiden Persönlichkeiten darstellen.

In einem schlichten, durchstrukturierten Intérieur stellte Hockney seine Mutter sitzend und frontal dar, sie hält Blickkontakt mit dem Maler, mit einem kleinen Lächeln auf den Lippen. Sein Vater hingegen ist in das Buch *Art and Photography* (1968) von Aaron Scharf vertieft. Auf dem Regal im Hintergrund erkennt man eine englische Übersetzung von Marcel Prousts (1871–1922) *Auf der Suche nach der verlorenen Zeit* sowie ein Werk über das Leben von Jean Siméon Chardin (1699–1779), der für seine Stillleben bekannt ist. Im Spiegel sieht man eine Kopie des Gemäldes *Die Taufe Christi* (1448–1450, London, National Gallery) von Piero della Francesca (zwischen 1415 und 1420–1492), vielleicht als Anspielung auf die christliche Gesinnung seiner Eltern, sowie Hockneys eigenes Gemälde *Invented Man Revealing Still Life* (1975, Kansas City, The Nelson-Atkins Museum of Art). Neben diesen gelehrten Anspielungen entspricht auch der Bildaufbau der langen Tradition der Porträtmalerei.

Hockney liebte jedoch kräftige Farben und wählte auch hier eine eher ungewöhnliche Palette. Vorherrschend sind lebhafte bis grelle Farben, Wasser- und Mandelgrün, Mauve, Gelb, knalliges Pink und Rot, deren Wirkung durch blassere Farben, leicht ins Strohgelbe tendierendes Beige, Braun und sehr dunkles Blau, abgemildert wurde. Der Maler verbindet Tradition und moderne Malerei, indem er Anleihe bei Jan Vermeers intensivem Einsatz von Lapislazuliblau nimmt und Spiegelungen und Schatten (Haare und Haut, Kleidung und Schuhe des Vaters) in diesem Farbton gestaltet.

Weitere wichtige Werke
A Bigger Splash, 1967, London, Tate
Mr and Mrs Clark and Percy, 1970–1971, London, Tate
Portrait of an Artist (Pool with Two Figures), 1972, Privatbesitz

POP-ART **S. 39** GELB **S. 47** BLAU **S. 48** GRÜN **S. 49** VIOLETT **S. 51**
BRAUN **S. 52** ROSA **S. 53**

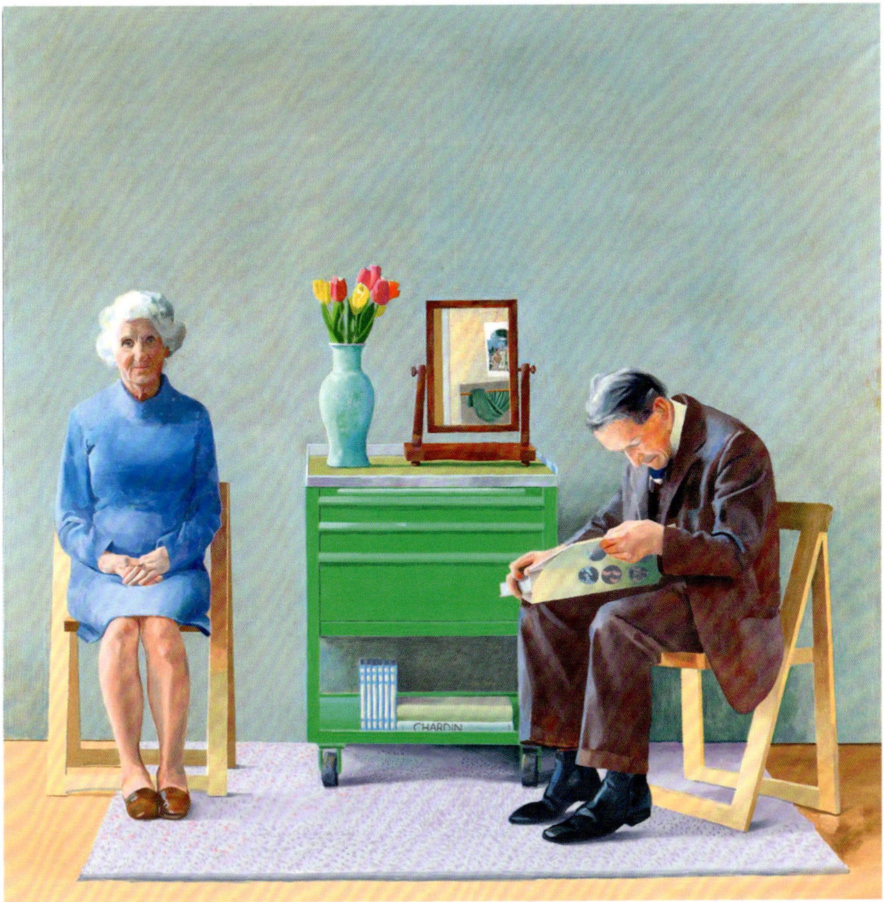

BLAUE PIGMENTE **S. 194**

Six Colorful Inside Jobs

1977

JOHN BALDESSARI • VIDEOAUFNAHME • 32:53 MIN • WIEN, MUMOK

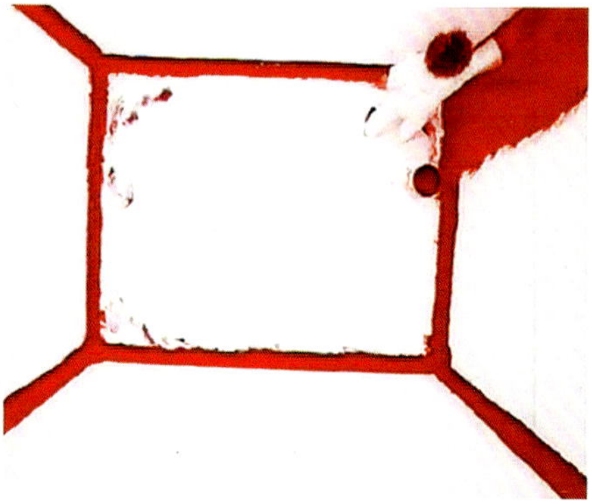

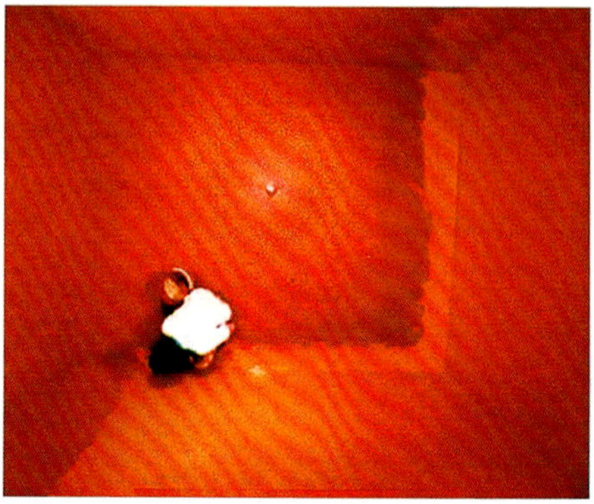

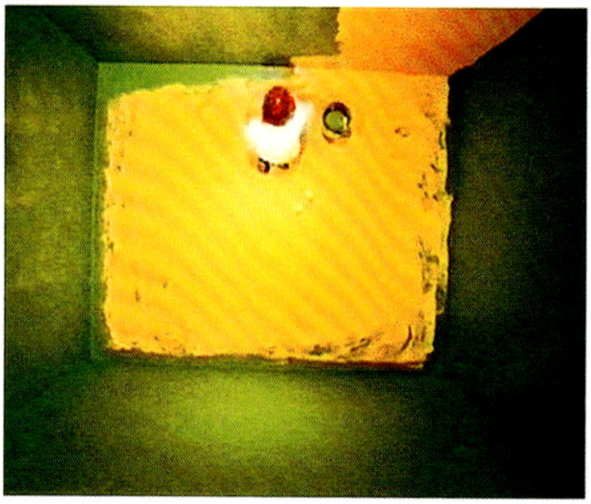

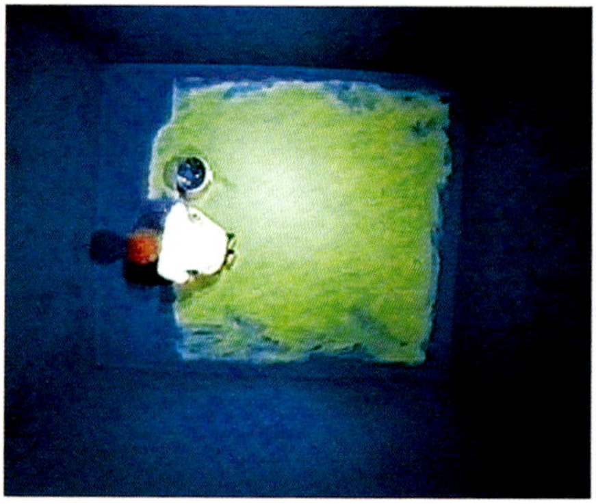

JOHN BALDESSARI (1931–2020)
Baldessari war einer der wichtigsten Vertreter der Konzeptkunst an der US-amerikanischen Westküste. Mit Fotografien und Videoperformances lotete er spielerisch und humorvoll die Massenkultur und die Wechselbeziehungen zwischen Sprache und Bildern aus. Reine Farben dienten ihm oft als Störelement. Der irritierte Zuschauer sollte sich schließlich fragen: „Was schaue ich mir da eigentlich an?"

PRIMÄR- UND KOMPLEMENTÄRFARBEN **S. 27** ROT **S. 46** GELB **S. 47** BLAU **S. 48** GRÜN **S. 49** ORANGE **S. 50** VIOLETT **S. 51**

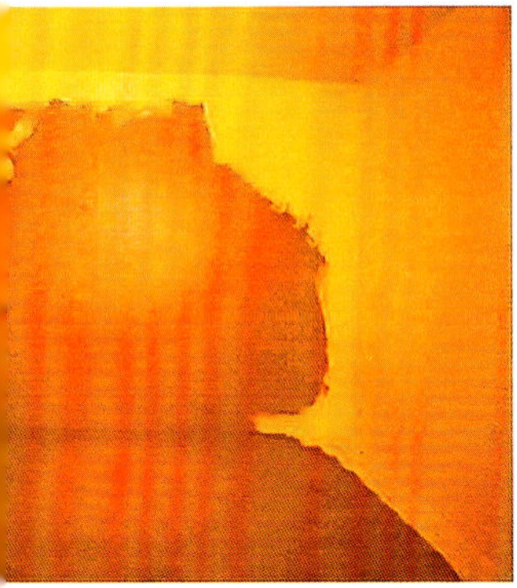

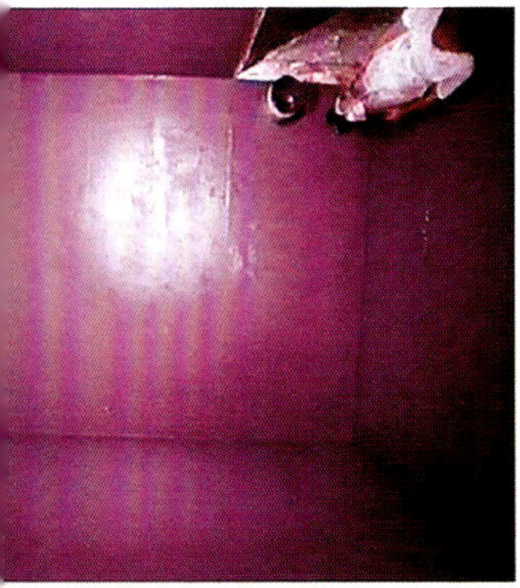

In *Six Colorful Inside Jobs* setzte John Baldessari sich mit der Fragestellung auseinander, die ihn in seinem gesamten Lebenswerk umtrieb: Was ist Kunst? Hier lotet er die Grenze zwischen Maler und Anstreicher aus.

In seiner Jugend sollte Baldessari für seinen Vater Mietwohnungen instand halten. In dem Zusammenhang strich er die Wände und stellte sich vor, dass er ein Bild male. „Das war lediglich eine Konzeptübung“, erklärte er später gegenüber dem Museum of Modern Art. „Die körperliche Betätigung war die gleiche, ich habe es nur anders interpretiert und genannt. Dann habe ich angefangen, darüber nachzudenken: Was genau trennte das eine vom anderen? Warum machte es einen Unterschied [ob man Handwerker oder Künstler war]?“

In dieser Videoaufnahme filmte Baldessari einen Mann, der ein Zimmer anstreicht, wie mit einer Überwachungskamera von oben. Ursprünglich war das Zimmer weiß, am Montag wurde es dann rot, am Dienstag orange, am Mittwoch gelb, am Donnerstag grün, am Freitag blau und am Samstag schließlich violett. Es nahm also die drei Grundfarben mit ihren Komplementärfarben an. Sechs Farben für die sechs Werktage der Woche – der Sonntag, erläuterte der Künstler lachend, sei im Christentum der Ruhetag.

Der Begriff *inside job* ist im Englischen eine Straftat, die von einer Vertrauensperson begangen wird, zum Beispiel einem Firmenmitarbeiter. Baldessari filmte eine repetitive, profane Tätigkeit, die scheinbar kaum etwas mit der künstlerischen Praxis zu tun hat. Indem er handelsübliche, genormte Farben einsetzte, befreite er sie von jeglichem symbolischen Gehalt.

Weitere wichtige Werke
Wrong, 1967, Los Angeles, Los Angeles County Museum of Art
What Is Painting, 1966–1968, New York, Museum of Modern Art
Throwing Three Balls in the Air to Get a Straight Line (Best of Thirty-Six Attempts), 1973, Princeton (New Jersey/USA), Princeton University Art Museum

→ MALWERKZEUGE **S. 197**

Shade

1981

BRIDGET RILEY • ÖL AUF LEINWAND • 169 × 143 CM •
ZÜRICH, KUNSTHAUS ZÜRICH

BRIDGET RILEY (*1931)
Zunächst beschäftigte sich Bridget Riley mit den Farbtheorien von Georges Seurat und dann mit Victor Vasarelys (1906–1997) Werk. Schon 1961 malte sie abstrakte Bilder, ausschließlich in Schwarz und Weiß. Erst gegen Ende der 1960er Jahre kam Grau und schließlich auch Farbe hinzu. Durch Kontraste und gerade oder auch geschwungene Linien erzielte sie eine starke optische Wirkung, die die Wahrnehmung verschwommen werden ließ.

Nach einer Reise nach Ägypten im Winter 1979–1980 arbeitete Bridget Riley an einer neuen Bilderreihe in lebhafteren Farbtönen als vorher. Sie malte auch nicht mehr mit Acryl-, sondern mit Ölfarbe, da diese mehr Pigment enthält. Die Serie heißt *Egyptian Palette* (Ägyptische Palette). Die Künstlerin bemühte sich, die Strahlkraft der Farben wiederzugeben, die sie im Ägyptischen Museum in Kairo und in den Gräbern im Tal der Könige gesehen hatte: „Als ich wieder zu Hause war“, erinnerte sie sich 2003 in einem Fernsehinterview, „konnte ich diese Farben nicht mehr aus dem Kopf bekommen. Später habe ich dann begriffen, dass meine blassen, leichten und sehr zarten Farben durch die fünf ägyptischen, sehr viel reineren Farben ersetzt worden waren. Farben, die sich gegen die mediterrane Sonne durchsetzen konnten, die in diesem Licht erschaffen worden waren, die überdauerten und mit der Sonne erstrahlten.“

So malte Riley mehrere Bilder in Blau, Türkis, Rot, Gelb und Schwarz, manchmal fügte sie, wie bei *Shade*, noch Weiß hinzu. Schmale, farbige Bänder folgen in scheinbar zufälliger Reihenfolge aufeinander. Kontraste rufen Schwingungen und Bewegungen im Auge des Betrachters hervor. Im Gegensatz zu anderen sehr leuchtstarken Gemälden aus derselben Reihe, beispielsweise *Achœan* (1981, London, Tate), verwandte Riley bei *Shade* (Schatten) weniger Türkis und erhielt so eine ausgeglichenere, weichere Wirkung.

Weitere wichtige Werke
Movement in Squares, 1961, London, Arts Council Collection
Cataract 3, 1967, London, British Council
Nataraja, 1993, London, Tate

VIELFARBIGKEIT IM ALTEN ÄGYPTEN **S. 13** KONTRASTE **S. 25** SPIEL MIT DER OPTIK **S. 38** STREIFEN **S. 58**

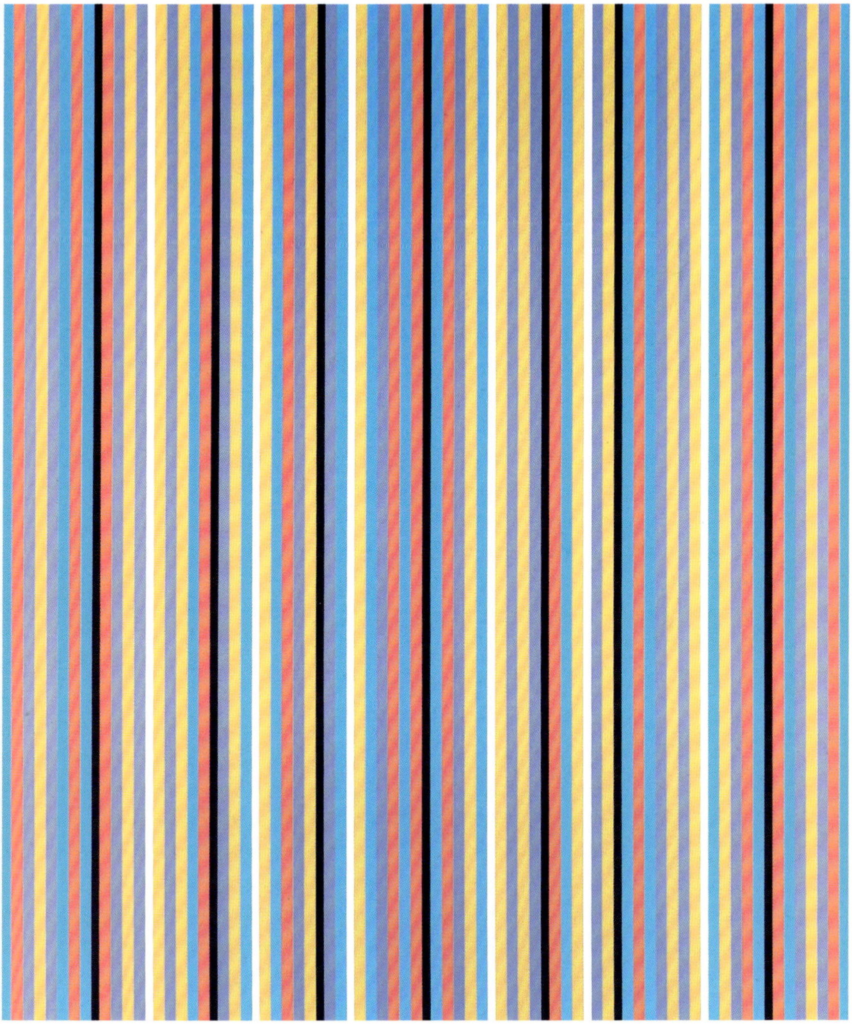

Peinture 324 × 362 cm, 1986 (Polyptyque I)

1986

PIERRE SOULAGES • ÖL AUF LEINWAND • 4 ELEMENTE VON 81 X 362 CM ÜBEREINANDER • RODEZ (FRANKREICH), MUSÉE SOULAGES

PIERRE SOULAGES (1919–2022)
Soulages war schon in den 1940er Jahren mit gestischer Abstraktion erfolgreich. Mehr als 40 Jahre lang beschäftigte er sich in verschiedenen Bereichen der Kunst: Malerei, Zeichnung, Grafik und sogar Glasmalerei (Abtei Sainte-Foy de Conques/Frankreich), mit seinen „Outrenoir"-Farben („jenseits von Schwarz") und ihren schier unendlichen Möglichkeiten.

Zwischen 1985 und 1987 schuf Pierre Soulages eine Reihe von neun gleich großen, fast quadratischen Polyptycha, die aus je vier rechteckigen, übereinanderliegenden Leinwänden bestehen. Je nachdem, ob von vorn oder von der Seite betrachtet, offenbaren die Gemälde entweder kräftige Linien oder eine subtile Bildarbeit.

Innerhalb dieser Serie wechselt Soulages zwischen horizontalen und vertikalen Linien, glatten und gestreiften Bereichen. Schwarz, das man für eintönig und nuancenlos halten könnte, erzeugt Helligkeitseffekte. Bis 1979 verwandte der Künstler neben Schwarz auch noch Braun, Weiß und Blau, danach verbannte er diese aus seiner Farbpalette und entwickelte seine „Outrenoirs" („jenseits von Schwarz"). In seinen Werken spielt Soulages mit Dicke und Textur der auf die Leinwand aufgetragenen Pigmente und erzeugt optische Lichtwahrnehmungen jenseits von Schwarz. Nur das interessierte Soulages, weder Darstellung, noch Motiv, noch Bildsprache.

2019 erinnerte er sich anlässlich seines 100. Geburtstags an die Entdeckung des Outrenoir: „Ich hatte eine Leinwand vor mir, die sich langsam mit Schwarz füllte. Damit war ich nicht glücklich, weil das, was dort passierte, zu weit von dem entfernt war, was ich erhofft hatte. Ich bin zu Bett gegangen und nach ein oder zwei Stunden habe ich noch einmal geschaut, was ich gemacht hatte. Da habe ich gefühlt, dass etwas passiert war. Mir wurde klar, dass ich das nicht mit Schwarz gemacht hatte, sondern mit Lichtreflexen auf der schwarzen Oberfläche."

Weitere wichtige Werke
Gouache et encre sur papier 65 × 50 cm, 1957, 1957, Privatbesitz
Peinture 202 × 453 cm, 29 juin 1979, 1979, Paris, Centre Pompidou
Peinture 222 × 314 cm, 24 février 2008, 2008, Paris, Collection Pierre Soulages

MONOCHROMIE **S. 36** SCHWARZ **S. 44**

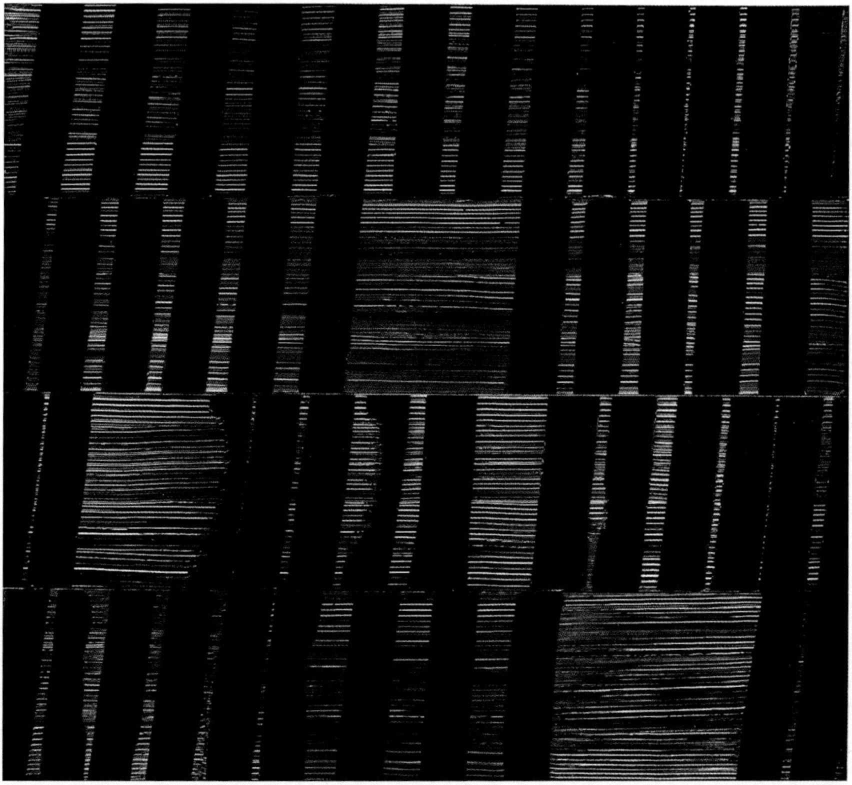

SCHWARZE UND BRAUNE PIGMENTE **S. 196**

Untitled (to Don Judd, colorist) 1–5

1987

DAN FLAVIN • LEUCHTSTOFFRÖHREN UND METALL • 122 × 122 CM • LONDON UND EDINBURGH, DAUERLEIHGABE DER ARTIST ROOMS NATIONAL GALLERIES OF SCOTLAND AND TATE

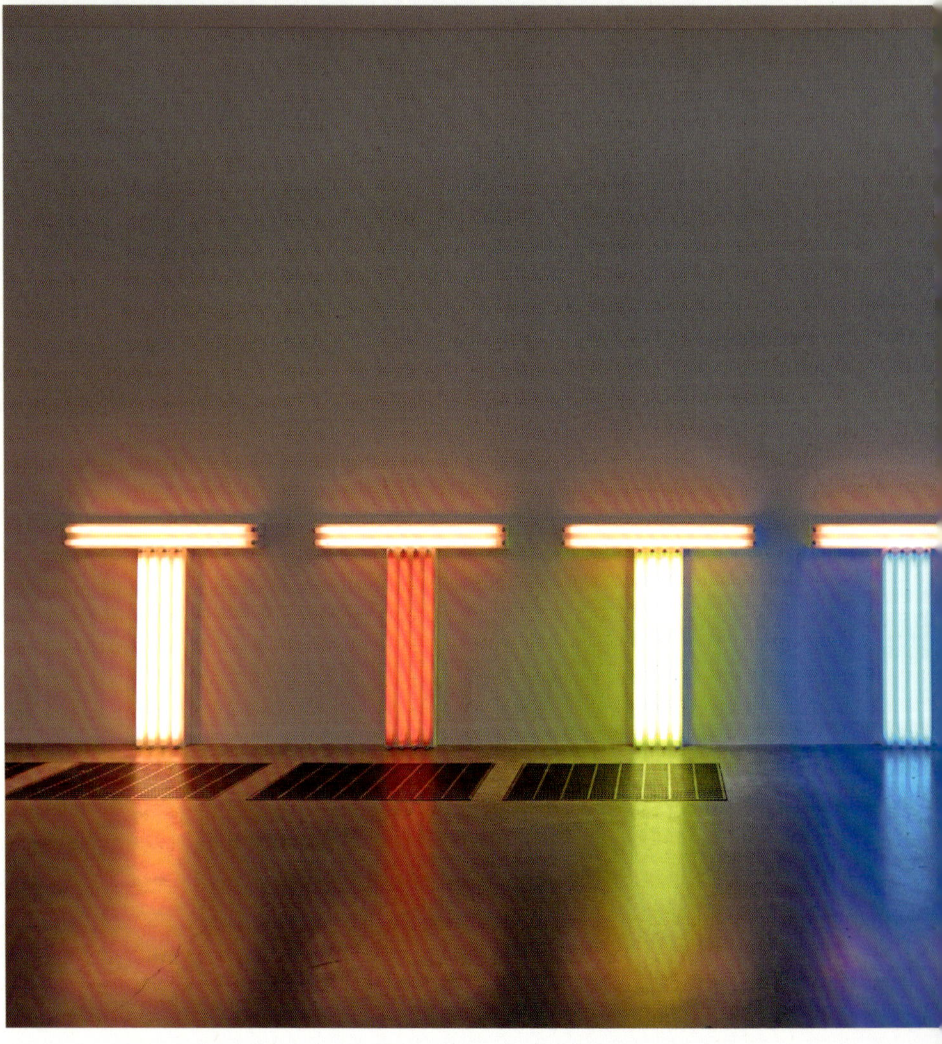

ROT **S. 46** GELB **S. 47** BLAU **S. 48** GRÜN **S. 49** ROSA **S. 53**

Weitere wichtige Werke
The Diagonal of May 25, 1963, 1963, New York, The Metropolitan Museum of Art
A Primary Picture, 1964, Privatbesitz
Untitled (to Dorothy and Roy Lichtenstein on not seeing anyone in the room), 1968, San Francisco (Kalifornien / USA), SFMoMA

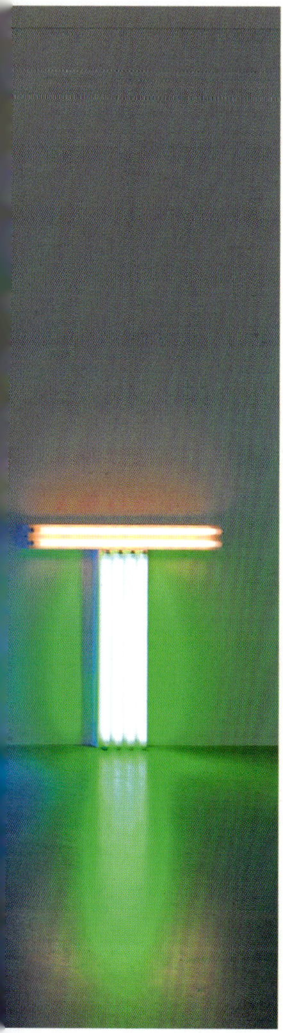

Dan Flavins Werk *Untitled (to Don Judd, colorist) 1–5* ist eine Hommage an den minimalistischen Künstler Donald Judd (1928–1994) und dessen Umgang mit Farbe. Die beiden Männer waren sich 1962 begegnet und seitdem eng miteinander befreundet. Judd gestaltete Strukturen aus industriellen Werkstoffen (Blech, Plexiglas, Pressholz usw.), die er auch mit industriellen Verfahren einfärbte.

Dieses großformatige Werk von Flavin besteht aus fünf Leuchtstoffröhrengruppen in T-Form: in Rosa, Rot, Gelb, Blau und Grün, das heißt, aus allen damals im Handel erhältlichen Farben. Die leuchtenden Röhren selbst projizieren einen farbigen Lichtkranz auf Wand und Boden und beziehen so den Raum um das eigentliche Werk herum mit ein. Flavin verwandte hier – wie Judd – einen Werkstoff aus Massenproduktion, dessen Farbe, Dimension und Wattzahl genormt ist.

Oft verwies er im Titel seiner Werke, wie hier auch, auf einen anderen Künstler, manchmal auch einen Philosophen oder Sammler, den er schätzte. Das verbindet seine konzeptionelle Arbeit mit der echten Welt.

Flavin empfahl eine spontane Betrachtungsweise seiner Werke: „Es ist, was es ist, und es ist nichts anderes", erklärte er 1987. „Es gibt keine überwältigende Spiritualität, mit der man in Kontakt treten muss. Es ist in gewisser Weise eine »Eingangs- und Ausgangssituation«. Und es ist sehr einfach zu verstehen. Im Grunde genommen könnte man gar nicht an Licht denken, aber ich denke daran. Es ist, wie ich schon gesagt habe, die einfachste Kunst, so offen und direkt, wie Sie sie finden können."

DAN FLAVIN (1933–1996)

Schon 1963 arbeitete Flavin bei seinen Werken hauptsächlich mit einem einzigen Werkstoff: der Leuchtstoffröhre. Aus einem banalen industriellen Erzeugnis mit all seinen Einschränkungen schuf er Kompositionen, die durch ihre Licht- und Farbprojektionen den Ausstellungsraum verwandelten.

→ INDUSTRIEWERKSTOFFE **S.209**

Wall Drawing #610

1989

SOL LEWITT • LAVIERUNG MIT FARBIGER TINTE • UNTERSCHIEDLICHE MASSE • NEW HAVEN (CONNECTICUT/USA), YALE UNIVERSITY ART GALLERY

Von 1968 bis zu seinem Todesjahr 2007 fertigte Sol LeWitt eine Serie von etwa 1200 Wandbildern an. Der Künstler entwarf sie für spezielle Örtlichkeiten, die monumentalen Bilder selbst wurden dann von seinen Assistenten wie Fresken in der Renaissance gearbeitet und sollten am Ende der jeweiligen Ausstellung zerstört werden. Es handelt sich also um Konzeptkunst, bei der die Entwicklung wichtiger war als die Ausführung oder das Produkt: Die Assistenten hatten sich strikt an die Anweisungen des Künstlers zu halten. Die Entwürfe zeichnete Sol LeWitt mit Bleistift, für farbige Werke machte er grobe Angaben zu den Farbtönen. „Ich habe", erklärte er 2003, „einfache Elemente und Formen – Quadrat, Kubus, Linien und Farbe – verwendet, um logische Systeme herzustellen. Die meisten dieser Systeme waren begrenzt, sie konnten mithilfe aller möglichen Varianten fertiggestellt werden."

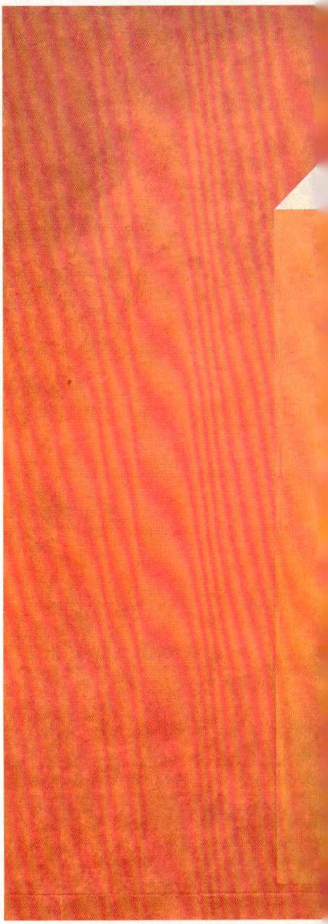

Ursprünglich war *Wall Drawing #610* für die Stiftung Joan Miró vorgesehen. Das Werk ist Teil einer ganzen Reihe von Wandlavierungen mit farbiger Tinte, die bereits zu Beginn der 1980er Jahre entworfen worden waren. Hier führte der Künstler geometrische Körper in sein Werk ein. Die Treppe wird nicht korrekt perspektivisch dargestellt: Die Stufen verjüngen sich nicht nach hinten und lassen die Treppe flach wirken. LeWitt kannte sich im Druckwesen bestens aus und erreichte seine lebhaften Farben, indem er mehrere Tintenschichten übereinander malte: Für den orangefarbenen Bereich wurde zunächst eine Schicht Rot auf die Wand aufgetragen, dann folgten zwei Schichten Gelb und wieder eine Schicht Rot.

ROT **S. 46** GELB **S. 47** ORANGE **S. 50**

SOL LEWITT (1928–2007)
Sol LeWitt war gelernter Grafiker und lehnte bereits zu Beginn seiner Künstlerkarriere das Gemälde in seiner bisherigen Form ab. Er fand, diesem sei mit dem abstrakten Expressionismus der Bankrott erklärt worden. Zu Beginn der 1960er Jahre arbeitete er deshalb an der Wand und auf dem Boden. Er behandelte einige Methoden erschöpfend, er schuf nämlich ganze Serien von Systemen, beispielsweise seine „Wall Drawings“. Das machte ihn zu einem der wichtigsten Vertreter der Konzeptkunst.

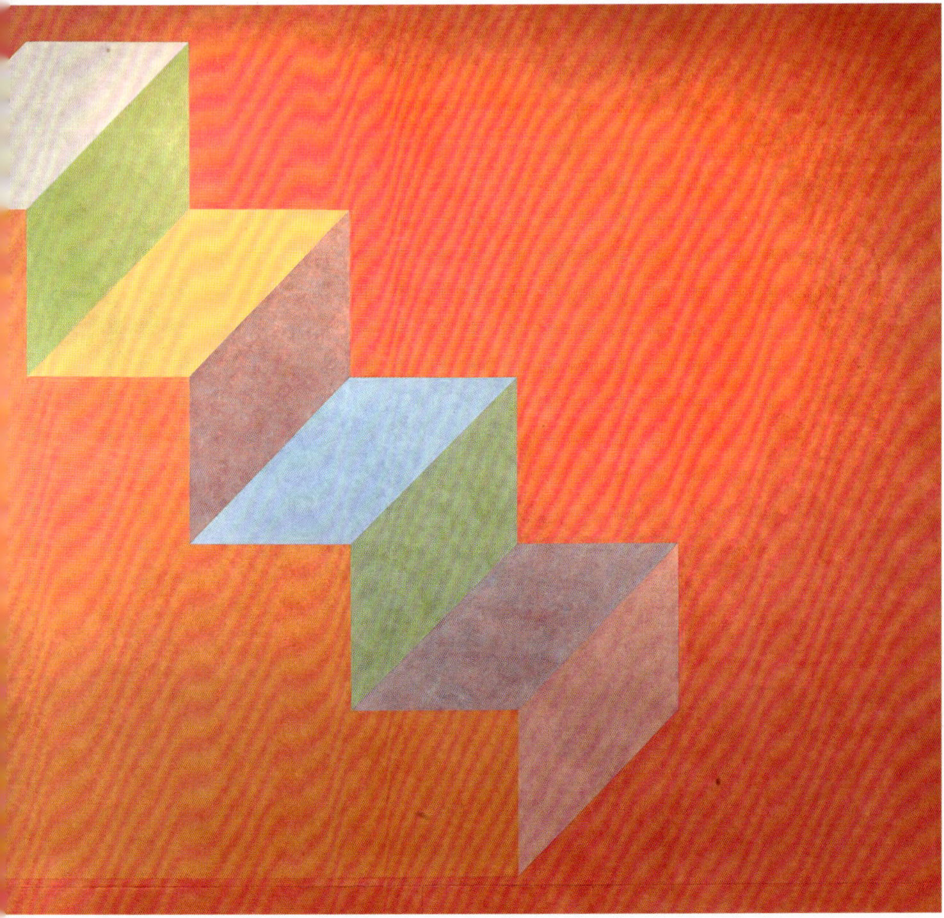

Weitere wichtige Werke
Color Bands, 2000, Washington, Smithsonian American Art Museum
Splotch #3, 2000, Privatbesitz
Wall Drawing #1136, 2004, London und Edinburgh,
ARTIST ROOMS National Galleries of Scotland and Tate

→ FRESKOMALEREI **S. 201**

The Gates

2005

CHRISTO UND JEANNE-CLAUDE • TORE AUS STAHL, VINYL UND NYLONSTOFF • IM CENTRAL PARK (NEW YORK) PRÄSENTIERT VOM 12.–28. FEBRUAR 2005

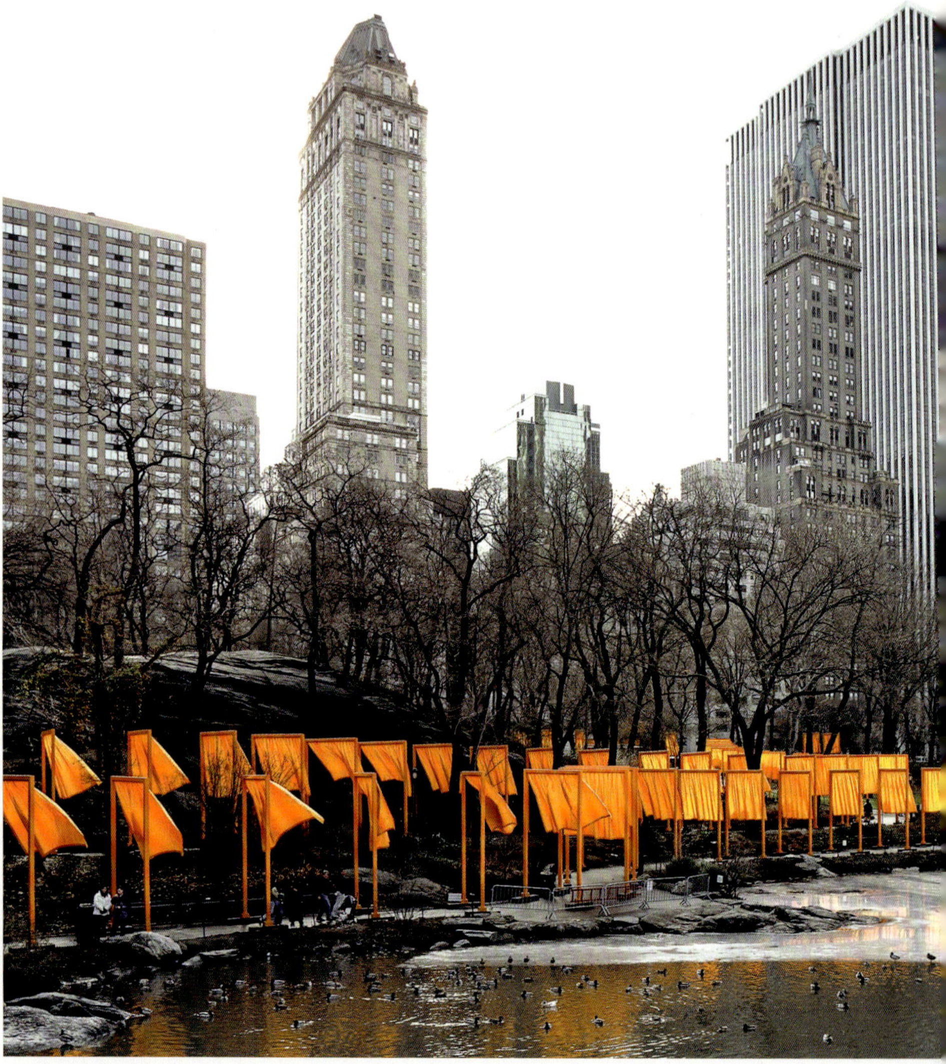

ORANGE **S.50**

Weitere wichtige Werke
Running Fence, 1976, Kalifornien (USA)
Surrounded Islands, 1983, Miami (Florida / USA), Biscayne Bay
L'Arc de Triomphe, Wrapped, 2021, Paris, Triumphbogen

CHRISTO (1935–2020) UND JEANNE-CLAUDE (1935–2009)
Das Paar arbeitete schon seit den 1960er Jahren an seinem monumentalen Lebenswerk – der Land Art ähnlich. Zeitlich begrenzt verhüllten die beiden symbolträchtige Gebäude wie den Reichstag in Berlin (1995) oder Naturdenkmäler. Der weiße oder auch kräftig gefärbte Stoff versah Landschaft architektonisch mit Farbe.

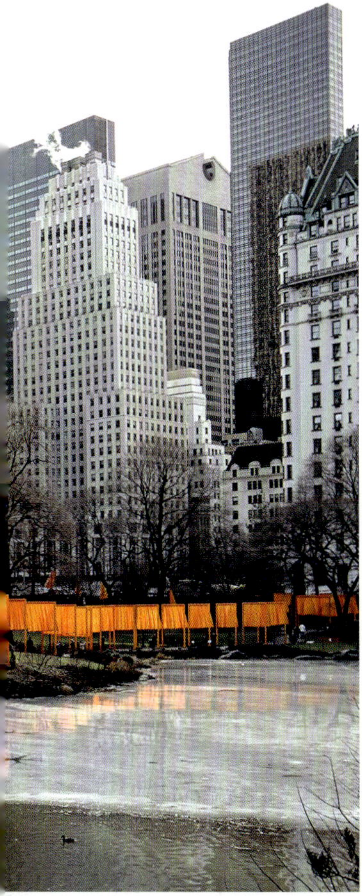

Im Februar 2005 präsentierte das Künstlerduo Christo und Jeanne-Claude für kurze Zeit im Central Park in New York eine monumentale Installation. Sie bestand aus 7503 safrangelben, 5 Meter hohen Toren. Daran hingen Nylonstoffbahnen in derselben Farbe. Diese Tore bildeten einen 37 km langen Parcours. Da die Bäume zu dieser Jahreszeit noch keine Blätter trugen, war die Installation von den Gebäuden in der näheren Umgebung gut sichtbar, vor allen Dingen vom Dach des Metropolitan Museum of Art. Das Kunstwerk sollte sowohl aus der Nähe erlebt, also durchschritten, als auch aus der Ferne betrachtet werden. Es war Erfahrungsraum und Bild gleichermaßen.

Die mäandernden Wege, die immerzu wehenden Stoffbahnen und das dadurch entstehende Spiel von Licht und Schatten ließen die Installation sehr lebendig und organisch erscheinen. Diese Wirkung wurde durch die warme Farbe noch verstärkt. Das Werk belebte das winterliche Grau und stand im Kontrast zu den im strengen Raster angelegten New Yorker Straßen: „[…] wir haben Safran gewählt", erklärte Jeanne-Claude 2005, „weil diese Farbe sich mit der Lichtintensität stark verändert. Im Februar steht die Sonne sehr tief und so entsteht eine große Farbvarianz, von Goldgelb bis zu Dunkelrot. Wenn die Sonne exakt hinter dem Stoff steht, wirkt dieser golden, während im Schatten liegende Stoffteile sehr viel röter scheinen. Das ist einfach eine sehr ästhetische Farbe, die wir sehr lieben."

The Gates spielt auf japanische Shinto-Schreine an, die man durch ein *torii* betritt. Das Flanieren der Spaziergänger im Central Park erhielt also durch das Werk selbst sowie die sakrale Bedeutung eine spirituelle Dimension.

INDUSTRIEWERKSTOFFE **S. 209**

Femme

2007

LOUISE BOURGEOIS • GOUACHE AUF PAPIER • 59,7 × 45,7 CM • LONDON UND EDINBURGH, ARTIST ROOMS NATIONAL GALLERIES OF SCOTLAND AND TATE

LOUISE BOURGEOIS (1911–2010)
Die Motive in Louise Bourgeois' Kunst haben meist einen Bezug zu ihrem eigenen Leben. Häufig spielte sie auf ihre Kindheit an, die geprägt war vom Ehebruch des Vaters. Ihre Mutter stellte sie heldenhaft dar, oft als Spinne. In ihren Werken ist Rot sehr präsent und steht manchmal Schwarz gegenüber (die Farbe des Selbstmordes und der Feierlichkeit ihrer Meinung nach), oder Blau, für Bourgeois eine defensive Farbe.

Im Jahr 2007 malte Louise Bourgeois eine vollkommen rote Frauengestalt mit wenigen Strichen, beinahe naiv. Die Frau ist nackt und wird von vorne gezeigt, sie hat extrem lange Haare, hinter denen ihre Arme verschwinden; die Gesichtszüge fehlen. Die Künstlerin hat Wassertropfen wie Tränen auf das Papier gespritzt, sodass die ohnehin wie bei einem Aquarell sehr verdünnte Gouache sehr wässrig wirkt. Das monochrome Rot spielt einerseits auf den Blutfluss in einem vitalen Frauenkörper, andererseits auf den Monatszyklus, menschliche Wärme und – kombiniert mit der Nacktheit – auf Sexualität an.

Rot ist in Louise Bourgeois' Werk omnipräsent und in ihren Augen Symbol für Macht und Intensität, starke und negative Gefühle – eine Widersprüchlichkeit, die bereits seit der Antike mit Rot in Verbindung steht. In einem Interview erklärte die Künstlerin 1998 fast beschwörend: „Rot ist die Farbe des Schmerzes. Rot ist die Farbe der Gewalt. Rot ist die Farbe der Gefahr. Rot ist die Farbe der Scham. Rot ist die Farbe der Eifersucht. Rot ist die Farbe der Vorwürfe. Rot ist die Farbe des Grolls." (Zitat aus Frances Morris [Museumsleiterin], *Louise Bourgeois*, 2007).

Der weibliche Körper mit den Themen Mutterschaft, eigene Geburt, Niederkunft, Stillen und Abstammung ist eine Konstante in Bourgeois' vielgestaltigem Werk. Das Weibliche wird in ihren Zeichnungen, Skulpturen, Installationen, Gravuren und Stickereien entweder zentral thematisiert oder scheint in Anspielungen durch.

Weitere wichtige Werke
Cumul I, 1969, Paris, Centre Pompidou
Maman, 2002, London, Tate
Father and Son, 2005, Seattle (Washington/USA), Olympic Sculpture Park

ROT **S. 46**

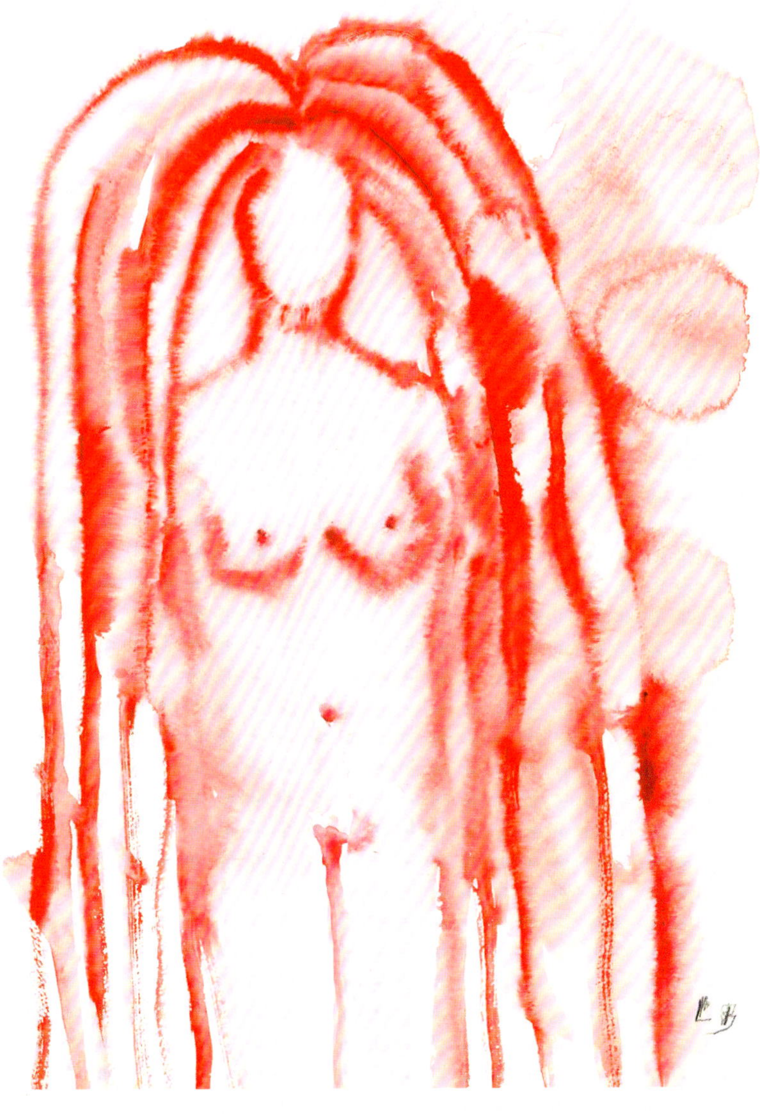

AQUARELL UND GOUACHE S. 202

Au-delà

2017

SHEILA HICKS • BAUMWOLLE, LEINEN, KUNSTFASER, LEDER • UNTERSCHIEDLICHE GRÖSSEN • PARIS, MUSÉE D'ART MODERNE DE PARIS

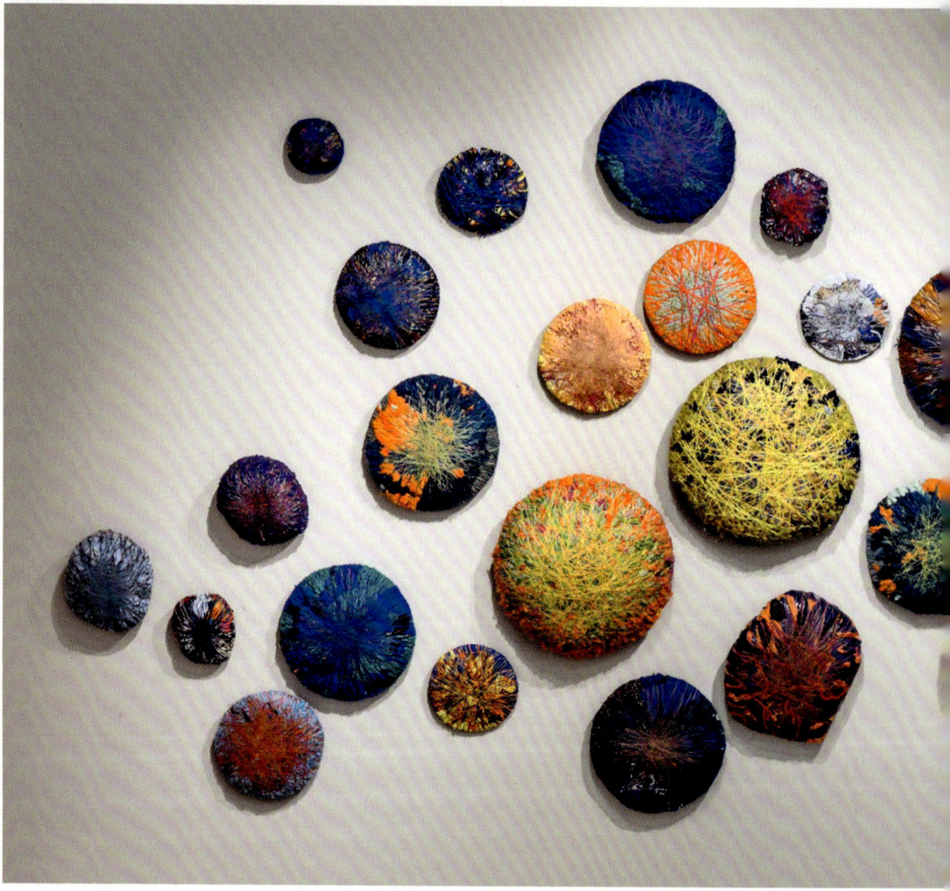

ROT **S. 46** GELB **S. 47** BLAU **S. 48** GRÜN **S. 49** ORANGE **S. 50**

Weitere wichtige Werke
Prayer Rug, 1965, New York, Museum of Modern Art
Lianes de Beauvais, 2011–2012, Paris, Centre Pompidou
Escalade Beyond Chromatic Land, 2016–2017, Biennale von Venedig, dann an wechselnden Orten, u. a. im Nasjonalmuseet, Oslo

SHEILA HICKS (*1934)

An der Universität Yale war Sheila Hicks Studentin von Josef Albers, einem der größten Farbkünstler des 20. Jh. Er stellte sie seiner Frau Anni, einer renommierten Textilgestalterin, vor. Daraufhin entwickelte Sheila Hicks eine Leidenschaft für die Webkunst, insbesondere für südamerikanische Techniken. Sie verbindet Kunst und (Kunst-)Handwerk und bevorzugt die Arbeit in der Gruppe in ihrem Atelier am Quai des Grands-Augustins in Paris, bis heute.

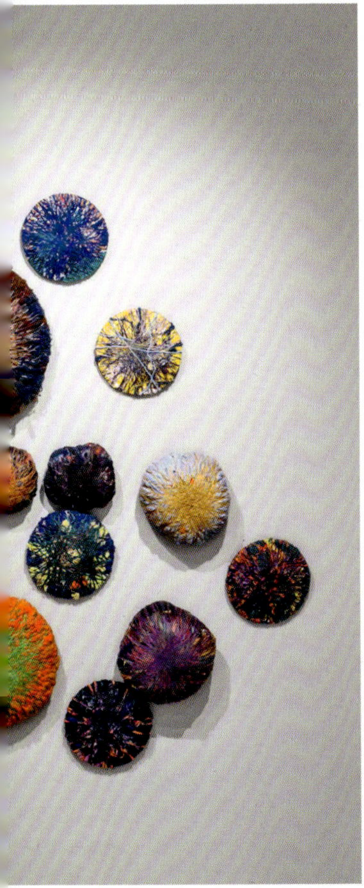

Im Jahr 2017 entwarf Sheila Hicks eine textile Installation für das Musée d'Art Moderne in Paris. Sie stellte sie in einen Dialog mit Lucio Fontanas Neonskulptur *Struttura al neon per la IX Triennale di Milano* (1951/2012) in der Eingangshalle des Museums. Auf die Planetenumlaufbahnen im Weltraum des italienischen Künstlers antwortete sie mit einer Trabantenreihe. Die lineare Kälte des glatten, weißen Neonlichts beantwortete sie mit 31 bunten Objekten, die in der Form von Kieselsteinen in unterschiedlicher Größe – zwischen 30 und 95 cm Durchmesser – von textilen Werkstoffen umwickelt wurden.

Die Künstlerin hat sehr genau untersucht, welche Farben für das Garn zum Einsatz kommen sollten und so lassen die vielfältigen Farbkontraste dieses „Sternbild" erstrahlen. Lebhafte Blautöne liegen neben Wassergrün, zartes Orange durchzieht blasses Blau, intensiver Purpur ist auf Goldgelb getupft, Türkis legt sich über fluoreszierendes Orange – alles in einem dichten, zu riesigen Knäueln aufgewickelten Gewebe.

„Die Farben sind der Schlüssel," erläuterte Hicks 2014 in den Archives of American Art (Smithsonian Institution, Washington D. C./USA). „Meine Farbpalette wird vom Licht und der Umgebung beeinflusst. Zunächst [wähle ich] die Farben, danach erst Texturen und Formen. Im Grunde genommen beginnt jede Idee, wirklich jede meiner Ideen, mit Textur und Farbe, das eine und das andere sind untrennbar. Ich sehe keine Farbe ohne Textur und keine Textur ohne Farbe. Meine Träume sind eine Explosion aus Farbe."

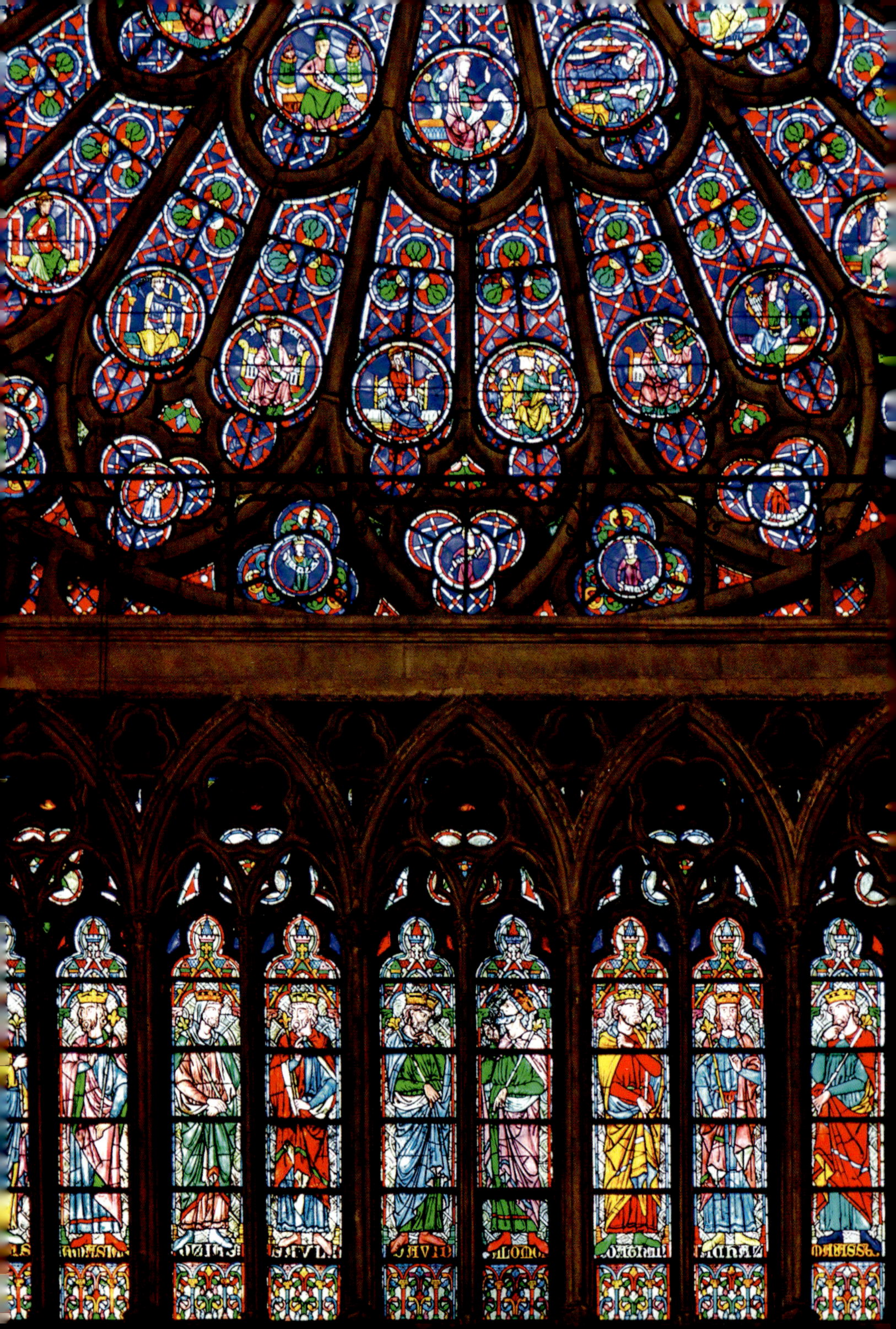

Materialien und Techniken

Natürliche und synthetische Pigmente

Schon zu prähistorischen Zeiten nutzten Menschen natürliche Rohstoffe, um daraus Pigmente zu extrahieren und Farben und Färbemittel herzustellen. Damals herrschten drei Farbfamilien vor: Ockertöne (Gelb über Rot bis Braun) sowie Schwarz und Weiß. Hierzu wurden eisen- oder manganhaltige Tonerden zermahlen, manchmal auch kalziniert, und mit Wasser verdünnt. Ab dem Neolithikum kam auch Knochenweiß aus der Asche von Knochen oder tierischem Horn zum Einsatz. Für schwarze Knochenkohle wurden grob gemahlene Knochen unter Luftabschluss geglüht. Aus Holz erhielt man auf dieselbe Weise Zeichenkohle.

In der Antike und mehr noch im Mittelalter erweiterte sich die Farbpalette durch verschiedene Mineralien, von denen einige allerdings giftig waren, etwa Auripigment, ein Arsen-Schwefel-Mineral, das auch unter dem Namen Königsgelb bekannt ist und fast wie Gold aussieht.

Nach und nach verwandte man Farben auch anderweitig: Man strich Holz an, färbte Pflanzenfasern oder beschrieb und bemalte Pergament. Für diese Anwendungen benötigte man Pigment und ein Bindemittel, zum Beispiel Fischleim + Azurit = Blau, Ölharz + Kupferresinat = Grün, Eigelb + Chrysocoll = Türkisblau.

Das erste synthetische Pigment, Ägyptisch Blau, stammt aus der Antike. Seit dem 19. Jh. hat es eine regelrechte Schwemme an neuen synthetisch hergestellten Farben gegeben, mit vielen neuen Farbnuancen. Natürliche Pigmente verloren massiv an Bedeutung.

WESENTLICHE MERKMALE

Auch heute noch werden einige Farben mit natürlichen Bindemitteln hergestellt: Gummi arabicum für Aquarellfarben, Bienenwachs für Bohnerwachs und Möbelpolituren, Lein-, Walnuss- und Färberdistelöl für Ölfarbe.

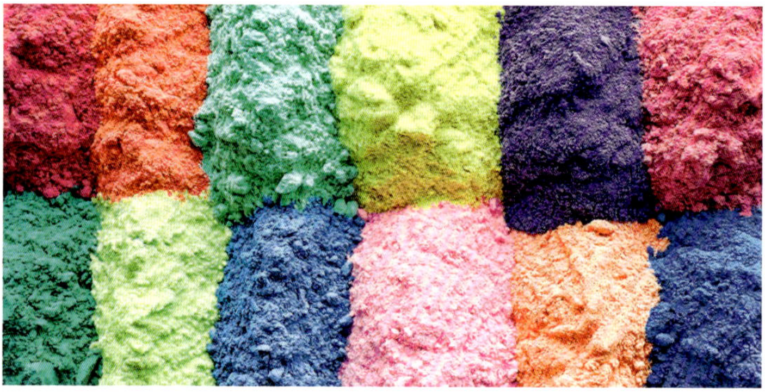

Farbpulver für das indische Holi-Fest

PRÄHISTORISCHE HÖHLENMALEREI **S.12** VIELFARBIGKEIT IM ALTEN ÄGYPTEN **S.13** DAS INDISCHE HOLI-FEST **S.15**
BEMALTE KIESEL AUS DEM NEOLITHIKUM **S.62** USCHEBTI DES PHARAO SETHOS I. **S.64** KACHINA-PUPPE **S.98**

Weiße Pigmente

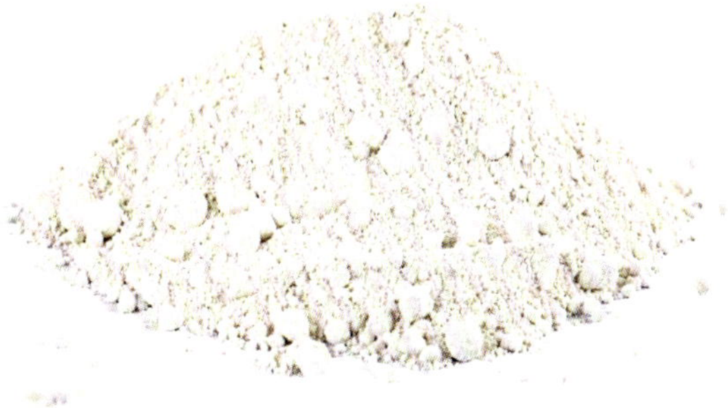

Pulver aus weißen Pigmenten

Das erste Weiß war gemahlene Kreide, ein weiches Sedimentgestein, das hauptsächlich aus Kalziumkarbonat besteht und durch Ablagerungen von Phytoplankton aus den kalkhaltigen Skeletten mariner Mikroorganismen entstanden ist.

Nach und nach gab es auch andere Möglichkeiten, Weiß zu erzeugen. So wurden von der Antike bis ins 19. Jh. hinein für Bleiweiß (auch Cerussa) Bleikarbonat, Essigdämpfe (Essigsäure) und Kohlendioxid gemischt. Während des dreimonatigen Herstellungsverfahrens verwandelte sich das ursprünglich graue Blei in ein sehr reines Weiß, dabei entwickelten sich allerdings sehr gesundheitsschädliche Dämpfe. Im 19. Jh. ersetzte man wegen der Vergiftungsgefahr das Bleiweiß, das bis dahin sowohl von Künstlern als auch in der Industrie genutzt wurde, durch Zinkweiß (auch Chinesischweiß), das aus reinem Zinkoxid besteht. Dieses Weiß deckt jedoch nicht sehr gut, daher bevorzugte man zu Beginn des 20. Jh. Titanweiß. Hierfür wird Titandioxid in Schwefelsäure getaucht; durch Hydrolyse erhält man einen Bodensatz, der dann erwärmt wird. Titanweiß ist opak, neutral und hellt andere Farben sehr gut auf.

WESENTLICHE MERKMALE

Je nach geografischer Herkunft spricht man von Bologneser oder Champagnerkreide. Seit der Hochrenaissance wird aus Kreide, Pigment, Gips und einem Bindemittel Gesso hergestellt, mit dem Leinwände grundiert werden.

PRÄHISTORISCHE HÖHLENMALEREI **S. 12** VIELFARBIGKEIT IM ALTEN ÄGYPTEN **S. 13**
WEISS **S. 45** PUNU-MASKE **S. 110**

Gelbe Pigmente

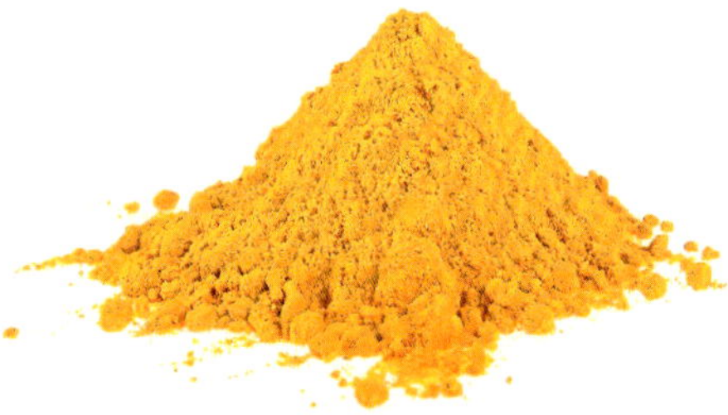

WESENTLICHE MERKMALE
Obwohl Auripigment wegen des darin enthaltenen Arsensulfids hochgiftig ist, war es bei den alten Ägyptern sogar in der Kosmetik sehr beliebt. Auch die Römer schätzten das Pigment. Im Mittelalter kam es hauptsächlich in der Buchmalerei zum Einsatz.

Safranpulver für die Färberei

Die ersten gelben Pigmente wurden in der Prähistorie aus eisen- oder manganhaltigen Tonerden gewonnen. Diese wurden zermahlen, manchmal auch kalziniert, und mit Wasser verdünnt.

In der Antike kamen weitere gelbe Pigmente hinzu, beispielsweise Auripigment, ein gelborangefarbenes Mineral, das Gold recht ähnlich ist. Wegen ebendieser strahlenden Farbe wurde es gern als Rauschgelb bezeichnet; in China sah man die Farbe auch als feminin an. Das ebenfalls aus Arsensulfid bestehende dunklere orangefarbene bis rote Realgar (Rubinschwefel oder rotes Arsenik) wurde Rauschrot genannt und galt den Chinesen als maskulin. In Europa wurde Realgar für Orangetöne durch Minium (auch Mennige) und für reine Gelbtöne durch Safran abgelöst. Safran wird aus den Narben des *Crocus sativus* gewonnen. Es gab jedoch zwei große Nachteile: Für ein einziges Gramm Safrannarben benötigte man 80 Krokusblüten, und die Farbe war nicht lichtbeständig. Zum Ende der Renaissance verwandten die Maler gern ein lebhaftes Gelb, das sogenannte Neapelgelb(Antimongelb). Der Legende nach stammte es aus der Lava des Vesuvs, daher die Bezeichnung Neapelgelb. Tatsächlich besteht es aus Bleiantimonoxid.

Gegen Ende des 18. Jh. wurde in Russland ein seltenes Mineral entdeckt, das Krokoit (Rotbleierz), das sich aus Blei- und Chrombestandteilen zusammensetzt. Es erzeugt künstlich sehr leuchtstarke Gelbtöne, die allerdings instabil sind und häufig ins Grüne umschlagen. Ein Jahrhundert später bevorzugte man statt all dieser bis dahin verwendeten Gelbtöne ein opakes und beständiges Gelb auf der Basis von Kadmium (Cadmiumzinksulfid), einem seltenen, seit den 1840er Jahren gehandelten Metall. Besonders die Impressionisten schätzten dieses Gelb.

PRÄHISTORISCHE HÖHLENMALEREI **S. 12** DAS INDISCHE HOLI-FEST **S. 15** GELB **S. 47**
BEMALTE KIESEL AUS DEM NEOLITHIKUM **S. 62** FENSTER DER KATHEDRALE VON SAINT-DENIS **S. 68**

Rote und purpurne Pigmente

Zu den ockerfarbenen Rottönen aus Eisen- oder Manganoxiden der Frühgeschichte gesellten sich in der Antike lebhaftere Rotpigmente. Aus Mennige etwa, einem giftigen Bleioxid, konnte man ein flammendes Rot herstellen. Die Phönizier stellten aus dem Sekret der Schneckenarten Thais haemastoma, Hexaplex trunculus und Murex brandaris in einem sehr komplexen Verfahren tyrischen Purpur her. Dessen Farbtöne reichten von Violettrot bis Bläulichrot und waren bei den Machthabern im Römischen Reich überaus beliebt.

Im Mittelalter wurde Karmin (auch Cochenille), ein Pigmentlack, der hauptsächlich in der Buchmalerei zum Einsatz kam, nach Europa eingeführt. Echtes Karmin wird aus Cochenilleschildläusen durch Trocknen, Zerkleinern und Schlämmen gewonnen – das günstigere Kermesrot (auch unechtes Karmin) wird im gleichen Verfahren aus Schildläusen hergestellt. Echtes Karmin ist leider nicht sehr lichtbeständig, daher bevorzugten Maler ein künstliches Pigment: Zinnober, eine gesundheitsschädliche Mischung aus Schwefel und Quecksilber, oder das bereits erwähnte bräunlichere Minium (Mennige).

Rosa und vor allen Dingen karmesinrotes Färberkrapp (Alzarin), das seit dem 13. Jh. aus Pflanzenwurzeln gewonnen wurde, kam hauptsächlich in der Lasurtechnik zum Einsatz.

Im 20. Jh. wurde Kadmium, aus dem bereits Gelb- und Orangetöne entstanden waren, mit Selen gemischt. So entstand ein Rot, das den giftigen Zinnober ersetzte.

WESENTLICHE MERKMALE
Rote Pigmente gehörten zu den ersten bekannten Farben in der Menschheitsgeschichte. Sie ergaben schon früh dauerhafte und intensive Färbemittel und Farbe.

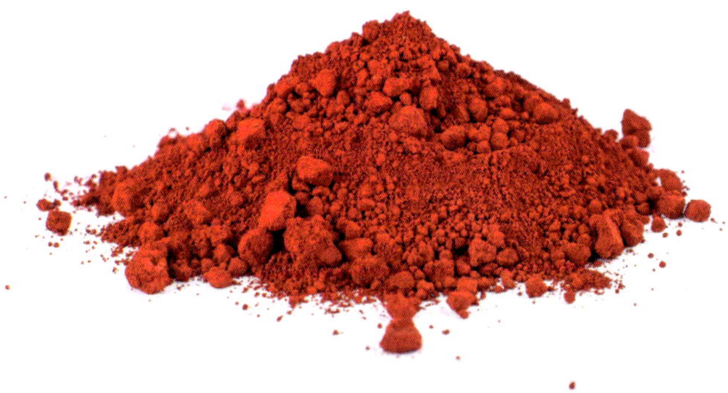

Karminpulver

PRÄHISTORISCHE HÖHLENMALEREI **S. 12** DAS INDISCHE HOLI-FEST **S. 15** ROT **S. 46**
FENSTER DER KATHEDRALE VON SAINT-DENIS **S. 68**

Blaue Pigmente

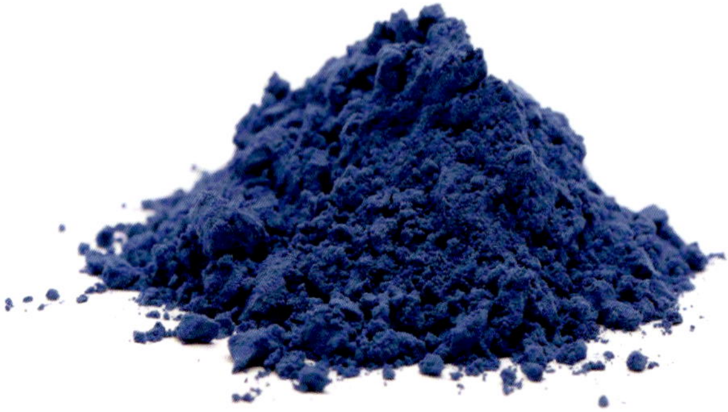

Indigopulver

Blaue Pigmente sind in der Natur eine Seltenheit. Daher entwickelten schon die alten Ägypter das erste synthetische Pigment, das unter dem Namen Ägyptisch Blau bekannt ist und dessen komplexe Zusammensetzung bis ins 19. Jh. hinein ein Geheimnis blieb. Diese alkalische, glänzende Glasur ließ Gegenstände – Amulette, Statuetten und Perlen – in Farbtönen von Grün bis Blau erstrahlen.

Das in Europa vorkommende lebhaft blaue Azurit (Bergblau) wurde häufig in der Malerei verwendet. Das Mineral wird zunächst zerkleinert und dann geschlämmt. Die Farbtöne reichen je nach Mahlgrad von Hell- bis Dunkelblau. Auch Chrysocoll (Kieselkupfer) aus derselben Mineraliengruppe ändert seinen Farbton mit dem Mahlgrad von Türkis zu Blassgrün. Es wird für Wasserfarben wie Tempera- und Aquarellfarbe genutzt.

Lapislazuli (Ultramarin) konnte Azurit nicht verdrängen, denn es war wertvoller als Gold und damit schlicht zu teuer. Lange wurde Lapislazuli aus Afghanistan eingeführt. Es muss zunächst von Unreinheiten befreit werden, wird dann zerkleinert, zu einer Paste verarbeitet und schließlich in eine alkalische Lösung gegeben. Dann erhält man dieses bei den mittelalterlichen Buchmalern und den Malern der Renaissance so beliebte tiefe, leicht ins Violette gehende Blau. Im 19. Jh. ersetzte ein günstigeres synthetisches Pigment den Lapislazuli.

WESENTLICHE MERKMALE

Bekannt war Indigo, aus den Blättern des Indigobaumes, wohl schon in der Antike und kam mit der „Entdeckung“ Amerikas im 16. Jh. auch nach Europa. Es wurde durch Kolonialisierung und Sklavenarbeit in großen Mengen hergestellt und bedeutete das Ende der europäischen Färberwaidproduktion. Färberwaid war bis dahin die einzige Pflanze, aus der blaue Pigmente hergestellt werden konnten. Indigo kam vor allen Dingen in der Freskomalerei zum Einsatz.

VIELFARBIGKEIT IM ALTEN ÄGYPTEN **S. 13** BLAU **S. 48** USCHEBTI DES PHARAO SETHOS I. **S. 64** FENSTER DER KATHEDRALE VON SAINT-DENIS **S. 68** *BRIEFLESERIN IN BLAU* **S. 80** *MONOCHROM BLAU* **S. 152**

Grüne Pigmente

Es gibt nur wenige natürliche grüne Pigmente. Zu prähistorischen Zeiten wurden zwar einige seladonit- und glaukonithaltige Vorkommen an Tonerde abgebaut. Doch lange Zeit waren oft toxische und instabile Kupfermineralien die einzigen Quellen der Maler für Grüntöne. Durch diesen Mangel entstand wohl auch die widersprüchliche Symbolik von Grün: Es steht für Veränderung, Schicksal, Spiel und Erneuerung.

Malachit, ein kupferhaltiges Mineral (Kupferspat), wurde zerkleinert und geschlämmt und lieferte Buchmalern und Malern in Mittelalter, Renaissance und Klassik schöne Grüntöne. Grünspan wurde seit der Antike genutzt und war wegen seiner Strahlkraft beliebt, der Farbton wechselte jedoch manchmal zu Braun, wenn er in Kontakt mit Schwefel kam, das in anderen Pigmenten enthalten sein konnte. Zur Erzeugung von Grünspan wurden Kupferplatten über Essigbädern aufgehängt. Für eine opake Farbe war der Auftrag mehrerer Schichten nötig.

Gegen Ende des 18. Jh. wollte man noch strahlendere Grüntöne herstellen, was mit dem Schweinfurter Grün (Mitisgrün) auch gelang. Es war allerdings noch schädlicher als die bisher verwendeten Pigmente, denn es bestand aus einer Mischung von Grünspan und Arsen. Häufig wurde es für Tapeten eingesetzt, dünstete tödliche Gase ab und verursachte zahlreiche Todesfälle, bis es schließlich verboten wurde.

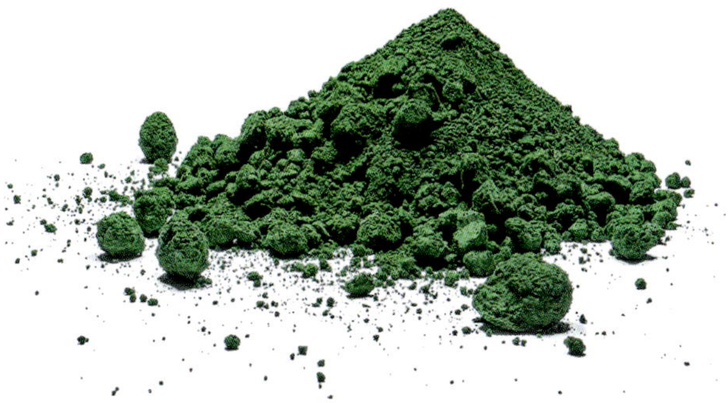

Kölner Brückengrün-Pulver

WESENTLICHE MERKMALE

Im 19. und 20. Jh. ermöglichten die Fortschritte in der Chemie zur Freude der Künstler die Herstellung von synthetischen Pigmenten. So wurde beispielsweise das Kölner Brückengrün (Chromoxidgrün) entdeckt, das opaker ist als Schweinfurter Grün, oder Rinmans Grün (Kobalt- oder Zinkgrün), das zwar nicht ganz so gut deckt, dafür aber sehr beständig ist.

PRÄHISTORISCHE HÖHLENMALEREI **S. 12** VIELFARBIGKEIT IM ALTEN ÄGYPTEN **S. 13** GRÜN **S. 49**
USCHEBTI DES PHARAO SETHOS I. **S. 64** FENSTER DER KATHEDRALE VON SAINT-DENIS **S. 68** *LUCRETIA* **S. 76**

Schwarze und braune Pigmente

Kohlepulver

WESENTLICHE MERKMALE
Aus jedem Holz lässt sich Zeichenkohle herstellen, auch wenn Farbhersteller das Holz von Weinreben oder Weiden bevorzugen. Zum Zeichnen wird die Kohle ohne weitere Verarbeitung verwendet, in der Malerei wird sie gemahlen und mit einem Bindemittel gemischt. Die Variante Pfirsichkernschwarz wird mittels Verkohlung ebendieser Obstkerne hergestellt und kommt in der Aquarellmalerei zum Einsatz.

Schwarze und braune Pigmente waren die ersten, die von prähistorischen Menschen genutzt wurden, oft aus Pflanzen oder Tieren hergestellt. Für Zeichen- und Knochenkohle (oder Elfenbeinschwarz) wurden Holz oder Knochen unter Luftabschluss geglüht bzw. gebrannt.

Knochenkohle ist seit der Antike – bis heute – bei Künstlern sehr beliebt. Je feiner der Mahlgrad, desto dichter und intensiver ist die Farbe; sie bekommt dann einen leichten Blaustich. Knochenkohle kann vielfältig eingesetzt werden, denn sie kann mit Wasser, Öl und Gummi arabicum gebunden werden.

Die alten Ägypter schätzten schon die tiefe Intensität von Rauchschwarz. Hierbei handelte es sich eigentlich um Ruß, der als Rückstand bei Verbrennungsprozessen entstand, beispielsweise aus Öl-, Harz- oder Talglampen und Kerzen. Wie auch Knochen- oder Holzkohle ist Ruß kompatibel mit vielen Bindemitteln und daher variabel einsetzbar.

Ab der Renaissance und mehr noch im 19. Jh. wandten sich vor allem englische Maler einem ganz speziellen Pigment zu: dem Mumienbraun *(Mumia vera aegyptiaca)*, das wohl tatsächlich einmal aus gemahlenen altägyptischen Mumienteilen bestand und bis 1920 auch als Heilmittel genutzt wurde. Es wurde für die Malerei mit einem ölhaltigen Bindemittel gemischt und für Lasuren und Schatten eingesetzt.

PRÄHISTORISCHE HÖHLENMALEREI **S. 12** VIELFARBIGKEIT IM ALTEN ÄGYPTEN **S. 13** SCHWARZ **S. 44**
PEINTURE 324 × 362 CM, 1986 (POLYPTIQUE I) **S. 176**

Malwerkzeuge

Eigentlich wäre ein eigenes, dickes Buch nötig, um das weite Feld der Malwerkzeuge und -techniken zu erörtern. Schon in der Frühgeschichte entwickelten Künstler Werkzeuge, die ihnen den Farbauftrag erleichterten und charakteristische Effekte ermöglichten. So konnten Archäologen bei den Malereien in zwei französischen Höhlen des Paläolithikums (Chauvet-Pont d'Arc/Ardèche, vor etwa 36 000 Jahren; Lascaux/Dordogne, vor etwa 19 000 Jahren) eine ganze Reihe von Techniken identifizieren: Aufpusten der Pigmente auf die Höhlenwand durch einen hohlen Knochen, Einsatz von pinselähnlichen Gerätschaften und Stöckchen aus Zeichenkohle, Malen und Wischen mit dem Finger, Aufdrücken der ganzen Hand und Ritzen mit Silexspitzen oder spitzen Knochen.

In der Antike kamen nach und nach neue Pigmente und Praktiken hinzu, manch überlieferte Technik wurde verfeinert, andere wurden verdrängt und einige neu ersonnen. So verfügten die Ägypter über bessere Werkzeuge – Schreibrohre mit Rosshaar oder Haaren und Holz- oder Elfenbeinpaletten mit Farbnapf. Im Römerreich verwandten die Maler ebenfalls Rosshaar für ihre Pinsel, aber auch Algen und Meeresschwämme.

Im Mittelalter und in der Renaissance verbesserten sich die Pinsel entscheidend, außerdem gab es viele verschiedene Pinsel je nach Anwendungsfeld. Schweineborsten und Rindsohrhaare konnten Farbe besonders gut aufnehmen und halten, Iltishaar war steif, Ross- und Fehhaar (Eichhörnchen) waren in der Aquarellmalerei beliebt, und Ziegenhaar war ideal für den Firnisauftrag. Pinsel konnten rund, spitz oder aufgespreizt sein. Der flache Pinsel mit Metallzwinge aus dem 19. Jh. war, wie auch das Messer, für schwungvolle Pinselführung und dicken Farbauftrag gut geeignet.

Ab Mitte des 20. Jh. gingen Maler eine bisher nicht gekannte, direkte Beziehung zur Farbe als Werkstoff ein und legten traditionelle Atelierpraktiken ab: Pigmente fließen beispielsweise aus Pinsel und Topf *(dripping)*, werden auf den Untergrund gespritzt, geschleudert oder mit der Hand oder sogar mit dem ganzen Körper aufgetragen, industrielle Werkzeuge kommen zum Einsatz und vieles mehr.

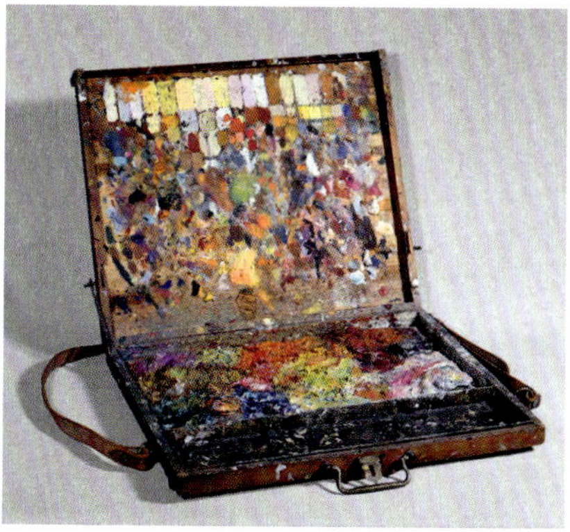

Pierre Bonnards Palette, 19. Jh., Paris, Petit Palais, Musée des Beaux-Arts de la Ville de Paris

PRÄHISTORISCHE HÖHLENMALEREI **S. 12**

Mehrfarbige Skulptur im Okzident

WESENTLICHE MERKMALE
In der griechisch-römischen Antike unterlag die Farbgebung strengen Regeln. Dadurch konnten die sehr realistisch dargestellten Figuren leichter identifiziert werden, außerdem strahlten die Werke in ihrer Symbolik zu Ehren der Götter.

Ursprünglich waren griechische und römische Skulpturen bunt. Statuetten und kleine Figuren aus Marmor, Kalkstein oder Holz wurden oft in strahlenden Farben (Eisenoxide, Azurit, Färberröte, grüne Erden, Rauchschwarz, Bleiweiß usw.) bemalt und anschließend für noch mehr Glanz poliert. Metallskulpturen erhielten durch zusätzliche Elemente (farbige Glaspaste, Silber, Gold, Emaille usw.) besonders lebhafte Oberflächen. Die Chryselephantin-Technik wurde im Griechenland des 6. Jh. v. Chr. entwickelt. Für diese sehr wertvolle und Gottheiten vorbehaltene Kunst wurden Elfenbein- und Goldplatten auf Holzgrund befestigt.

Im Mittelalter war die mehrfarbige sakrale Bildhauerkunst von großer Bedeutung. Die Oberflächen wurden mit einer (weißen oder sehr hellen) Schicht grundiert, um die Poren von Holz oder Stein zu verschließen. Eine zweite weiße Schicht (Kalziumkarbonat oder Bleiweiß) wurde aufgetragen, damit die späteren Farben besser zur Geltung kamen. Neben Weiß (Bleiweiß) und Schwarz (Holz- oder Knochenkohle) war Rot beliebt, außerdem noch Gelb (Ocker), Blau (Azurit, seltener Lapislazuli) und Grün (Grünspan).

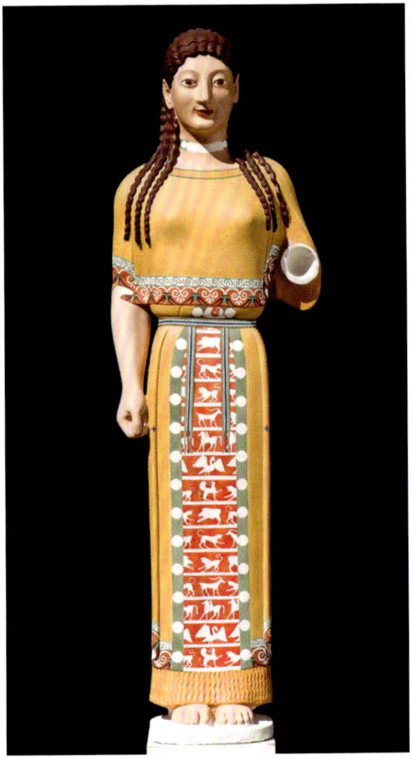

Farbige Rekonstruktion einer griechischen Statue der Akropolis in Athen

Farbe war in der Bildhauerei später nur noch bei einigen Künstlern gefragt, ansonsten musste sie dem klassischen Ideal weichen. Erst im 19./20. Jh. entschieden sich Künstler von Honoré Daumier (1808–1879) bis Charles Ray (*1953) wieder für mehrfarbige Skulpturen.

Gold in der Kunst

Schon in der Antike schätzten Künstler Gold, denn es reflektierte das Licht und funkelte, außerdem war es beständig (es oxidierte nicht). Man findet es auf den Sarkophagen der Pharaonen, in der griechischen Bildhauerei und in römischen Mosaiken. Es dominiert byzantinische Ikonen und die mittelalterliche Buchmalerei des Westens.

In der Buchkunst und an der Staffelei wurde Gold hauptsächlich in zwei Aggregatzuständen verwandt: als Blattgold oder als Muschelgold. Blattgold wurde auf einen befeuchteten, vorbereiteten Untergrund (etwa Pergament) in hauchdünnen Blättern aufgelegt. Danach konnte das Edelmetall noch geprägt oder gepunzt werden, außerdem konnten dekorative Motive als Relief herausgearbeitet werden.

Muschelgold war feines mit Gummi arabicum gemischtes Goldpulver, das wasserlöslich war und mit dem Pinsel aufgetragen werden konnte.

Der hohe Preis und seine Symbolik sorgten dafür, dass Gold lange den weltlichen und kirchlichen Herrschern vorbehalten war. Aus wirtschaftlichen Gründen wurden Goldersatzstoffe erfunden, beispielsweise Auripigment (hochgiftige Schwefel-Arsen-Verbindung). Der Maler Cennino Cennini (um 1360–etwa 1440) liefert in seinem Werk *Das Buch von der Kunst oder Tractat der Malerei* (Ende 14.–Anfang 15. Jh.) mehrere Anleitungen der Vergoldung.

DAS WERK IM DETAIL
Im 20. Jh. reiste der Künstler Gustav Klimt nach Ravenna und besichtigte dort die für ihre Goldmosaiken berühmte Kirche San Vitale. Daraufhin integrierte er das Edelmetall in seine Gemälde. Als er Adele Bloch-Bauer 1907 porträtierte, verband er Malerei und Blattgoldauflagen.

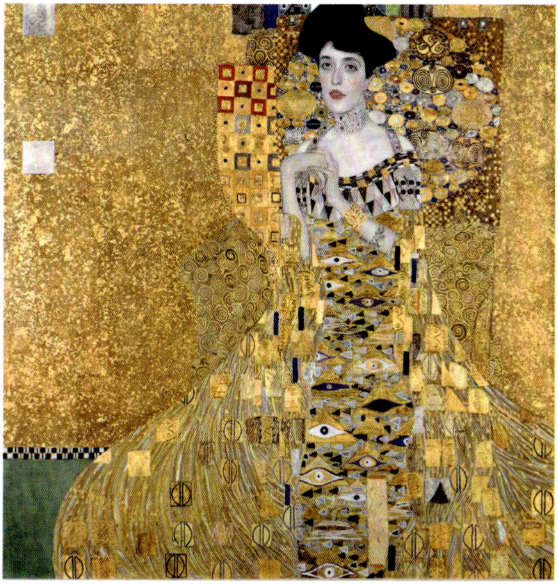

Gustav Klimt, *Adele Bloch-Bauer I*, 1907, New York, Neue Galerie

GOLD **S.56** *ADELE BLOCH-BAUER I* **S.114**

Tempera

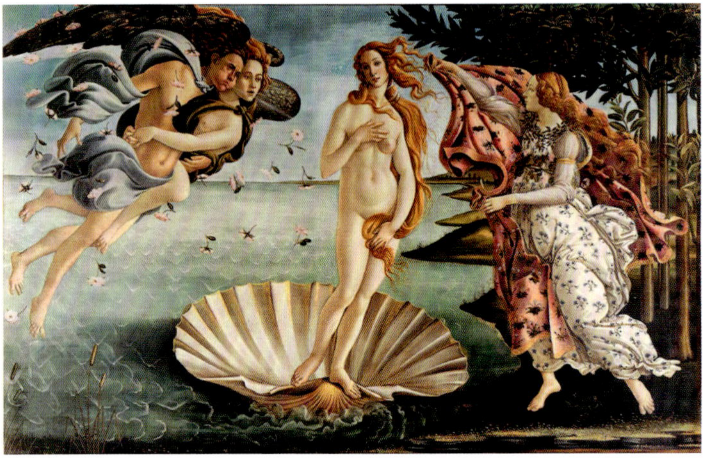

Sandro Botticelli, *Die Geburt der Venus*, 1484–1485, Tempera, Florenz, Galleria degli Uffizi (Uffizien)

Schon in der Antike war Tempera (oder Temperafarbe) bei Künstlern sehr beliebt, in der Renaissance wurde sie dann durch die Ölfarbe abgelöst. Tempera wurde vor allem für Wandmalereien und das Malen auf Holztafeln genutzt.

Für eine glatte Oberfläche grundierte man Holz mit Gesso (weiße Farbe aus Gips, Kreide und Pigment). Dann rührte der Künstler seine Temperafarbe an: Zu gleichen Teilen wurde aufgeschlagenes Eigelb mit Wasser gemischt und dann Pigmentpulver zugegeben. Statt Ei wurde mitunter auch ein anderes Bindemittel genommen: Kasein (Milcheiweiß), Gummi arabicum oder Knochenleim.

Tempera trocknete sehr schnell und musste zügig verarbeitet werden. Jede Schicht wurde mit einem feinen Pinsel in kleinen Strichen oder Schraffuren aufgetragen. Die Farbe war leuchtstark, satt und opak und ermöglichte präzises Arbeiten. Zum Schluss wurde Öl- oder Harzfirnis auf das fertige Bild aufgetragen.

Das auslaufende Mittelalter und die Anfangszeit der Renaissance in Italien bildeten den Höhepunkt der Temperamalerei und die Sieneser Künstler wollten einander regelrecht übertrumpfen.

DAS WERK IM DETAIL

Sandro Botticelli (1445–1510) malte *Die Geburt der Venus* mit Tempera. Das Gemälde avancierte zu einem der berühmtesten der italienischen Renaissance. Auf eine bläuliche Gesso-Grundierung trug er kräftige Farben auf – manche, wie das Grün für die Vegetation und das Blau für das Meer, sind im Laufe der Zeit oxidiert und haben an Leuchtkraft verloren. Auf Haare, Flügel der Engel, Stoffe und Landschaft trug er außerdem etwas Gold auf, wodurch die Komposition in einem einzigartigen Licht erstrahlt.

GÖTTLICHE FARBE **S.17**

Freskomalerei

Bei der echten Freskotechnik *(al fresco)* wurden in Wasser angerührte Pigmente auf frischen Kalkputz aufgetragen. Durch den Kontakt mit der Umgebungsluft wurde der im Putz enthaltene ungelöschte Kalk zu Kalkstein. Beim Abbinden (Erstarren) verband sich der Putz mit den Pigmenten und bildete eine sehr haltbare farbige Oberfläche.

Die Freskomalerei erforderte vom Maler sehr viel Geschick und Erfahrung, denn er musste die Größe seiner *giornata* (Tagwerk) genau abschätzen können, das heißt, er musste so viel feuchten Putz vorbereiten, wie er an einem Tag bemalen konnte, und dann zügig arbeiten, damit der Kalkputz nicht vorzeitig trocknete. Andererseits durfte er sich keine Fehler erlauben, sonst musste der Putz wieder abgekratzt und frischer Putz aufgetragen werden, oder er musste mit der Trockenmethode *(secco)* weiterarbeiten. Die Mischung von feuchtem und trockenem Auftrag ist oft anzutreffen. Mit der Zeit verblassten die trocken aufgetragenen Farben, während die feucht eingebrachten Farben noch leuchteten.

Weil die Farbpigmente alkalistabil sein müssen und viele dieser Pigmente gesundheitsschädlich sind, wird heute nicht mehr oft in der echten Freskotechnik gemalt.

Die Fassadenmalereien in Süddeutschland und Österreich sind noch manchmal echte Fresken. Dort heißt die Technik Lüftlmalerei.

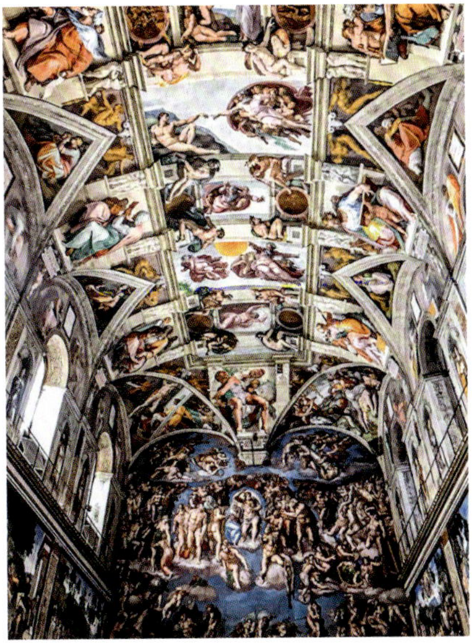

Michelangelo, Deckengemälde in der Sixtinischen Kapelle, 1508–1512, Fresko, Vatikan, Musei Vaticani (Vatikanische Museen)

DAS WERK IM DETAIL
Michelangelo gestaltete die Decke der sixtinischen Kapelle in der bei den Malern des Mittelalters und der Hochrenaissance beliebten Freskotechnik. Obwohl Michelangelo sich eher als Bildhauer denn als Maler verstand, nahm er den Auftrag von Papst Julius II. an. Die vom Meister verwendeten leuchtenden Farben (Orange, Hellgrün, Mauve usw.) machten die Motive so ausdrucksstark und trugen zum unvergleichlichen Gesamteindruck bei.

VIELFARBIGKEIT IM ALTEN ÄGYPTEN **S.13** TRICLINIUM VILLA LIVIA **S.66** *WALL DRAWING #610* **S.180**

Aquarell und Gouache

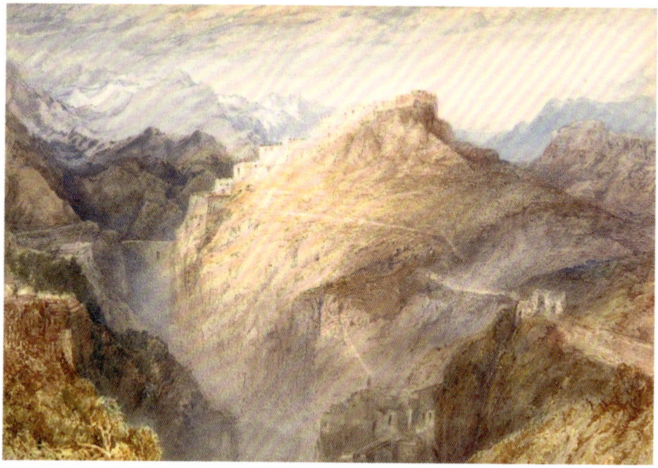

Joseph Mallord William Turner, *The Fort of L'Esseillon, Val de la Maurienne,* 1835–1836, Aquarell, New York, The Metropolitan Museum of Art

Aquarelle und Gouachen sind, wie schon Tempera und Fresko, Farben auf Wasserbasis. Sie brauchen ein Bindemittel, das die Pigmente auf dem Untergrund fixiert, meist Gummi arabicum, manchmal jedoch auch ein anderes Dickungsmittel wie Traganth (Gummisaft verschiedener *Astragalus*-Arten).

Aquarelle werden ausschließlich auf Papier gemalt, und da dieses sehr leicht ist und Pigment nur in geringem Maße aufnimmt, entsteht die für Aquarelle typische Anmutung. Der Maler kann sich zwar keine Fehler erlauben, denn Korrekturen sind nicht möglich, aber für Spontaneität ist etwa die Landschaftsmalerei perfekt. Aquarellfarben sind je nach Verdünnung mehr oder weniger lichtdurchlässig und erzeugen wunderbar zarte Farbtöne. Das fertige Bild ist allerdings licht- und feuchtigkeitsempfindlich.

Die Gouachefarbe ist matter und opaker, weil sie weniger Wasser enthält, der Anteil an Gummi arabicum höher ist und außerdem noch Kreide zugegeben wird. Gouache wird auf einen feinen, glatten Untergrund aufgetragen, im Mittelalter oft auf Pergament, heute meist auf Papier.

DAS WERK IM DETAIL
Gegen Ende des 18. Jh. wurde das Aquarell in England zu einer eigenständigen Kunstrichtung und nicht mehr nur für Vorskizzen verwendet. Es gewann an Beliebtheit, weil es schnell trocknete und die benötigten Materialien leicht zu transportieren waren. William Blake (1757–1827) oder Joseph Mallord William Turner (1775–1851) verhalfen dieser Maldisziplin zu Ansehen.

Ölmalerei

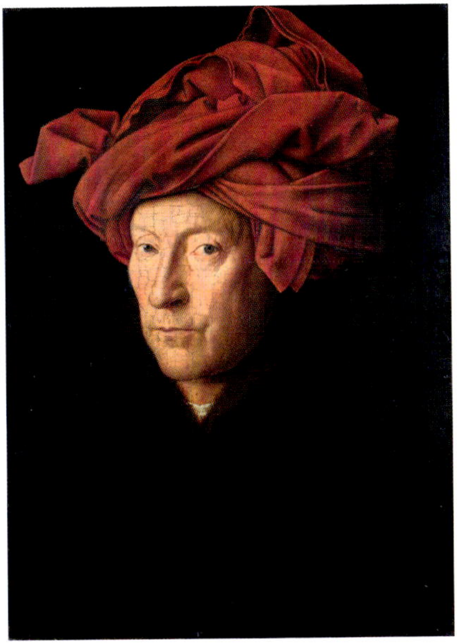

Jan van Eyck, *Mann mit rotem Turban*, 1433, Öl auf Holz, London, National Gallery

Bis in die 1430er Jahre produzierten Maler hauptsächlich zweierlei lichtundurchlässige Farben: Tempera, eine Mischung aus Pigmenten, Wasser und Leim oder Eiweiß, und Fresko, den Auftrag von in Wasser angerührten Pigmenten auf frischem (oder zur Not trockenem) Kalkputz.

Im weiteren Verlauf des 15. Jh. entdeckten die Künstler eine neue Art, mit Öl umzugehen. Sie verwendeten es nicht mehr nur als Firnis, sondern als Farbbasis. Sie mischten Pigmente mit gekochtem Öl und einem Verdünnungsmittel (Wasser und Ei plus einer flüchtigen Essenz). Diese Rezeptur ermöglichte feine Effekte, die Farben lösten sich quasi voneinander und glänzten. Mit großer Präzision konnten verschiedene Materialien und Oberflächen dargestellt werden – glitzernd, samtig, matt, reflektierend, seidig, rau, weich, metallisch usw. Unendlich viele Farbnuancen entstanden. Die Pigmente wurden mit einer größeren Menge Bindemittel gemischt und für die Lasurtechnik in mehreren aufeinanderfolgenden Schichten aufgetragen.

Einen Nachteil gab es allerdings, denn zwischen zwei Malschritten musste der Farbauftrag sehr lange trocknen. Außerdem oxidierten manche Pigmente oder der auf das fertige Gemälde aufgetragene Firnis und beeinträchtigten so die Farbwahrnehmung.

Von der Renaissance an wurde die Ölmalerei, die sowohl auf Holz als auch auf Leinwand möglich war, zur Lieblingstechnik der Maler an der Staffelei. Im 20. Jh. wurden dann Farben auf Kunstharzbasis (Acryl- und Vinylfarben) erfunden, dennoch hat die Ölmalerei bis heute wegen ihrer intensiven Farben weiterhin zahlreiche Liebhaber.

DAS WERK IM DETAIL

Der flämische Maler Jan van Eyck war einer der ersten, die die Technik der Ölmalerei perfektioniert haben. Der Künstler begann mit hellen Tönen und erzielte dunkle Töne und Schatten, indem er immer mehr Pigment und Lösungsmittel hinzufügte. Die Transparenz des Öls sorgte für Licht in der Komposition.

ERFINDUNG DER ÖLMALEREI **S. 18** FARBE IN DER RENAISSANCE **S. 19**
DIE MADONNA DES KANZLERS ROLIN **S. 70**

Farben in weichen Tuben

Bis zum 18. Jh. kauften die Künstler ihre Pigmente bei Apothekern und stellten daraus selbst ihre Farben her. Dazu mahlten sie die Pigmente und fügten je nach Rezeptur oder Verwendungsart das passende Bindemittel (Öl, Wachs, Harz, Ei, Wasser, Urin, Leim usw.) hinzu. Jedes Bindemittel verlieh den Farben einen ganz eigenen Glanz, erforderte einen besonderen Farbauftrag und auch die Trockenzeit musste genau eingehalten werden. Diese Mischungen waren nicht sehr haltbar und mussten zügig verarbeitet werden.

Zu Beginn des 19. Jh. kamen die ersten Fertigfarben auf den Markt. Sie waren in Schweinsblasen verpackt, und auch diese Farben verlangten eine rasche Verarbeitung. Erst im Laufe der 1840er Jahre wurde eine weiche Tube aus dünnem Metall patentiert. Zunächst wurde sie mit der Zange geöffnet und verschlossen, später erhielt sie einen Schraubverschluss. Farben aus der Tube erleichterten den Künstlern die Arbeit, außerdem verließen die Maler nun häufiger ihr Atelier und arbeiteten draußen. Statt in der Natur lediglich zu skizzieren, zogen sie nun mit Staffelei und Pinseln los. Zahlreiche Künstlergenerationen verlegten fortan ihre Arbeit in die freie Natur, denn sie waren fasziniert von den Möglichkeiten der Freilichtmalerei *(plein air)*.

Im Laufe der weiteren industriellen Farbherstellung wurden im gesamten 19. Jh. immer mehr synthetische Farben entwickelt, die sich aus verschiedenen chemischen Verbindungen zusammensetzten und eine breiter gefächerte Farbenvielfalt ermöglichten.

DAS WERK IM DETAIL

Unter den ersten Künstlern dieses neuen Genres befanden sich die Maler der Schule von Barbizon, die im Wald von Fontainebleau ihr Motiv direkt auf die Leinwand brachten.

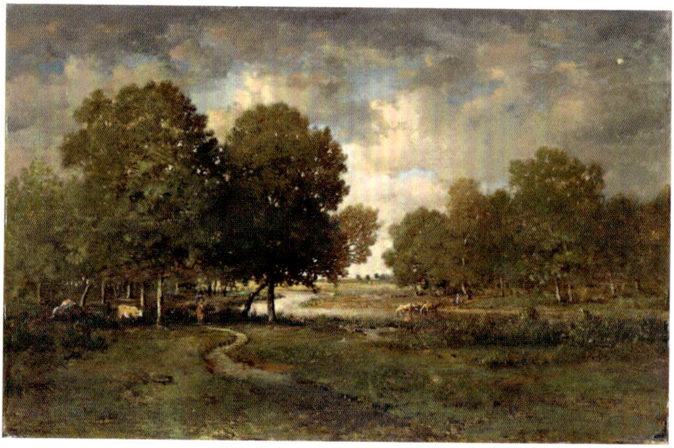

Théodore Rousseau, *Une rivière dans un pré* (Fluss inmitten einer Wiese), um 1840, Öl auf Leinwand, New York, The Metropolitain Museum of Art

IMPRESSIONISMUS UND FREILICHTMALEREI **S. 32** *IMPRESSION, SONNENAUFGANG* **S. 100**
CHAMP AUX IRIS PRÈS D'ARLES **S. 102**

Acryl und Vinyl

In den 1950er Jahren kamen rein synthetische Farben in den Handel. Hauptsächlich handelte es sich um Acrylfarben und in geringerem Ausmaß um Vinylfarben für die Industrie.

Acrylfarbe enthält ein Kunstharz, das aus Acrylsäure gewonnen wird und als Bindemittel fungiert. Es ist außerdem wasserlöslich und bietet daher zahlreiche Vorteile: lange Haltbarkeit, schnelles Trocknen, günstiger Preis, Verarbeitungsmöglichkeit auf vielen Untergründen (Leinwand, Holz, Metall, Kunststoff, Ton, Beton, Zement usw.), Verzicht auf schädliche Lösungsmittel, Verwendung für die Lasurtechnik (stark mit Wasser verdünnt) oder auch für die Spachtelmalerei aufgrund guter Hafteigenschaft usw. Schon bald boten die Hersteller den Künstlern neue, strahlende Farbtöne an, manche fluoreszierend, andere phosphoreszierend, auch Metallicfarben kamen hinzu. Acrylfarbe kann mit Zusätzen (etwa Gel, Sand, Marmorpulver usw.) gemischt werden, deren Anmutung sehr unterschiedlich ist.

Im Vergleich zur Ölmalerei bedeuteten diese neuen Farben eine große Freiheit und hatten auch Auswirkungen auf eine immer größere Werkzeugvielfalt für die Acryl- und Vinylmalerei: Zu traditionellen Werkzeugen wie Pinsel und Messer kamen Farbrollen, -walzen und -bürsten, Airbrush und Spritzpistole aus der Industrie sowie Schwamm und Tücher.

WESENTLICHE MERKMALE
Manche Künstler des abstrakten Expressionismus, denen als erste Anwender synthetische Farben zur Verfügung standen, erfanden dazu gleich neue Methoden des Farbauftrags: durch Aufspritzen oder Auftropfen auf die Leinwand wie etwa Jackson Pollock oder durch Verlaufenlassen wie Helen Frankenthaler.

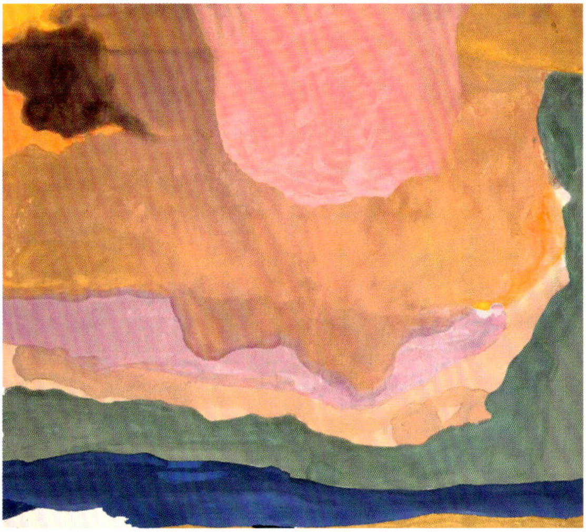

Helen Frankenthaler, *Flood* (Flut), 1967, Acryl auf Leinwand, New York, Whitney Museum of American Art

CONCETTO SPAZIALE. ATTESE (T.104) **S.150** *FLOOD* **S.160**

Grundierung und Firnis

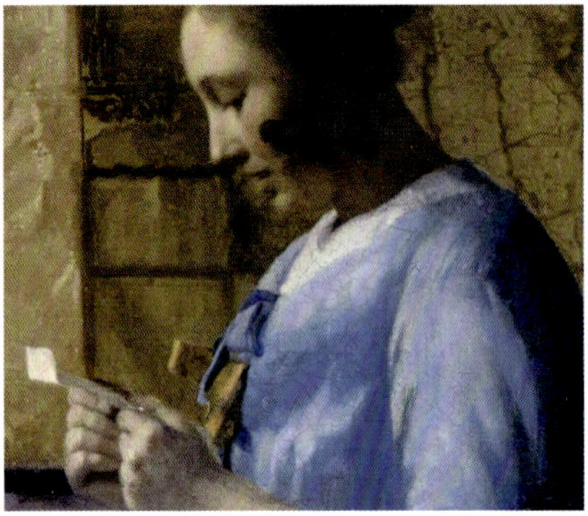

Jan Vermeer, *Briefleserin in Blau*, 1662–1665, Öl auf Leinwand, Amsterdam, Rijksmuseum

WESENTLICHE MERKMALE
Firnis wird meist aus ästhetischen Gründen aufgetragen, denn er verleiht der Bildoberfläche ein wahlweise glänzendes oder mattes Aussehen. Allerdings neigt Firnis dazu, feine Risse zu bilden oder zu oxidieren. Konservatoren können ihn reinigen oder austauschen.

Grundierung, vorbereitende Untermalung und Firnis galten lange Zeit als wesentliche Bestandteile eines Gemäldes.

Mit der Grundierung wurde die Oberfläche einer Leinwand oder einer Holztafel vor der eigentlichen Tempera- oder Ölmalerei geebnet. Für Holz verwendeten die Künstler meist Gesso, einen mit Knochenleim gemischten weißen Mineralputz (Kreide- oder Kalkgipspulver). Für Leinwände nutzten sie eine gallertartige Auflage, worauf sie dünne Schichten Kalziumkarbonat (kohlensauren Kalk) oder Bleiweiß auftrugen. Bei der echten Freskomalerei diente auf die Wand aufgetragener frischer Kalkputz als Maluntergrund. Für das Malen auf trockenem Putz *(secco)* war es hingegen empfehlenswert, die Wand mit leim- oder ölhaltigen Mitteln in unterschiedlichen Zusammensetzungen vorzubereiten. Die Grundierung musste vor dem eigentlichen Malen vollständig trocknen, was manchmal mehrere Wochen in Anspruch nehmen konnte.

Die vorbereitende Untermalung spielte für die Farbwirkung des fertigen Gemäldes eine entscheidende Rolle. War sie weiß, wie bei der Jan van Eyck-Methode, der sie mit Ölfarben in zarten und warmen Tönen übermalte, verlieh sie den Pigmenten sehr viel Strahlkraft. War sie, wie häufig während der Renaissance oder am Ende des 17. Jh., rotbraun oder erdigbeige, betonte sie die Tiefe der einzelnen Farbtöne. War sie, wie bei manchen Gemälden Tizians, grau, erzeugte sie eine farblich neutrale Anmutung.

Eine fertige Temperamalerei wurde häufig mit einem Schutzfirnis auf Ölbasis überzogen. Auch bei Ölgemälden kam Firnis zum Einsatz, der sich hier allerdings aus einem leicht getönten Naturharz (Mastix, Bernstein usw.), einem Lösungsmittel (z. B. Terpentin) und einem Zusatz (meistens Bienenwachs) zusammensetzte. Seit einiger Zeit wird meist mit Kunstharzen (Acrylharz) gearbeitet.

DIE MADONNA DES KANZLERS ROLIN **S. 70** *SYMPHONY IN FLESH COLOUR AND PINK: PORTRAIT OF MRS. FRANCES LEYLAND* **S. 96** *WHITE CENTER* **S. 144** *FLOOD* **S. 160**

Buntglas

Kirchenfenster bestehen zu dekorativen Zwecken aus bunten Glasscheiben, die mit Bleisteg verbunden sind. Diese mittelalterliche Kunst erforderte viel Wissen und Geschicklichkeit. Das Glas für bunte Scheiben erhielt man durch Schmelzen von Glasrohmasse bei 1200 bis 1500 °C. Die Einfärbung erfolgte während des Schmelzens durch Zugabe von Pigmenten (oxidierte und ionisierte Metallpartikel).

Der Künstler erstellte vorab einen Entwurf. Das Glas wurde geblasen, abgeflacht und geglättet oder auch direkt flach gegossen, danach mit einem Brenneisen, Glasschneider oder Diamanten geschnitten und dem Entwurf gemäß angeordnet. Dann malte der Glasmalmeister die Motive (Figuren oder Ornamente) in der Grisaille-Technik (grau, weiß, schwarz) auf das zugeschnittene Glas. Er nutzte dazu eine lichtdurchlässige Farbe aus Metalloxiden, die in destilliertem Wasser aufgelöst und mit Gummi arabicum und einer Schmelzsubstanz, beispielsweise fein zerkleinertem Glas, gemischt wurde. Das bemalte Glas wurde dann bei 600 °C ein weiteres Mal gebrannt, damit die aufgemalten Pigmente anhafteten. Anschließend wurden die Glasstücke in die Bleiruten gelegt, die an den Schnittstellen gelötet und zur Abdichtung mitunter gekittet wurden.

Im 16. Jh. verlor die Glasmalerei an Bedeutung, doch im 19. Jh. erlebte sie dank der Neugotik und später der zunehmenden Beliebtheit von handwerklichen Kunstpraktiken (Präraffaeliten, Arts & Crafts, Nabis usw.) einen Aufschwung. Im 20. Jh. modernisierten Künstler wie Sophie Taeuber-Arp, Henri Matisse und Pierre Soulages die Glasmalerei.

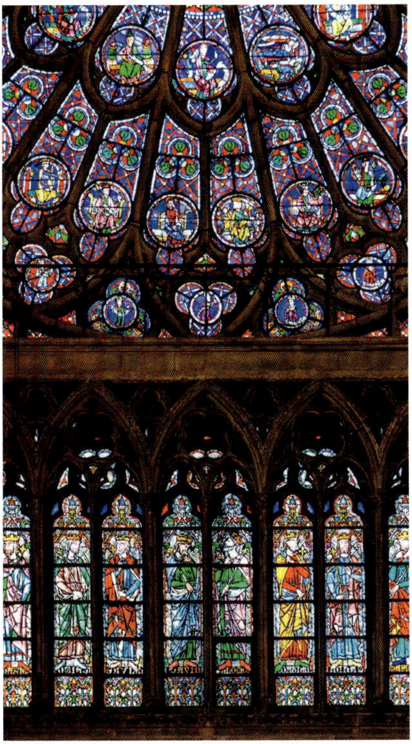

WESENTLICHE MERKMALE
Im Mittelalter war die Glasmalerei sehr beliebt. Auf die hellen Farben der Romanik folgte in der Gotik eine reduzierte, jedoch sehr intensive Farbpalette (Dunkelblau, lebhaftes Rot, Purpur und nicht zu vergessen Goldgelb und Hellgrün).

Fenster der Kathedrale Notre-Dame de Paris, Paris, 13. Jh.

GÖTTLICHE FARBE **S. 17** FENSTER DER KATHEDRALE VON SAINT-DENIS **S. 68** ROSENKRANZKAPELLE **S. 142**

Farbige Druckgrafik

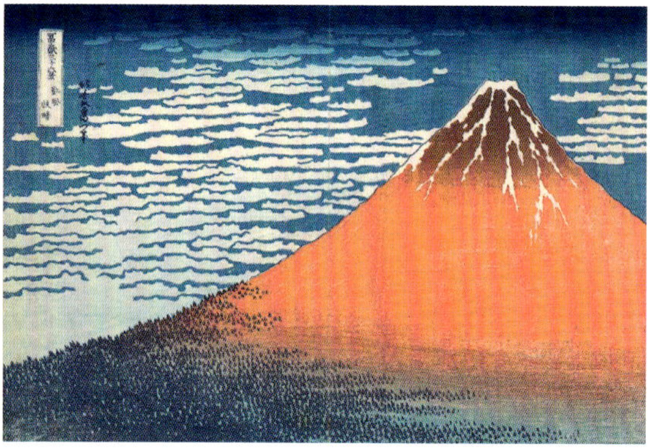

Hokusai, *Klare Morgendämmerung bei Südwind,* bekannt als *Roter Fuji,* um 1830–1832, Farbholzschnitt, New York, The Metropolitan Museum of Art

Schon im 15. Jh. entwickelte sich die farbige Druckgrafik in Europa. Welche Technik – Xylografie (Holzschnitt), Aquatinta, später Lithografie und Serigrafie – auch immer zum Einsatz kam, sie verlangte eine sorgfältige Vorbereitung und häufig eine gute, enge Zusammenarbeit von Graveur und Drucker. Für jeden Farbton wurde eine neue Vorlage benötigt. Folglich musste das Blatt (der Abzug) jedes Mal in die Presse. Markierungsstriche halfen beim passgenauen Auftrag der Farben.

In der westlichen Welt wurde die Druckgrafik zunächst für die Buchillustration eingesetzt, später wurde sie auch für Einzelgrafiken genutzt. Wie in der Malerei auch, mischte man Pigmente mit einem Bindemittel, hier Lein- oder Walnussöl, und stellte so farbige Drucktinte her. Bei der Ätzradierung wurde mittels Aquatinta-Technik (Tuschätzung) vollflächig geätzt, und durch mehrere Säurebäder, die die Metallplatte angriffen, konnten Halbtöne erzeugt werden.

Im 19. Jh. ermöglichte die Farblithografie zwar hohe Auflagen, aber auch hier war wie beim Holzschnitt eine Vorlage pro Farbton nötig. Sie wurde seitdem für populäre Einblattdrucke wie beispielsweise Bilderbogen genutzt.

Die Serigrafie (Siebdruck) ist industriellen Ursprungs, begeisterte jedoch auch die Pop-Art-Künstler. Der Siebdruck funktioniert nach dem Schablonenprinzip und benötigt keine Presse. Nuancen sind nicht möglich, dafür aber große, häufig lebhafte Farbflächen.

DAS WERK IM DETAIL

Die japanische Variante des Holzschnittverfahrens wurde als *nishiki-e* bezeichnet: Im 19. Jh., dem goldenen Zeitalter des Holzschnitts in Japan, hatte ein solches Kunstwerk nicht selten etwa zwanzig Farbtöne. Das bedeutete entsprechend viele Vorlagen und Druckdurchgänge.

KONTRASTE **S. 25** LOB DES SCHATTENS IN JAPAN **S. 30** *RAIJIN (DONNERGOTT)* **S. 90** *GOLD MARILYN MONROE* **S. 156**

Industriewerkstoffe

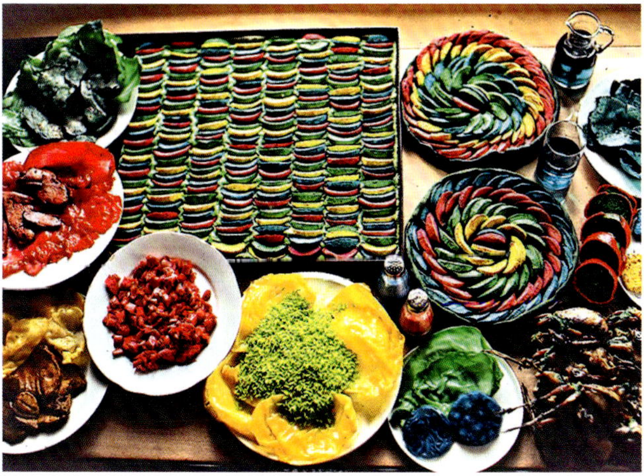

Antoni Miralda und Dorothée Selz, *Eat Art Diner*, 1971

Schon in den 1910er Jahren tauchten bei manchen Kunstwerken Alltagsgegenstände auf und stießen nicht nur eine Debatte über das Kunstverständnis an, sondern auch über die Materialien der Kunstwerke selbst. So nutzte Marcel Duchamp für sein Ready-Made *Fountain* (1917) ein fabrikneues Urinal. So etwas kannte man in der Kunst bis dahin nicht.

Ab den 1960er Jahren zweckentfremdeten Künstler in größerem Umfang Industriewerkstoffe wie Harze, Latex, Vinyl, Neon- oder Leuchtstoffröhren, Farben für Lebensmittel und Medikamente, Feuerwerk und Nylon, für ihre Kunstwerke. Durch diese Neuinterpretation konnten meistens auch genormte Farben zum Einsatz kommen, die kommerzielle und industrielle Anforderungen, wie Haltbarkeit, Farbintensität, Glanz, Fluoreszenz oder Phosphoreszenz, erfüllen mussten.

DAS WERK IM DETAIL

Im Juni 1971 luden die Künstler Antoni Miralda (*1942) und Dorothée Selz (*1946) in Düsseldorf zu einem experimentellen Dinner ins Restaurant der Eat Art Galerie von Daniel Spoerri. Ein „in vier Farben serviertes“ Bankett mit Popgeschmack. Echte Speisen und Getränke wurden eingefärbt. Dieses Performance-Kunstwerk stieß die Kunst von ihrem Sockel, machte sie essbar und konnte vom Betrachter wortwörtlich goutiert werden.

Diese Anleihe aus der Welt der Industrie war für die bildenden Künstler ein Mittel, den Status des Kunstwerks und den Platz des Künstlers in der Gesellschaft zu modernisieren, indem sie den traditionellen Rahmen von Gemälde und Skulptur aufbrachen, den Bezug zum Ausstellungsraum auf eine neue Basis stellten und die heroische Gestalt des genialen und inspirierten Kunstschaffenden ad absurdum führten.

→ *TIR* **S. 154** EINFÄRBUNG DES CANALE GRANDE IN VENEDIG **S. 162** *PURPLE ATMOSPHERE* **S. 166** *ODALISQUE (HEY, HEY FRANKENTHALER)* **S. 168** *UNTITLED (TO DON JUDD, COLORIST) 1–5* **S. 178** *THE GATES* **S. 182**

Farbwert, Farbsättigung und Hellwert

20. Jh. bis heute

HSV-Farbraum (Farbwert/**h**ue, Farbsättigung/**s**aturation, Hellbezugswert/**v**alue) in zylindrischer Darstellung

In der Psychophysiologie gibt es drei Parameter zur Messung und Beschreibung von Farbe: Farbwert (engl. *hue),* Farbsättigung *(saturation)* und Hellwert *(value)* (HSV). Der HSV-Farbraum wird dreidimensional wie hier als Zylinder oder auch als Kegel dargestellt.

Der Farbwert entspricht unserer Farbwahrnehmung. Im HSV-Farbraum wird er in Anlehnung an Isaac Newtons Farbkreis kreisförmig von 0 bis 360° gemessen.

Die Farbsättigung beschreibt Reinheit und Lebhaftigkeit einer Farbe im Verhältnis zur enthaltenen Graumenge und wird in Prozent gemessen. Im HSV-Farbraum wird er in Strahlenform eines Kreissegments innerhalb des Zylinders dargestellt.

Der Hellwert beschreibt die zur Farbwahrnehmung notwendige Leuchtkraft auf der Oberfläche von Weiß (entspricht 100 % Reflexion) über Grau bis zu Schwarz (0 % Reflexion). Im HSV-Farbraum durchläuft der Hellwert den Zylinder in der vertikalen Achse.

WESENTLICHE MERKMALE

Das HSV-Farbraummodell zur Messung und Beschreibung von Farbe hat sich vor allen Dingen in der Computergrafik und der Informatik durchgesetzt.

SCHWARZ **S. 44** WEISS **S. 45** GRAU **S. 54** REGENBOGEN **S. 59**

Spektralfarben und Farbmittel

20. Jh. bis heute

Es gibt zwei wichtige Methoden zum Verständnis von Farbe und ihren Mischungen: Spektralfarben (in einem Prisma sichtbare Farben) und Farbmittel (farbgebende Substanzen wie Pigmente und Farbstoffe).

Bei Spektralfarben handelt es sich um in einem Prisma gebrochenes weißes Licht. Jedes Lichtstrahlenbündel entspricht einem Wellenlängenintervall auf dem elektromagnetischen Spektrum. Das menschliche Auge kann die Intervalle zwischen etwa 390 und 780 Nanometer (nm) wahrnehmen. Violett liegt zwischen 390 und 455 nm, Blau zwischen 455 und 492 nm, Grün zwischen 492 und 577 nm, Gelb zwischen 577 und 597 nm, Orange zwischen 597 und 622 nm und Rot zwischen 622 und 780 nm. Mischt man die Grundfarben des Spektrums – Rot, Grün und Blau – erhält man Weiß.

Bei den Farbmitteln erfolgt eine substraktive Farbmischung: Jede Farbe entfernt wie ein Filter Strahlung aus dem Licht. So erhält man mittelwelliges Grün, wenn man das kurzwellige Blau mit dem langwelligen Gelb mischt. Die Mischung der Grundtöne (Cyan/Blaugrün, Gelb, Magenta) erzeugt ein sehr dunkles Grau, fast Schwarz.

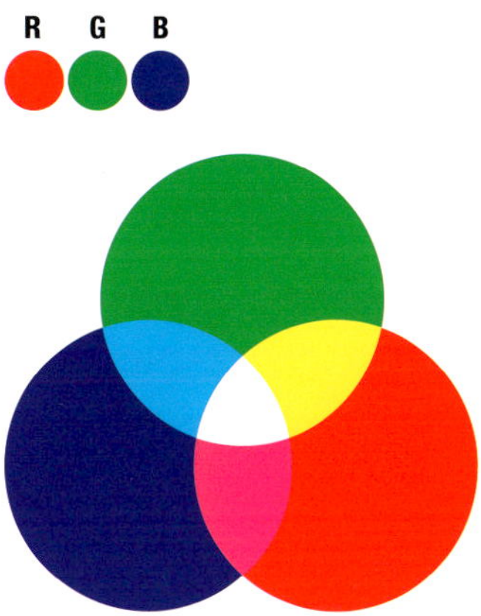

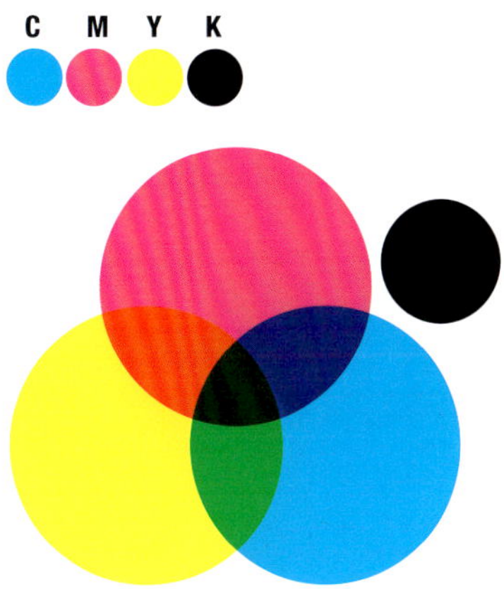

Schematische Darstellung der additiven Farbmischung (linke Darstellung: Rot, Grün, Blau) und der substraktiven Farbmischung (Cyan, Magenta, Gelb)

WESENTLICHE MERKMALE
Spektralfarben kommen hauptsächlich als RGB-Code in der Informatik zum Einsatz, Farbmittel und substraktive Farbmischung dagegen im Vierfarbdruck.

SCHWARZ **S. 44** WEISS **S. 45** ROT **S. 46** GELB **S. 47** BLAU **S. 48** GRÜN **S. 49** REGENBOGEN **S. 59**

Die Welt in Schwarz-Weiß

Was wir gemeinhin als Schwarz-Weiß-Fotografie bezeichnen, entstand als Begriff erst lange nach der Erfindung der Technik im Laufe der 1820er Jahre durch Joseph Nicéphore Niépce (1765–1833). Die ersten fotografischen Verfahren (Daguerreotypie, Abzüge auf Albuminpapier, Kalotypie usw.) erzeugten nämlich Bilder in unterschiedlichen Brauntönen, von Dunkelbraun bis zu einem sehr blassen Gelb.

Erst in den letzten Jahrzehnten des 19. Jh. konnten dank des technischen Fortschritts (Silbergelatineabzug) Schwarz-Weiß-Fotografien, die Gravuren und Drucken ähnelten, gemacht werden. Von da an gab ein Kontinuum an Graunuancen die Farbwerte der „realen" Welt von den dunkelsten bis zu den hellsten wieder. Die Beherrschung der verschiedenen Parameter für die Aufnahme (Lichtempfindlichkeit des Films, Belichtungszeit, Öffnung der Blende) und für die Abzüge sowie die Möglichkeit, das Negativ direkt zu bearbeiten, versetzte den Fotografen in die Lage, mit der Intensität der Kontraste, der Tiefe der Schwarztöne und der Weichheit der Grautöne zu spielen.

DAS WERK IM DETAIL

In der Zeitschrift *Aperture* erklärte der amerikanische Fotograf Robert Frank (1924–2019) im Juni 1961: „Schwarz und Weiß sind die Farben der Fotografie. Für mich symbolisieren sie das Wechselspiel von Hoffnung und Verzweiflung, dem die Menschheit für immer unterworfen ist. Die meisten meiner Fotografien stellen Leute dar. Sie wurden einfach gesehen, wie mit den Augen des Mannes von der Straße. […] Aber Realismus allein reicht nicht – es muss eine Vision geben, und beides zusammen kann eine gute Fotografie ergeben. Es ist schwierig, diesen schmalen Grat zu definieren, wo rein Materielles aufhört und Geistiges anfängt."

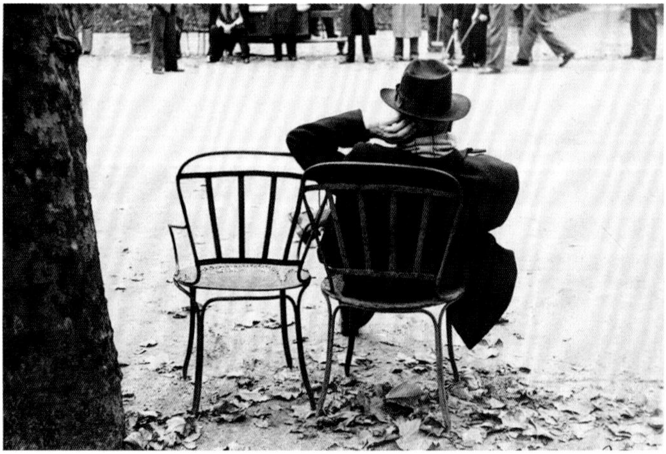

Robert Frank, *Jardin public* (Park), 1951, Paris, Musée Carnavalet

Die Welt in Farbe

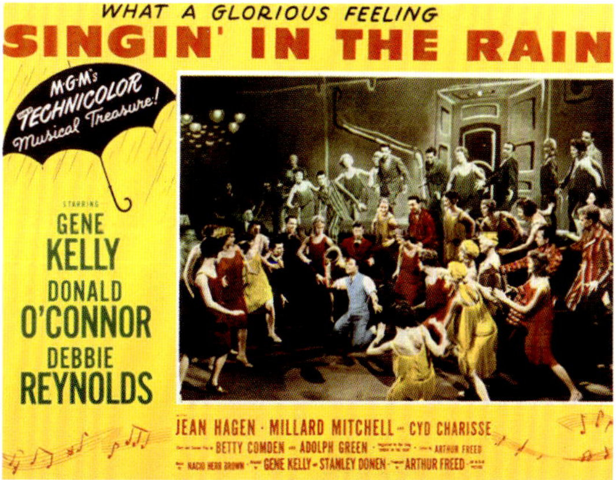

Plakat zum Film *Du sollst mein Glücksstern sein,* 1952

WESENTLICHE MERKMALE
Erste kolorierte Fotografien, wobei Tinte auf den Filmstreifen aufgebracht wurde, stammen aus den 1900er Jahren. Der Farbfilm für das Kino wurde im darauffolgenden Jahrzehnt von der Technicolor Motion Picture Corporation entwickelt, stieß jedoch bei den Filmschaffenden zunächst auf wenig Interesse.

Nach mehreren Jahrzehnten des Experimentierens stand mit dem Autochromverfahren das erste Farbfotografieverfahren auch einer breiteren Öffentlichkeit zur Verfügung. Erfunden und in den Handel gebracht hatten es die Gebrüder Lumière 1903. Für das in einer einzigen Aufnahme entstandene Farbbild wurde eine Emulsion auf der Basis eingefärbter Kartoffelstärke auf einer Glasplatte fixiert. Bis in die 1930er Jahre hinein war das Autochromverfahren mit seinen grellen Farben sowie frischen Pastelltönen sehr erfolgreich. Mit den leichter zu handhabenden Farbfilmen Kodachrome und Agfacolor verlor es an Bedeutung. Von nun an konnte der Fotograf unter ästhetischen Gesichtspunkten einfach zwischen Schwarz-Weiß- und Farbfilmen wählen.

Die Filmindustrie nahm sich erst in den 1930er Jahren des Farbfilms an. In den goldenen Zeiten des Hollywood-Films nutzten die meisten Filmstudios das Technicolor-Verfahren. Es wurde wegen seiner satten, sehr ansprechenden Farben geschätzt, die den amerikanischen Traum gut wiedergeben konnten und in zahlreichen Filmen von Victor Fleming *(Der Zauberer von Oz,* 1939), Vincente Minnelli *(Ein Amerikaner in Paris,* 1951), Stanley Donen und Gene Kelly *(Du sollst mein Glücksstern sein,* 1952) und Alfred Hitchcock *(Das Fenster zum Hof,* 1954) verherrlicht wurden. Das Technicolor-Verfahren war jedoch sehr kostspielig, denn man benötigte drei Filmstreifen (für jede Grundfarbe einen). Am Ende der 1950er Jahre hatte es ausgedient, denn es wurde durch das Eastmancolor-Verfahren ersetzt, für das man nur einen einzigen Filmstreifen benötigte. Dennoch blieb der Begriff „Technicolor“ in der Umgangssprache erhalten und wurde weiterhin mit großer Farbfülle verbunden.

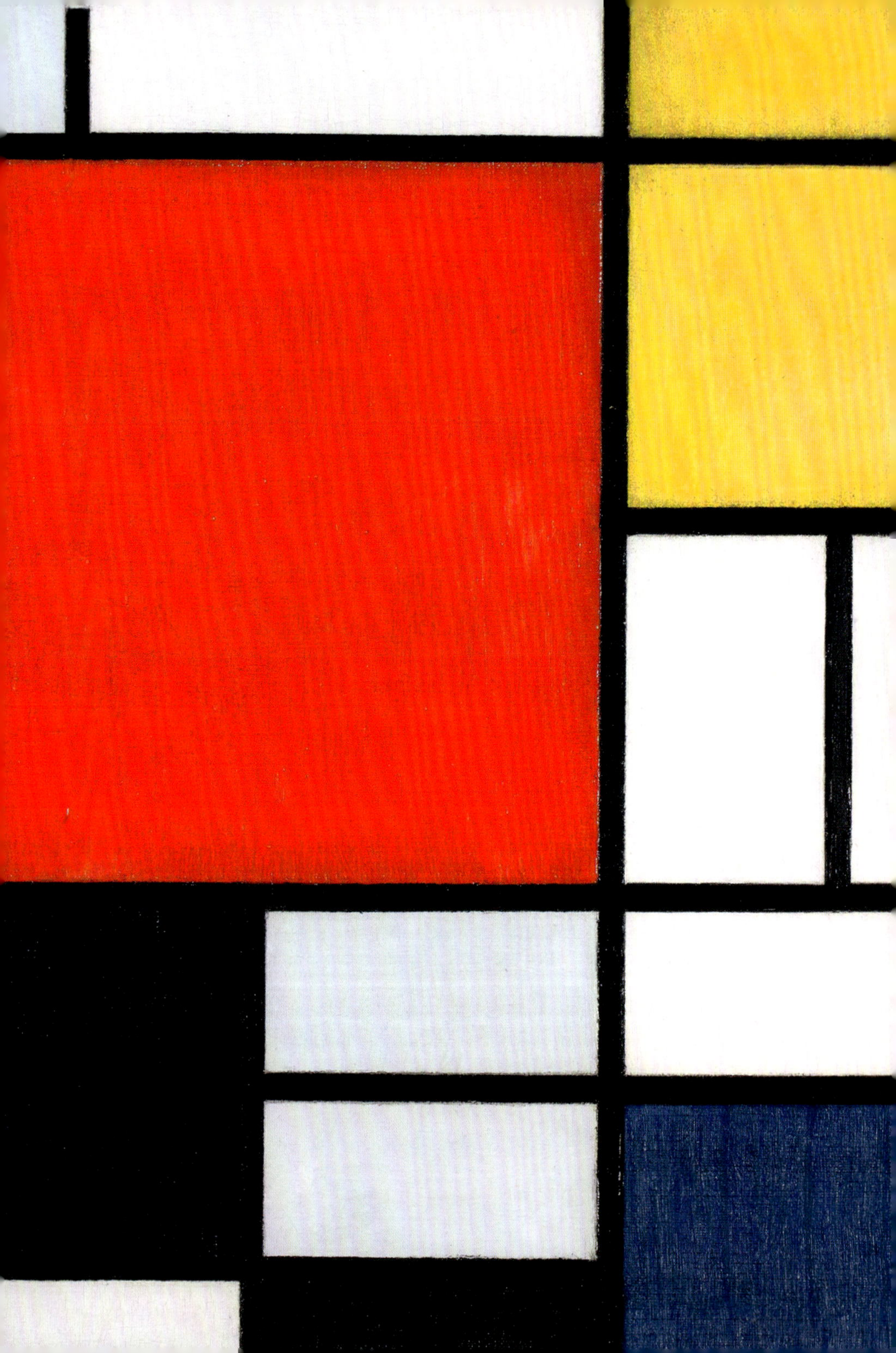

Anhang

Symbolik der Farben

Blau

Ausgeglichenheit
Blässe
Frieden
Göttliches Licht (Christentum)
Himmel
Kälte
Kindheit
Königtum/Krone
Luft
Mantel der Apostel
Mantel der Jungfrau Maria
Melancholie
Reinheit
Traum
Unsterblichkeit (Altägypten)
Vitalität (Indien)
Wahrheit

Braun

Armut
Askese/Strenge/Austerität
Demut
Entdeckung
Erde
Komfort
Mittelmäßigkeit
Natur
rohe Gewalt
Schmutz
Tradition
Wärme
Wohlbefinden
Zuverlässigkeit

Gelb

Ausgelassenheit
Bewegung
Dynamik
Energie
Fest
Freude
Freundschaft
Fröhlichkeit
Hochmut
Hochzeit (römisches Reich)
Jugend
Krankheit
Leben
Lebhaftigkeit
Licht
Müdigkeit
Reife
Sommer
Spannkraft/Tonus
Treulosigkeit
Verrat
Vertrauen
Wärme/Warmherzigkeit

Grau

Alter
Askese/Strenge/Austerität
Demut
Eleganz
Genügsamkeit
Intelligenz
Langeweile
Mäßigkeit
Melancholie
Monotonie
Neutralität
Stille
Traurigkeit
Unglück
Weisheit

Grün

Erneuerung
Flora
Fortschritt
Frische
Fruchtbarkeit
Gleichgewicht
Hoffnung
Natur
Schicksal
Spiel
Umwelt
Wandel
Wiedergeburt
Wohlstand

Orange

Ambivalenz/Zweideutigkeit
Aufmunterung
Ausgelassenheit
Dynamik
Ehrgeiz
Falschheit
Feindseligkeit
Großzügigkeit
Inbrunst
Kommunikation/ Verbindung
Kreativität
Überfluss
Vitalität
Wärme/Warmherzigkeit

Rosa

Dankbarkeit
Erotik
Gier
Kindheit
Liebe
Naivität
Romantik
Sanftheit
Schönheit
Sexualität
Sinnlichkeit
Unschuld
Weiblichkeit
Zärtlichkeit

Rot

Aggressivität
Blut
Braut (18. Jh.)
Empörung
Exzess
Feuer
Gefahr
Gewalttätigkeit
Hölle
Leben
Lebhaftigkeit
Leidenschaft
Liebe
Macht
Nächstenliebe
Reichtum
Triumph
Verbot
Verlangen
Versuchung
Würde
Zorn

Schwarz

Angst
Askese/Strenge/Austerität
Bosheit
Dunkelheit
Ernst
Genügsamkeit
Härte/Strenge
Leere
Männlichkeit
Nacht
Sünde
Tod
Trauer
Unbekanntes
Undurchschaubarkeit
Unruhe
Verzweiflung
Weitsicht

Violett

Besinnung
Buße
Einsamkeit
Frieden
Furcht
Halbtrauer
Luxus
Macht
Meditation
Melancholie
Mysterium/Geheimnis
Okkultismus
Spiritualität
Traurigkeit
Übernatürliches
Weiblichkeit

Weiß

Bodenständigkeit
Einfachheit
Frieden
Glaube
Jungfräulichkeit
Kälte
Klarheit
Leere
Licht
Präzision
Reinheit
Ruhe
Sauberkeit
Trauer (Asien)
Unschuld
Unverdorbenheit
Weisheit
Weitsicht
Wohlbefinden
Zeitlosigkeit

Register

Kursiv gedruckte Seitenzahlen verweisen auf Abbildungen.
Fett gedruckte Seitenzahlen verweisen auf Haupteinträge.

A

B

C

D

E

F

G

H

I

J

K

L

M

N

O

P

R

S

T

U

V

W

Z

Heimat der besprochenen Werke

Die in diesem Buch vorgestellten Werke befinden sich in folgenden Museen, Galerien, Kirchen usw.

DÄNEMARK
Kopenhagen, Ordrupgaard Museum

DEUTSCHLAND
Berlin, Neue Nationalgalerie

FRANKREICH
Paris, Bibliothèque nationale de France
Paris, Kathedrale Notre-Dame de Paris
Paris, Centre Pompidou
Paris, Musée Carnavalet
Paris, Musée d'Art moderne de Paris
Paris, Musée d'Orsay
Paris, Musée du Quai Branly-Jacques Chirac
Paris, Musée du Louvre
Paris, Musée Marmottan Monet
Rodez (Aveyron/Okzitanien), Musée Soulages
Saint-Denis (Seine-Saint-Denis), Kathedrale von Saint-Denis
Saint-Germain-en-Laye (Yvelines/Île-de-France), Musée d'Archéologie nationale
Vallon-Pont-d'Arc (Ardèche/Auvergne-Rhône-Alpes), Chauvet-Höhle
Vence (Alpes-Maritimes/Provence-Alpes-Côte d'Azur), Rosenkranzkapelle

GRIECHENLAND
Nahe Thessaloniki (Thermaischer Golf/Ägäis), Grab des Agios Athanasios

GROSSBRITANNIEN
Edinburgh (Schottland), National Galleries of Scotland
London, British Museum
London, Tate
London, Tate Modern
London, Victoria and Albert Museum
St. Ives (Cornwall), Barbara Hepworth Museum and Sculpture Garden (Tate)
Waddesdon (Buckinghamshire/England), National Trust

ITALIEN
Florenz (Toskana), Galleria degli Uffizi (Uffizien)
Rom, Museo Nazionale Romano
Vatikan, Musei Vaticani (Vatikanische Museen)

NIEDERLANDE
Amsterdam, Rijksmuseum
Amsterdam, Van Gogh Museum
Den Haag, Kunstmuseum

ÖSTERREICH
Wien, Kunsthistorisches Museum
Wien, Mumok

SCHWEDEN
Stockholm, Hilma af Klint Foundation

SCHWEIZ
Zürich, Kunsthaus Zürich

SPANIEN
Madrid, Museo del Prado

VEREINIGTE STAATEN VON AMERIKA
Chicago (Illinois), The Art Institute of Chicago
Cleveland (Ohio), Cleveland Museum of Art
Dallas (Texas), Dallas Museum of Art
Kansas City (Missouri), The Nelson-Atkins Museum of Art
New Haven (Connecticut), Yale University Art Gallery
New York, Brooklyn Museum
New York, Museum of Modern Art (MoMA)
New York, Neue Galerie
New York, Solomon R. Guggenheim Museum
New York, The Frick Collection
New York, The Metropolitan Museum of Art
New York, Whitney Museum of American Art
Philadelphia (Pennsylvania), Philadelphia Museum of Art
San Francisco (Kalifornien), San Francisco Museum of Modern Art (SFMoMA)
Washington (D. C.), National Gallery of Art
Washington (D. C.), National Museum of Asian Art

Bildnachweise

10 © Wikimedia Commons; **12** © Shutterstock / Asit Jain; **13** © Wikimedia Commons / The Open University; **14** © Foto: private Sammlung; **15** © Victoria and Albert Museum, London; **16** © Bibliothèque nationale de France; **17** © Wikimedia Commons; **18** © Bridgeman Images; **19** © The Metropolitan Museum of Art; **20** © Wikimedia Commons; **21** © Waddesdon Image Library, Rodney Todd-White & Son Ltd; **22** © The Metropolitan Museum of Art; **23** © Rijksmuseum, Amsterdam; **24** © Bridgeman Images; **25** © Wikimedia Commons; **26** © Philadelphia Museum of Art / The Louise and Walter Arensberg Collection, 1950 / Bridgeman Images; **27** © BPK, Berlin, Dist. RMN-Grand Palais / Jörg P. Anders; **28** © Wikimedia Commons / Lina Hall Library; **29** © Wikimedia Commons; **30** © National Museum of Asian Art, Washington; **31** © The Metropolitan Museum of Art; **32** © Wikimedia Commons; **33** © Wikimedia Commons; **34** © Wikimedia Commons / Scottish National Gallery; **35** © San Francisco Museum of Modern Art / Bridgeman Images; **36** © 2023, The Museum of Modern Art, New York / Scala, Florenz; **37** © Bridgeman Images; **38** © Kunsthaus Zürich, Spende von Dr. Werner Merzbacher, 2001; **39** ©2023, The Museum of Modern Art, New York / Scala, Florenz; **40** © Library of Congress / Balthazar Korab Collection / KORAB F1/01, no. 6 [P&P]; **41** © Shutterstock / Bokeh Art Photo; **55** © Gradienta on Unsplash; **56** © Shutterstock / Prapann; **57** © Shutterstock/Alan Sau; **60** © Photo Josse / Bridgeman Images; **62–63** © RMN-Grand Palais (musée d'Archéologie nationale) / Thierry Le Mage; **65** © The Metropolitan Museum of Art; **66–67** © Luisa Ricciarini / Bridgeman Images; **69** © Shutterstock/Capture 11 Photography; **70–73** © Bridgeman Images; **75** © Wikimedia Commons; **77** © Wikimedia Commons / Kunsthistorisches Museum Wien; **79** © Wikimedia Commons; **81** © Wikimedia Commons; **83** © Wikimedia Commons; **84–85** © Wikimedia Commons; **86–87** © Wikimedia Commons; **89** © Wikimedia Commons; **91** © National Museum of Asian Art, Washington; **92–95** © Photo Josse / Bridgeman Images; **97** © akg-images; **99** © musée du quai Branly – Jacques Chirac, Dist. RMN-Grand Palais / Claude Germain; **100–101** © Wikimedia Commons; **102–103** © Bridgeman Images; **105–107** © Bridgeman Images; **109** © Heritage Images / Fine Art Images / akg-images; **111** © The Metropolitan Museum of Art, Dist. RMN-Grand Palais / image of the MMA; **113** © Cleveland Museum of Art / Bridgeman Images; **115** © Luisa Ricciarini / Bridgeman Images; **117** © Museum of Modern Art, New York; **119** © Philadelphia Museum of Art / The Louise and Walter Arensberg Collection, 1950 / Bridgeman Images; **121** © Photo Josse / Bridgeman Images; **123** © Kunstmuseum den Haag / Bridgeman Images; **125** © Centre Pompidou, MNAM-CCI, Dist. RMN-Grand Palais / Georges Meguerditchian; **127** © Kunstmuseum den Haag / © Mondrian / Holtzman Trust / Bridgeman Images; **129** © Bridgeman Images; **131** © Bridgeman Images; **132–133** © The Metropolitan Museum of Art, Dist. RMN-Grand Palais / image of the MMA; **135** Barbara Hepworth © Bowness; **137–139** © Fine Art Images / Bridgeman Images; **141** © 2023 Calder Foundation, New York, Geschenk von Herrn und Frau Klaus Gunther Perls / ADAGP, Paris; **142–143** © François Fernandez; **145–147** © Bridgeman Images; **149** © 2023, The Museum of Modern Art, New York/Scala, Florenz; **151** © Centre Pompidou, MNAM-CCI, Dist. RMN-Grand Palais / Jacques Faujour; **153** © 2023, The Museum of Modern Art, New York / Scala, Florenz; **155** © Centre Pompidou, MNAM-CCI, Dist. RMN-Grand Palais / Philippe Migeat; **157** © 2023, The Museum of Modern Art, New York / Scala, Florenz; **159** © The Joseph and Anni Albers Foundation / James Goodman Gallery, New York, USA / Bridgeman Images; **161** © 2023, Whitney Museum of American Art, New York / lizenziert durch Scala, Florenz; **163** © Foto: private Sammlung; **165** © Genevieve Hanson; **166–167** © Foto mit freundlicher Genehmigung von Through the Flower Archives; **169** © Abbildung mit freundlicher Genehmigung von Dallas Museum of Art; **171** © Tate; **172–173** oben links und oben rechts © mumok – Museum moderner Kunst Stiftung Ludwig Wien und mit freundlicher Genehmigung von Estate of John Baldessari, **172-173** Mitte oben, Mitte rechts, unten links und unten rechts © 2023 mit freundlicher Genehmigung von Sprüth Magers; **175** © Kunsthaus Zürich, Spende von Dr. Werner Merzbacher, 2001; **177** © musée Soulages, Rodez / Vincent Cunillère; **178–179** © Tate; **180–181** © mit freundlicher Genehmigung von Yale University Art Gallery / Gift of The LeWitt Collection, Chester, Conn., zu Ehren Suzanne Hellmuth und Jock Reynolds; **182–183** © Wolfgang Volz / © Christo and Jeanne-Claude Foundation; **185** © Tate; **186–187** © Fabrice Gaboriau; **188** © Shutterstock / Gilmanshin; **190** © Shutterstock / Nataliya Druchkova; **191** © Shutterstock / Liliya Vantsura; **192** © Shutterstock / Domnitsky; **193** © Shutterstock/Liliya Vantsura; **194** © Shutterstock / Abel Tumik; **195** © Shutterstock / Roy photo; **196** © Shutterstock / Sangsiripech; **197** © RMN-Grand Palais / Agence Bulloz; **198** © Vinzenz Brinkmann / Ulrike Koch-Brinkmann; **199** © Luisa Ricciarini / Bridgeman Images; **200** © Foto: private Sammlung; **201** © Shutterstock / Eric Isselee; **202** © The Metropolitan Museum of Art / Bequest of Walter C. Baker, 1971; **203** © Foto: private Sammlung; **204** © The Metropolitan Museum of Art / Bequest of Collis P. Huntington, 1900; **205** © 2023, Whitney Museum of American Art, New York / lizenziert durch Scala, Florenz; **206** © Rijksmuseum, Amsterdam; **207** © Shutterstock / Gilmanshin; **208** © The Metropolitan Museum of Art; **209** © Archiv von D. Selz und A. Miralda; **212** © Paris Musées, musée Carnavalet, Dist. RMN-Grand Palais / Abbildung ville de Paris; **213** © Bridgeman Images; **214** © Kunstmuseum den Haag / © Mondrian / Holtzman Trust / Bridgeman Images

Urheberrechte